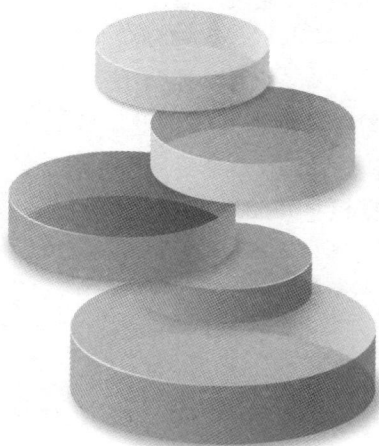

集成研发
业务流程再造

Integrated Product Development
Business Process Re-engineering

水藏玺　赵晓东◎著

中国铁道出版社有限公司
CHINA RAILWAY PUBLISHING HOUSE CO., LTD.

图书在版编目（CIP）数据

集成研发业务流程再造/水藏玺，赵晓东著 .—北京：中国铁道出版社有限公司 , 2023.9

ISBN 978-7-113-30279-5

Ⅰ．①集⋯　Ⅱ．①水⋯②赵⋯　Ⅲ．①产品开发过程　Ⅳ．① F273.2

中国国家版本馆 CIP 数据核字 (2023) 第 112318 号

书　　名：**集成研发业务流程再造**
　　　　　JICHENG YANFA YEWU LIUCHENG ZAIZAO

作　　者：水藏玺　赵晓东

责任编辑：王　宏　　　　编辑部电话：（010）51873038　　　电子邮箱：17037112@qq.com
封面设计：宿　萌
责任校对：苗　丹
责任印制：赵星辰

出版发行：中国铁道出版社有限公司（100054，北京市西城区右安门西街 8 号）
印　　刷：北京铭成印刷有限公司
版　　次：2023 年 9 月第 1 版　2023 年 9 月第 1 次印刷
开　　本：787 mm×1 092 mm　1/16　印张：12.25　字数：316 千
书　　号：ISBN 978-7-113-30279-5
定　　价：69.80 元

前　言

华为公司任正非先生曾经说过，集成研发的本质就是从机会到商业盈利的过程。自 1998 年起，华为邀请 IBM（International Business Machines，国际商业机器公司）协助其进行集成研发流程体系建设以来，经过 20 多年的实践和发展，华为通过产品研发与创新取得了举世瞩目的成就，也让华为成为中国企业家学习的楷模。

国内知名企业小米提出：始终坚持做感动人心、价格厚道的好产品，让全球每个人都能享受科技带来的美好生活。从小米盒子开始，小米始终坚持打造让客户尖叫的产品。可以这么说，不论是小米的单款产品，还是小米生态体系中的任何一款集成产品，小米始终坚持这样的理念。正是这种确保每一款产品都能深入人心的经营理念，让小米在强手如林的竞争环境中脱颖而出，仅用 10 年的时间就跻身世界 500 强之列。

国产汽车知名企业长城汽车，同时拥有哈弗（HAVAL）、魏牌（WEY）、欧拉、坦克、长城皮卡等五个品牌，在 SUV（Sport Utility Vehicle，运动型多用途汽车）细分市场领域，长城汽车凭借哈弗品牌的超强市场表现已经连续十多年蝉联中国 SUV 销售冠军。长城汽车之所以能够取得如此骄人的战绩，与其在技术研发上采取"过度投入"的策略有着千丝万缕的关系。中国汽车工业起步比较晚，想要实现弯道超越，就必须在发动机、变速箱、整车造型、整车设计、试制试验等环节实现重大突破，因此，长城汽车通过多年的"过度投入"终于见到了成效。

知名投资人、步步高集团创始人段永平始终坚持本分、诚信、以消费者为导向的价值理念，以"敢为人后"的产品理念在产品端持续创新、精益求精。通过十多年的积累，同时成就了 OPPO、vivo 两个世界级的智能手机品牌。

国内知名互联网企业腾讯，不论是微信公众号、小程序、微信支付、企业微信、微信搜索、微信读书等开放平台产品，还是新闻资讯、视频、体育、直播、动漫、影业等内容平台产品，或者是在线游戏、直播和线下电竞等用户互动产品，都充分体现了腾讯用户为本、科技向善的价值理念，腾讯一直坚持一切以用户价值为依归，将社会责任融入产品及服务之中的产品理念，打造出一系列极具竞争力和市场价值的产品线。

总之，随着 3C① 时代的到来，越来越多的企业开始关注并不遗余力地去开发、打磨自己的产品，这些产品可能是有形的硬件产品，可能是无形的软件产品，可能是"硬件 + 软件 + 内容 + 运营"的集成产品，还可能是看不见但能体验得到的服务产品；可能是快速消费品，可能是耐用消费品，也可能是工业品。这些年，"洞察客户需求""打造让客户尖叫的产品""好产品会说话""服务即营销""不仅仅只有功能赚钱""把不需要的功能通通减掉""硬件 + 软件 + 内容 + 运营""兜售参与感""酒香不怕巷子深""细细研磨""快速迭代"等新产品理念早已经成为许多优秀企业的行动指南。正如前面提到的华为、小米、OPPO、vivo、腾讯等这些优秀企业，他们都是产品的赢家。

那么如何才能研发一款好产品呢？这就需要企业建立和完善自己的产品研发流程，从市场研究、需求管理、产品规划、产品定义、概念设计、产品开发、开发验证、试销、新品发布、新品上市、产品迭代与升级、产品退市管理等各个环节规范管理，确保每个环节都能够做到极致。

在产品研发流程管理方面，国际国内许多知名企业都有非常成熟的经验值得我们研究和学习，IBM 提出的集成产品研发（Integrated Product Development，简称 IPD）方法论和客户需求分析工具 $APPEALS（即产品价格 Price、可获得性 Availability、包装 Packaging、性能 Performance、易用性 Easy to use、保证程度 Assurances、生命周期成本 Life cycle of cost、社会接受程度 Social acceptance）、加拿大产品创新领域知名学者罗伯特·G.库珀提出的产品开发门径管理理论、美国生产力与质量中心（American Productivity and Quality Center，简称 APQC）提出的设计与开发产品及服务相关流程、国际标准化组织（International Organization for Standardization，简称 ISO）相关产品研发标准以及日本知名咨询顾问久次昌彦提出的产品生命周期管理（Product Life–Cycle Management，简称 PLM）等都为我们提供了实战性极强的工具和方法。

本书正是基于以上理论、工具和方法，结合我过去近 20 年对业务流程优化与再造的研究，以及自己在近 600 家企业产品研发流程咨询项目实践的基础上总结出来的，具有普遍的现实意义与应用价值，这也是信睿咨询团队集体智慧的结晶，在本书出版之际谨对信睿咨询的全体顾问致以深深的谢意，正是因为大家的付出和坚守，让我们的很多客户持续卓越。

早在 2008 年，我就曾经出版过《企业流程优化与再造实例解读》一书，这是我在此领域的第一本专著，也是国内早期为数不多的流程相关书籍之一。随着这些年研究方向地不断拓宽和加深，我又在 2011 年之后连续出版了《流程优化与再造：实践、实务、实例》《流程优化与再造》《互联网时代业务流程再造》《业务流程再造》《不懂流程再造，怎么做管理》等一系列与流程相关的书籍。在这些书籍中，结合不同行业、不同企业的最佳实践，我开创性地提出了"业务流程再造五步法"（即业务蓝图与业务流程规划、业务流程现状描述与

---

① 3C，即指：Customer（顾客）——客户是谁？客户的核心需求是什么？客户的核心需求是否已经改变？如何满足顾客的核心需求？Competition（竞争）——竞争对手是谁？竞争态势如何？如何适应残酷的市场竞争，并在竞争中取得胜利？Change（变化）——如何响应快速变化？如客户需求的变化、竞争环境的变化、新技术的变化、新材料的变化等。

问题分析、业务流程优化与再造、业务流程配套设计、业务流程信息化），这一方法已经在国内很多企业成功应用并取得了极佳的实践效果。

《集成研发业务流程再造》一书，也是按照我提出的"业务流程再造五步法"对企业集成研发业务流程再造进行详细介绍，期望能够对读者有所帮助。

全书共分为三篇九章，分别是集成研发业务流程再造理论篇、集成研发业务流程再造方法篇、集成研发业务流程再造实践篇，有系统理论、有实操方法、有最佳实践。通过阅读本书，读者可以全方位了解企业集成研发业务流程再造的方方面面，从而推动企业通过流程再造实现产品升级，开发让客户满意的产品，提升企业产品竞争力，推动企业可持续发展。

在本书出版之际，我要感谢多年来一直保持密切合作的客户们，在与客户合作的过程中，有幸见证了中国企业产品研发流程的演进过程，从早期的模仿、模仿加改良，到现在的创新、创造、领先和超越，我们看到，中国企业的产品理念在不断提升，产品研发流程在持续规范，产品品质在持续提升，产品竞争力也在持续提升，产品研发人才辈出，相信在不久的将来，中国会涌现出一批又一批像华为、小米、OPPO、vivo、腾讯、传音、宁德时代、比亚迪、长城汽车、吉利汽车、美的、字节跳动、福耀玻璃、大疆无人机、万科等极具产品竞争力的优秀企业。

另外，还要感谢我的家人，由于我从事顾问工作的原因，长期、频繁出差，很少有时间好好陪在家人身边，在此也谢谢家人的鼎力支持、无私奉献和默默付出。

当然，限于个人资历、学识与能力，书中难免存在不足与缺憾之处，恳请广大读者不吝批评与指正，我愿与大家共同努力，推动中国企业通过集成研发业务流程再造打造世界级产品体系，谢谢！大家有任何疑惑或不同的观点，可以直接来电、来信与我联系，期待与大家交流，我的联系方式为：电话（13713696644）、电子邮箱（sacaxa@163.com）、微信（shuicangxi）。

水藏玺

2023 年 3 月于深圳前海

目 录

第一篇
集成研发业务流程再造理论篇

为了取得经营业绩的戏剧性提高，企业应该再造经营——运用现代信息技术的力量急剧地重新设计每项业务的核心流程。

——迈克尔·哈默、詹姆斯·钱皮

我们要建立互相平行、符合大公司战略的三大研究系统，即产品发展战略规划研究系统、产品研究开发系统及产品中间试验系统。

——《华为基本法》

产品最核心的是你能不能打动人心，能不能让大家觉得很激动，觉得这个产品真的下了巨大的功夫？我觉得一个打动人心的产品，是不需要太高的推广成本就能很轻松地被消费者所接受，而且在社交媒体上被广泛地传播。

——雷军

战略决定流程，流程决定组织，战略、流程、组织被称为企业经营的三驾马车。

——本书作者

第一章
流程与业务流程再造

位于美国加利福尼亚州库比蒂诺市、外形酷似宇宙飞船的苹果总部大楼灯火通明，在数以万计的工程师们夜以继日的工作中，苹果公司一款款新产品惊艳亮相，这些新产品可能是一台 Mac 电脑、一部 iPod 媒体播放器、一部 iPhone 智能手机、一台 iPad 平板电脑等硬件产品，也可能是一款 iCloud、iTunes Store、App Store 等在线服务产品，还可能是一代 OSX 和 iOS 操作系统、一款 iTunes 多媒体浏览器、一款 Safari 网络浏览器等消费软件产品……总之，每一次苹果公司的新品发布会都能吸引全球果粉们的眼球，特别是一年一度的 iPhone 新品发布会，早已成为果粉们翘首以盼的节日。

同样的情形，也在深圳这座中国最年轻的超级大都市上演。在深圳市南山区深南大道旁坐落着外形酷似大企鹅的腾讯公司总部大楼，上班的工程师们也在一刻不停地努力着，他们可能是在开发一款新游戏，可能是在开发一款新应用软件，也可能是在开发一项新技术，在这些工程师的键盘敲击声中，个人微信发布了、企业微信发布了、微信公众号发布了、微信视频号发布了……总之，腾讯这家中国知名的互联网企业就是在这样超常规的产品创新中实现了一次又一次的跨越式发展，让腾讯在中国，乃至世界企业市值排行榜中长期名列前茅。

一、流程支撑产品研发

类似前文提到的场景，不仅仅在苹果、腾讯这些高科技企业上演，位于东莞松山湖的华为研发中心、深圳科技园的迈瑞生物研发中心、北京海淀区的小米科技园、佛山顺德的美的研发总部、福建宁德的宁德时代研发中心、平安金融总部大厦同样也在上演，而且也不仅仅在这些世界级的大公司上演，在上海陆家嘴金融中心、上海张江高科技园、重庆两江新区、深圳科技园、西安高新技术产业开发区、成都天府软件园、武汉光谷、大连软件园、南京软件园、广州科学城、广州生物岛、苏州工业园、杭州科技园等这些研发资源集聚区，几乎在每一栋写字楼中大大小小的公司也都在上演。不论这些企业规模大小，也不论企业从事什么业务，越来越多的中国企业都已经开始关注并花巨资投入产品研发，真正"产品为王"的时代已然来临。

在企业动不动就组建数十人、数百人、数千人，甚至上万人的研发队伍，分工负责客户需求洞察、产品线规划、产品定义、产品概念设计、手板制作、研发项目管理、外观设计、界面设计、结构设计、硬件开发、软件开发、内容开发、外包装设计、软件测试、硬件测试、场测、试产、试销、产品发布、产品迭代、退市管理……总之，每个人都有自己明确的工作职责及开发任务。那么如何才能将这么多的研发工程师组织起来形成一个有机整体，为同一款产品或同一项服务的研发负责，并能够高效、有序、高质量地完成既定的产品开发目标和任务，这需要企业建立完善的集成产品研发流程体系！

正因为企业有了完善的集成产品研发流程体系，才让处在这个高速发展时代的每一位消费者都享受到了高质量的产品或服务体验。

二、什么是流程

为了让读者全面了解企业集成研发业务流程，我们先从流程的基本概念开始，当然不同的专家对流程有不同的理解和定义。

马文·M. 沃泽尔在《什么是业务流程管理》一书中提到，流程是重复的增值活动的集合，它由组织的人和技术资源实施，其目的是实现共同的业务目标，生产出客户愿意也能够付费购买的产品或服务[1]。

迈克尔·哈默和詹姆斯·钱皮认为：流程是有精确定义的一个技术术语，它是成组的、相互联系的活动，这些活动一起为客户创造价值结果。

彼特·芬加认为：业务流程是一组完整的、动态协调的活动，它们相互协同、相互作用，共同为客户交付价值。

彼得·基恩认为流程应该有四个标准：①它是周期性的；②它对组织能力的某些方面有影响；③它可以按不同方式完成，这些方式影响流程产生的成本、价值、服务或质量；④它需要协调。

托马斯·达文波特认为：流程是为了给特定的客户或市场产出特定产品而设计的一组结构化、精准的活动。

国际标准化组织在 ISO 9001：2000 质量管理体系标准对流程是这样定义的：流程是一组将输入转化为输出的相互关联或相互作用的活动。

关于流程的定义，不同的人有自己的理解和认知，因此给出的定义也就不尽相同。通过认真分析我们会发现，过去对流程的理解更多以价值创造为出发点，试图说明企业内部为了满足客户需求（交期、成本、质量、服务）而选择或者实施的增值活动组合。但在企业内部有很多活动其实并不直接与客户需求相关，而是与客户需求交付的支持或者控制相关，这些活动之间也存在流程，因此我们认为需要对流程进行更加全面的定义。

根据我们多年的工作实践和对流程的理解，对流程定义如下：

所谓流程，就是指一系列的、连续的、有规律的活动，而这些活动以特定的方式进行，并导致特定结果的产生。

在对流程定义的理解过程中，我们要注意：

---

① 沃泽尔. 什么是业务流程管理 [M]. 姜胜，译. 北京：电子工业出版社，2017：31.

（1）流程是一系列的、连续的、有规律的活动。正因为这样，这些活动是有先后顺序或并列关系的，同时这种先后或并列关系是连续和有规律的，企业不能违背规律进行流程管理。正如迈克尔·哈默和詹姆斯·钱皮在对流程定义时提到的"它是成组的、相互联系的活动"，也如彼特·芬加所说的"业务流程是一组完整的、动态协调的活动"，还如托马斯·达文波特所说的"流程是一组结构化、精准的活动"。比如我们要研发一款新产品，从市场调研、需求管理、产品定义、概念设计、产品立项、产品开发、开发验证、产品发布与上市到产品生命周期管理，其中包括一系列的工作，而且这些工作之间存在严密的逻辑关系。

（2）流程是以特定的方式进行的。在流程运作的过程中，不同公司、不同发展阶段，其活动之间的运作方式是不同的，即便是同一家公司、相同的发展阶段，因为客户需求或者流程目标的不同，可能也会导致活动之间的运作方式是有差异的，因此这种特定的方式必须结合企业实际状况，切不可照搬照抄。

同样为客户提供产品，不同的客户对产品的核心诉求可能不同，有些客户更关注产品品质，有些客户更关注产品交期，而有些客户则更关心产品价格。虽然面对不同的客户诉求企业内部都要经历产品开发与设计、计划、采购、生产、仓储及物流等一系列的、连续的、有规律的活动，但这些活动之间肯定会存在差异，针对客户关注产品品质的需求方案就不可能按照客户关心产品价格的需求方案开展相应的工作。

（3）流程导致特定结果的产生。流程的最终目的在于创造价值，也就是增值，正如马文·M.沃泽尔在对流程的定义中提到的"流程是重复的增值活动的集合"，也如彼得·基恩在对流程定义时提到的"它可以以不同方式完成，这些方式影响流程产生的成本、价值、服务或质量"。在企业中，流程的增值可能体现在效率提升、成本降低、销售增加、利润增长、质量提高上，也可能体现在客户满意、员工满意上，总之，这与每个流程的目的（绩效目标）有关。比如产品定义流程的增值体现在提高产品开发精准度上，产品研发流程的增值体现在研发质量与效率提升上，产品品质管理流程的增值就体现在品质提升上，而生产成本控制流程的增值则体现在控制成本上，客户投诉处理流程的增值体现在提升客户满意度上。

（4）基于流程目标，优秀流程的每项活动都是增值的。正如迈克尔·哈默和詹姆斯·钱皮所说"这些活动一起为客户创造价值结果"，企业进行流程优化与再造的目的就是尽可能减少流程中的不增值环节。

（5）流程的目标是由流程客户需求决定的。菲利普·科比在《流程思维：企业可持续改进实践指南》一书中提到，持续满足客户需求是设计流程时无可争议的要求，这意味着我们要消除对目标毫无益处的活动，如果正在进行的工作刚好能够满足客户需求，那么流程便是高效的[①]。由此可见，企业在进行流程设计时首先要了解流程客户，并充分理解其核心需求，只有这样才能保证流程的每个环节都是有价值的。

但需要说明的是，这里提到的客户不仅仅只是企业的外部客户，还应该包括企业内部客户。

（6）不同类型流程的增值方式会不同。对于业务流程而言，其增值方式可能体现在交

---

① 科比.流程思维：企业可持续改进实践指南[M].肖舒芸，译.北京：人民邮电出版社，2018：151.

期缩短、成本降低、品质提升、客户满意等方面；对管理流程而言，其增值方式会体现在风险控制、知识传承、绩效提升等方面；而对辅助流程而言，其增值方式又会体现在内部客户满意、效率提升、业务支持等方面。总之，不同类型的流程其客户不同，客户需求有异，其增值方式也会不同。

虽然，不同的人对流程的定义存在这样那样的差异，但以上六点的认知是趋同的。

我们就拿一款智能手机研发为例进行说明：

首先，手机的研发涉及市场调研、需求管理、产品规划、产品定义、概念设计、手板制作、产品立项、产品开发［工业设计（Industrial Design，简称 ID）、用户界面（User Interface，简称 UI）、结构设计、硬件开发、软件开发、包装开发］、产品测试（软件测试、硬件测试、可靠性测试、场测）、技术评审、试产验证（第一次试产、第二次试产、中批、量产）、工艺开发与验证、工程变更、物料清单（Bill of Material，简称 BOM）管理、产品品质标准开发与验证、新品发布、新品上市、产品迭代与升级、退市管理等一系列的、连续的、有规律的活动。

其次，如此庞杂的系列活动会涉及市场研究部、产品规划部、项目部、ID 部、UI 部、结构部、硬件部、软件部、测试部、包装开发部、研发品质部、采购部、工程部、计划管理部、生产管理部、生产品质部、仓储物流部、市场部、销售部、品牌部等多个部门，为了确保这些部门之间能够有效协调则需要保证以特定的方式进行。

再次，这么多部门参与，共同完成如此庞杂的活动组合，目的就是要开发一款符合消费者需求的好产品，即导致特定结果的产生。

最后，在开发过程中，每一个环节稍有不慎都可能导致功亏一篑。因此，每个部门、每项业务都要确保不出纰漏，而且为了确保研发结果，每个部门、每项业务都要确保是增值的。

三、流程构成六要素

明白了流程的概念之后，我们还需要清楚一个完整的流程必须包含六个核心要素，即输入、供应商、过程、执行者、客户、输出。

（1）流程输入。流程输入是流程启动的触发点，是流程运作过程中不可或缺的组成部分。如产品市场调研流程的输入可能是公司产品战略，需求管理流程的输入是市场调研结果，产品规划流程的输入是新产品需求包，新产品开发流程的输入则是立项报告。总之，每个流程都必须有明确的输入，这些输入可能是行政指令、会议纪要、公司战略、经营计划或者某种特定的信息。

（2）流程供应商。流程供应商是指提供流程输入的物料、信息或其他资源的组织或个人。在日常的流程运作中，供应商可以有一个，也可以有多个。我们在进行流程设计时，一般只需要列出关键供应商即可。供应商作为流程组成的基本要素之一，所提供的物料、信息或其他资源对流程运作将产生重要影响。如市场调研流程对应的流程输入可能来自公司战略委员会，也可能来自公司产品委员会，还可能来自公司产品规划部门。

（3）流程过程。流程过程是指为了满足流程客户需求所必须进行的相关活动的集合，这些活动对流程输出来讲，是核心的、关键的、不可缺失的、有增值效果的。从流程优化的思路来讲，过程才能为组织创造价值，因此必须尽量减少一切不必要的非增值环节，提高流程的质量和效率，使流程路径最短、效率最高、创造价值最大。

在一个完整的流程中包含多项活动，一般而言，流程活动是有着严格的前后顺序和逻辑关系的，上一个活动的产出就是下一个活动的输入，这些活动对应不同的职能部门，因此在进行流程优化时，我们必须明确相关部门在这些流程活动中所要扮演的角色和承担的责任。

如市场调研流程活动会包括市场调研计划、调研渠道规划、调研信息收集、调研信息处理、调研报告撰写与发布等多项业务活动；再如新产品验证流程会包括试产验证、测试验证、内部评价验证、技术评审验证等多项业务活动。

（4）流程执行者。流程执行者又称流程角色，是指具体流程活动的实施者，它既包括岗位，也包括部门，在一个跨部门流程中，可能包括多个执行者。流程执行者的识别，与各个部门在流程中所扮演的角色和流程本身的层级划分有着重要关系。

如产品开发流程可能包括项目部、结构部、硬件部、软件部、测试部、采购部、工程部、计划部、生产部、研发品质部、生产品质部等多个流程执行者，他们各自完成流程赋予的相应职责。

再如产品开发验证流程的执行者会包括项目部、软件测试部、硬件测试部、研发品质部、生产品质部等多个部门。

（5）流程客户。流程客户就是流程输出结果的接受者。对于企业流程来说，客户既可以是外部市场客户，也可以是内部组织客户，在设计相关流程时，首先必须明确流程的客户是谁，仔细把握客户的最终需求，这样设计出的流程才有意义。而要做到这一点其实有时并不是太容易，需要我们认真甄别和思考，才能得出正确的结论。

企业在进行流程设计之前，不妨不断地提出相关问题，用以识别流程的相关客户和客户的需求，比如：

谁会负责该流程的最终输出结果和效果？

该流程会对哪些部门的运作造成影响？

流程设计的最终目的是什么？

流程的内部客户是谁？外部客户是谁？

流程的主要客户是谁？次要客户是谁？

如何衡量流程客户的核心诉求？

（6）流程输出。流程输出就是指流程的最终产出结果。与前文提到的流程输入相似，流程输出的可能是有形的产品，也可能是无形的服务，还可能是一份文件或者一项决策。总之，不同流程的输出结果是不同的。流程的输出是否合格，最终需要由流程客户进行判断，看产出是否与客户需求吻合。

另外，在同一个流程中，可能有几种不同的输出，对应不同的客户需求，这些需求可能存在一定程度的矛盾或者冲突，设计流程时应以满足该流程主要客户的核心需求为主，这样设计出的流程才能达到我们所期望的效果。

如产品开发流程的输出中既有产品研发文档（如物料清单、工艺文件、品质标准等），又包括产品研发评审文档（产品定义评审文档、产品概念评审文档、研发计划评审文档、试产评审文档、量产评审文档、上市评审文档等）。

【案例 1-1】杭州某软件企业产品研发相关流程六要素

表 1-1 为该企业产品研发相关流程的增值方式及六要素识别。

表 1-1 流程六要素示意表

流程名称	增值方式	流程六要素					
		输 入	供 应 商	过 程	执 行 者	客 户	输 出
市场调研与产品规划流程	挖掘、验证客户需求	公司产品战略、年度产品目标	公司战略委员会、产品委员会	目标客户选择、市场调研、产品规划	产品部、市场部、产品委员会	产品委员会	市场调研报告、产品研发路线图
产品定义流程	准确定义产品	产品研发路线图	产品委员会	产品需求定义、产品定义书编写及评审	产品部、产品委员会	项目部	产品定义书
产品设计与评审流程	降低开发不确定性、控制产品开发风险	产品定义书	产品委员会	产品设计、设计评审	产品部、软件部、测试部、产品委员会、技术委员会	项目部	产品设计文档
产品研发立项流程	降低风险、提升研发效率	产品设计文档	产品委员会	成立项目组、立项计划	项目部、产品部、产品委员会、技术委员会	项目部	产品立项报告
软件开发流程	确保研发进度、质量	产品立项报告	项目部	软件架构、软件开发	项目部、软件部、测试部	产品委员会	软件包、研发文档、部署文档
软件测试流程	验证产品质量	产品立项报告	项目部	测试用例开发、软件测试、软件异常反馈	测试部、软件部、项目部	软件部	内部测试报告
软件产品发布流程	提升产品市场影响力	软件包	项目部	软件产品说明书、软件产品版本发布	产品部、项目部、软件部、产品委员会	市场部	软件产品发布版本及说明
软件产品迭代与升级流程	提升产品稳定性、确保产品竞争力	软件产品迭代与升级需求	产品委员会	软件产品说明书、软件产品版本发布	产品部、项目部、软件部、产品委员会	市场部	软件产品发布版本及说明

四、企业流程类型

在企业内部，流程贯穿不同部门、岗位等角色之间，不同流程发挥的作用是不同的，如：有些流程强调客户价值主张的挖掘和洞察，有些流程重点解决产品的制造，有些流程解决服务的交付，有些流程重点关注风险控制，有些流程则为更好地实现客户价值主张提供支持和帮助。

不同企业由于其业务选择不同、价值链有异，因此内部的流程也存在巨大的差异，但不管怎样，企业内部的流程大致可以分为三类：一是与企业产品研发、生产、销售及客户订单交付直接相关的业务流程；二是企业为了控制经营风险及运营成本而设置的管理流程；三是帮助业务流程更顺畅、更高效的辅助流程。

概括来说，业务流程的价值在于从客户需求洞察、产品研发、客户开发、采购供应、生产制造、市场推广、营销管理、客户服务等流程到客户价值主张的最大化满足，也就是通常所说的端到端的流程，旨在为企业创造更大的价值；管理流程的作用在于明确方向、确定目标、控制风险、降低运营成本等对业务流程运行进行监督；而辅助流程的作用则是为业务流程提供支持和帮助，从而确保业务流程更加畅顺和高效运营。关于业务流程、管理流程与辅助流程之间的关系如图 1-1 所示。

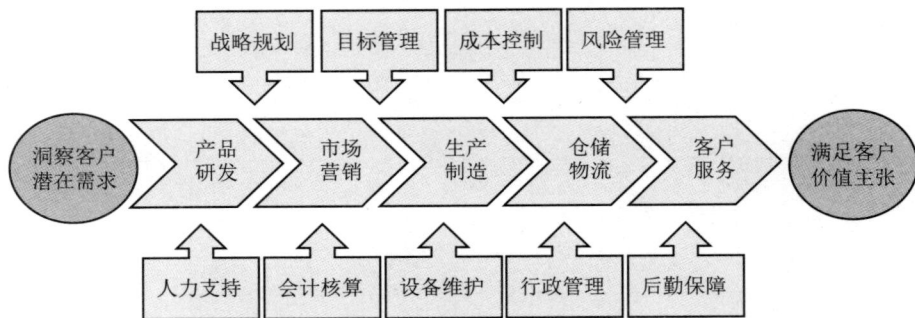

图 1-1　业务流程、管理流程与辅助流程之间的关系

（1）业务流程。业务流程（Business Process，简称 BP），又称订单实现流程，是从洞察客户潜在需求开始，通过产品研发、市场营销、生产制造、仓储物流、客户服务等环节，最终满足客户价值主张。业务流程主要是直接参与企业经营运作的相关流程，涉及企业"产—供—销"三个基本环节。企业利用业务流程的高效运行，可以挖掘客户潜在需求，为客户直接创造价值。

企业常见的业务流程主要有市场需求分析流程、产品规划流程、产品定义流程、产品开发流程、客户开发流程、销售订单管理流程、原材料采购流程、生产制造流程、仓储与物流流程、货款管理流程、客户服务流程等。

（2）管理流程。管理流程（Management Process，简称 MP），主要是企业开展各种管理活动的相关流程，它并不直接为企业经营目标负责，而是通过管理活动对企业的业务开展进行指挥、监督、控制、协调，间接为企业创造价值。

常见的管理流程主要有：发展战略规划与实施流程、年度经营计划制订与管理流程、财务分析流程、财务预算编制及控制流程、供应商开发与评价流程、合格供应商管理流程、采购货款管理流程、原材料品质管理流程、成品品质管控流程、项目管理流程、产品开发验证流程、研发品质管理流程、客户满意度管理流程、销售价格管理流程、销售政策管理流程、销售信用管理流程、组织管理流程、人力资源规划流程、风险控制流程、内部审计流程等。

（3）辅助流程。辅助流程（Service Process，简称 SP），主要是为企业的管理活动和业务活动提供各种后勤保障服务的流程，这些流程与管理流程一样，并不直接为企业创造价值，而是通过为企业创造良好的服务平台和保障服务，间接实现价值增值。

常见的辅助类流程主要有：会计核算流程、费用报销流程、员工招聘流程、员工培训流程、薪酬核算流程、人事事务服务流程、车辆服务流程、办公用品管理流程、设备维护与保养流程、基础建设流程、物业服务流程、档案管理流程、行政服务流程等。

【案例 1-2】某工业机器人企业业务流程、管理流程、辅助流程

在图 1-2 中，该企业的核心业务流程从洞察客户潜在需求开始到满足客户价值主张，包括产品研发流程、市场推广流程、商机管理流程、订单开发流程、生产制造流程、安装调试流程和客户服务流程共七个，这七个核心流程也是该企业实现价值增值的全过程。另外，为了保证业务流程顺畅开展，该企业还规划了包括战略管理流程、年度经营计划管理流程、目标绩效管理流程、风险控制流程、资金管理流程等相关管理流程，同时还建立了包括财务核算流程、人力资源服务流程、设备保障流程、工艺管理流程、后勤服务流程等在内的若干辅助流程。

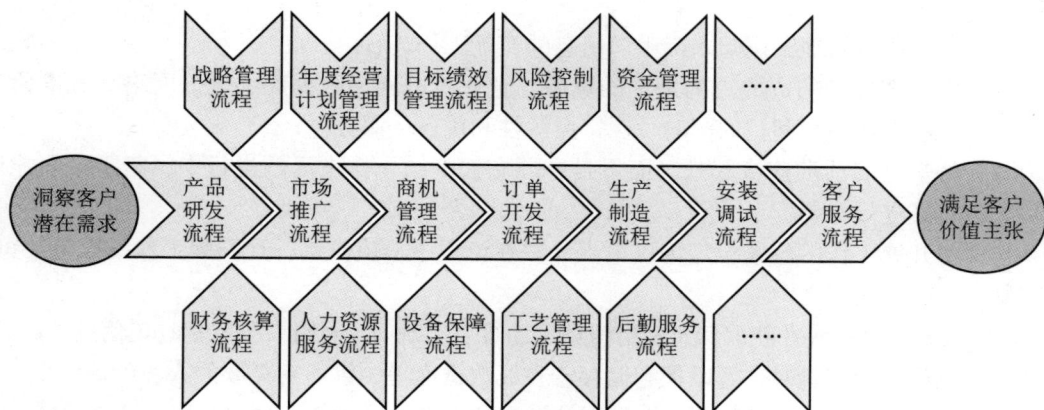

图 1-2　某工业机器人企业业务流程、管理流程、辅助流程（示意）

五、业务流程再造

早在 1990 年，美国管理专家迈克尔·哈默在《哈佛商业评论》上发表了一篇题为《再造：

不是自动化，而是重新开始》的文章，率先提出企业再造的思想。1993 年，他与詹姆斯·钱皮合著《企业再造：企业革命的宣言书》一书中提到，为了取得经营业绩的戏剧性提高，企业应该再造经营——运用现代信息技术的力量急剧地重新设计每项业务的核心流程。从此，管理界对企业经营的认知正式进入再造时代。

业务流程再造（Business Process Reengineering，简称 BPR），就是指根据企业的战略调整及商业模式变化从根本上重新考虑产品或服务的提供方式，再造全新的业务流程体系。

业务流程再造具有以下三个特点：

（1）根本性。所谓根本性，就是指我们要对业务流程存在的本质意义进行探讨和反思。如：我们的客户是谁？客户的核心诉求是否已经发生改变？客户的潜在需求是什么？为什么我们要满足这些需求？这些需求与组织战略是否一致？我们该如何满足这些需求？

（2）彻底性。彻底性就是指将现有流程完全抛弃，不再对其进行表面化的改善或者修补，通过根除现有不合时宜的架构与流程，独辟蹊径完成相关流程的设计。

（3）显著性。显著性指业务流程改造并非缓和、渐进式的改善，而是一日千里的革新，可以说是为企业下的一剂猛药。一般而言，渐进式的变革需要精雕细琢，而猛烈的革新则必须除旧布新。

业务流程再造需要遵守一定的原则，迈克尔·哈默根据自己的实践，提出了业务流程再造的八项原则，分别是：

（1）围绕结果进行组织，而不是围绕任务进行组织。企业应当围绕某个目标或结果，而不是围绕单个任务设计流程中的工作。

（2）让利用流程结果的人来执行流程。基于计算机的数据和专门技能的普及，部门、事业部和个人可以自行完成更多的工作，那些用来协调流程执行者和流程使用者的机制可以取消。

（3）要将信息处理工作归入产生该信息的实际工作流程。

（4）将分散各处的资源视为集中的资源。企业可以利用数据库、电信网络和标准化处理系统，在获得规模和利益的同时，保持灵活性和优良的服务。

（5）将平行的活动连接起来，而不是合并它们的结果。在活动进行中，将平行职能连接起来，对其进行协调。

（6）将开展工作的位置设定为决策点，并在流程中形成控制。让开展工作的人员决策，把控制系统嵌入流程之中。

（7）从源头上一次性获取信息。当信息传递难以实现时，人们只得重复收集信息。如今，当我们收集到一份信息时，可以把它储存于在线数据库里，供所有需要的人查阅。

（8）领导层要支持。流程再造要获得成功必须具备一个条件：领导层真正富有远见。除非领导层支持该工作，并能经受住企业内的质疑，否则人们不会认真对待流程再造。为了赢得安于现状的人的支持，领导层必须表现出投入和坚持，甚至狂热。

另外，美国著名流程专家阿什利·布拉干扎在《全面流程再造》一书中也提出企业业务流程再造的十项原则：

（1）全面的流程再造需要在大家对组织的变革动因充分认同的基础上进行，而这种变革动因既可以是危机，也可以是机遇。

（2）只有当跨职能变革而不是其他的方式成为实现变革动因的需要时，成功实施全面流程再造才成为可能。

（3）当人们认识到组织要素，即战略、结构、人员责任和评估标准、协作行为以及信息系统将要有所改变，并且这些要素应该与职能流程导向看齐时，更有可能实现全面的流程再造。

（4）当人们明确并接受组织所需的所有变革时，全面流程再造就更可能实现。

（5）当包括董事会成员、高层管理者、中层管理者和员工在内的所有人都愿意让变革影响他们时，就更容易建立全面的流程意识。

（6）当人们发现需要处理的问题，并把那些问题和所需的真正变革联系起来时，全面的流程再造才更有可能实现。

（7）在进行全面流程再造时，如果能够根据各个问题的实际情况并运用革命性和改良性的实施方法，变革更有可能获得成功。

（8）公司只有通过全面的行动方案激发人们实施变革的主人翁意识和意愿，全面的流程再造才更可能取得成功。

（9）如果变革的实施者和接受者都能认同这两种角色并且意识到它们是相互关联的，而且愿意扮演这两种角色，就更可能实现全面流程再造。

（10）衡量全面流程再造所取得的成果，要看变革动因是否被根除以及行为方式改变的程度。

不论是迈克尔·哈默，还是阿什利·布拉干扎，他们提出的流程再造原则基本上都包括高层参与、结果导向、全员参与、价值创造等核心观点。

六、第五代流程管理

根据多年实践，我们将企业流程管理划分为五个阶段，分别为流程显性化、流程规范化、流程体系化、流程智能化和流程互联网化，如图 1-3 所示。

1 流程显性化	2 流程规范化	3 流程体系化	4 流程智能化	5 流程互联网化
—固化经验	—流程意识	—业务流程	—流程信息化	—价值链重构
—经验传承	—流程理念	—管理流程	—系统集成	—商业模式优化
—知识挖掘	—流程配套	—辅助流程	—数据中心	—业务流程外包
—防止失忆	—流程主人	—CPIO团队	—商业智能	—业务流程平台化

图 1-3 流程管理的五个阶段

1. 流程显性化

流程显性化是所有企业进行流程梳理时最基本的诉求，因为企业的流程无处不在，正如菲利普·科比所说：哪里有信息或物质交换，哪里就有流程，也就是说只要企业内部存在物流、信息流、资金流交换的地方，就有相应的流程[1]。可见，流程在企业内部的重要性不言自明。

正因为如此，企业进行流程管理的初期就需要将这些诉求灌输给老员工，抑或将个人电脑当中的隐性流程显性化，让所有员工都能看得见、摸得着。这样既利于员工学习与技能提升，也利于经验积累与流程传承。

我们发现，绝大多数企业进行流程显性化是伴随着 ISO 9000 体系中的程序文件开始的，早期更多地停留在管理流程方面，对业务流程的显性化做得远远不够。

2. 流程规范化

随着企业对流程的认识逐步加深，越来越多的企业开始着手于流程规范化建设，这个阶段的五个典型特征是：

（1）以流程客户为导向、以流程结果为衡量的观念逐步形成。

（2）大多数管理者都已经掌握流程描述及与流程优化相关的方法、工具。

（3）流程管理成为独立运作的一级部门，赋予其流程优化与再造、流程信息化建设等相关职能。

（4）与流程相配套的制度、表单、绩效指标逐步完善，各级管理者已经适应了直面流程、针对流程找问题的管理方法。

（5）业务流程、管理流程、辅助流程的概念已经明确，而且员工也都明白它们之间的差异，但以业务流程为核心的体系还没有完全建立。

3. 流程体系化

流程体系化阶段的核心目标就是要根据公司发展战略及经营需要逐步实现流程的体系化，并突出业务流程在组织中的价值，适度降低管理流程对业务的控制，一切以终端客户价值主张的最大化满足为导向，有效识别企业风险控制点，全面实现流程体系化，同时着手信息系统集成及商业智能体系建设。

流程体系化阶段企业需要完成以下五项核心工作：

（1）企业价值链规划、业务蓝图分析、核心业务逻辑关系图规划以及核心业务流程、管理流程、辅助流程识别。

（2）形成以价值链为核心的业务流程白皮书，以及以部门为单位的管理流程、辅助流程红皮书。

（3）与流程相关的制度、表单、分权、流程风险控制及相应控制措施、流程绩效、信息化、知识管理基本健全。

---

[1] 科比. 流程思维：企业可持续改进实践指南 [M]. 肖舒芸，译. 北京：人民邮电出版社，2018：34.

（4）企业内部有一批既懂流程，又懂信息系统，还懂业务的流程创新官（Chief Process Innovation Officer，简称 CPIO），CPIO 的工作职责覆盖首席流程官（Chief Process Officer，简称 CPO）、首席信息官（Chief Information Officer，简称 CIO）、首席运营官（Chief Operating Officer，简称 COO）的范畴，优秀的 CPIO 是企业经营系统升级及流程再造的主要推动者和责任承担者。

（5）企业通过管理流程、辅助流程的持续优化与再造实现效率最大化，同时通过业务流程持续优化与再造实现业绩倍增。

4. 流程智能化

流程智能化阶段是企业流程管理的最高境界，不论是员工的流程意识、流程对战略的支撑，还是流程中新型组织的运作都已经达到很高的境界，企业内部一切运营都以流程为导向。流程会根据企业发展战略作出调整、商业模式创新及客户诉求变化进行自我优化。同时，流程已经渗透企业经营的各个领域，流程信息化也可以对经营过程进行实时跟踪、衡量与评价，实现企业经营过程可控制、经营结果可视化，甚至可以通过信息系统干预企业业务活动及经营决策。

这个阶段企业需要完成以下五项核心工作：

（1）以开放、包容、协同、客户导向、价值创造为核心的流程文化深入人心，同时渗透企业业务运营的各个环节。

（2）利用成熟的软件系统或根据企业实际自行开发的软件系统固化流程。

（3）流程支撑企业战略转型及经营业绩倍增。

（4）流程完全具备自我优化与再造的能力。

（5）通过信息系统集成和商业智能系统开发，实现企业经营过程可控制、经营结果可视化。

5. 流程互联网化

严格来讲，流程互联网化不是流程管理的更高境界，只不过随着实体企业与互联网经济的高度融合，实体企业互联网化已经成为不可逆的大趋势。因此企业内部也要顺应互联网无边界、失控、去中心化的特征，对内部业务流程、管理流程、辅助流程进行全面改造与升级。

根据我们的经验，企业流程互联网化需要完成以下四项工作：

（1）以互联网视野重新定义企业价值链。过去的企业价值链往往是从产品研发到生产组织再到市场营销，是典型的产品推动型或者订单拉动型，企业在这个过程中很难保证内部价值链的每个环节都能站在客户的立场思考客户价值主张的最大化满足，因此，企业必须利用互联网视野重构内部价值链，建立科学合理的价值链模型。

（2）将企业内部的流程利用互联网技术延伸至每个流程相关者，包括经销商、终端客户、供应商、外委加工厂、开户银行等。应该这么说，客户在哪里，企业的流程边界就在哪里；同理，供应商在哪里，企业的流程边界也就在哪里。比如企业可以让终端客户登录企业客户关系管理（Customer Relationship Management，简称 CRM）系统，实现线上下单、跟踪订单执行情况等；企业还可以打通供应链管理（Supply Chain Management，简称 SCM）系统，让供应商在第一时间获得采购订单信息，或者让供应商根据企业实时库存状况进行备料及发货等；企业也可以通过开放产品生命周期管理（Product Lifecycle Management，简称 PLM）系统让客户在自己的终端提交产品定制及个性化需求。

（3）利用互联网进行业务流程外包，持续简化企业内部价值创造模型，如营销流程外包、研发流程外包、供应链流程外包、财务流程外包或人力资源流程外包等。

（4）利用云技术、大数据、传感技术、通信技术、计算机技术等新科技进行产品迭代与升级、产品及服务交付模式创新、颠覆式的成本降低等，从而提升企业竞争力。

第二章
集成研发业务流程再造实践

好产品会说话！实践证明，研发一款令客户尖叫的产品远比投入巨额的广告费用来拉动市场要得到更高的经济收益，并取得更大的成功，华为 P40、小米盒子、腾讯微信、抖音、快手等都是非常典型的案例。因此，根据企业所处行业及公司的产品战略，选择和设计一套完善的产品研发流程，按流程不断推出并持续迭代自己的产品就显得至关重要。

关于产品研发相关的理论有很多，IBM 提出的 IPD 理论及 $APPEALS 客户需求分析工具、加拿大产品创新领域知名学者罗伯特·G. 库珀提出的产品开发门径管理理论、美国生产力与质量中心（APQC）提到的设计与开发产品及服务相关流程，以及国际标准化组织（ISO）提出的产品研发相关程序等都可以帮助企业建立完善的产品研发体系，优化产品研发流程。

一、集成产品研发理论

早在 1992 年，IBM 在激烈的市场竞争中遭遇非常严重的财政困难，公司销售收入停止增长，各项费用居高不下，导致利润急剧下降。面对存在的问题，在经过认真分析之后，IBM 发现其自身在研发费用、研发损失费用和产品上市时间等几个方面远远落后于业界最佳。

为了重新获得市场竞争优势，IBM 提出了"将产品上市时间压缩一半，并且在不影响产品开发结果的情况下，将研发费用减少一半"这一当时看似不可能实现的目标。为了达到这个目标，IBM 率先提出并应用了 IPD 的方法，在综合许多业界最佳实践的框架指导下，从流程再造和产品重整两个方面达成缩短产品上市时间、压缩研发费用，从而提高产品利润，为顾客和股东提供更大价值的目标。

如图 2-1 所示，IPD 打通了从市场洞察、需求管理到产品实现的全过程，这个过程共分为三个阶段，分别为市场管理阶段、需求管理阶段、集成产品研发阶段。

1. 市场管理阶段

任正非曾经提到，产品研发的本质是从机会到商业变现的过程。在启动产品研发之前，企业需要根据自身产品战略、外部市场信息、现有及潜在客户信息反馈、竞争对手及竞品分析、技术趋势研究等信息，进行市场洞察、市场细分、组合分析、制订业务计划、业务计划管理及绩效评估等一系列工作，形成正确且有前瞻性的业务计划，具体内容见表 2-1。

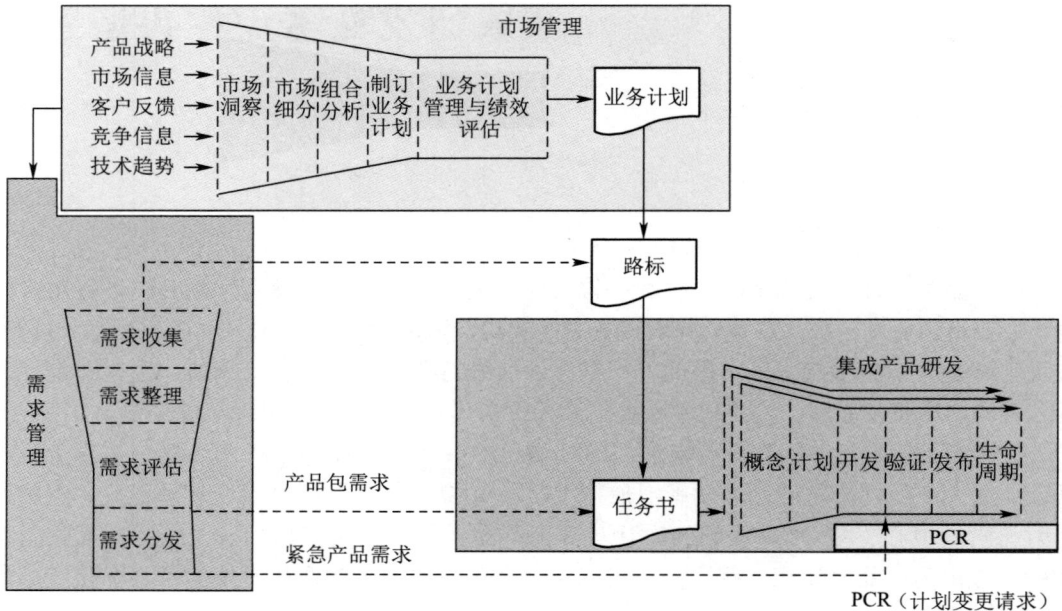

图 2-1 IPD（示意）

表 2-1 市场管理阶段核心工作

市场管理阶段	市场管理阶段核心工作
市场洞察	（1）设定愿景、使命与目标 （2）进行市场机会分析 （3）确定潜在机会及目标
市场细分	（1）确定市场细分框架 （2）确定目标细分市场 （3）目标细分市场定义
组合分析	（1）审视产品战略定位 （2）直接竞争对手分析 （3）潜在竞争态势分析 （4）财务投资分析 （5）选择投资机会并分类
制订业务计划	（1）确定细分市场目标及策略 （2）确定客户及企业自身价值 （3）推动相关部门提供信息，确定业务策略及计划 （4）明确产品线及产品规划
业务计划管理与绩效评估	（1）确定业务计划执行策略 （2）确定产品上市计划 （3）评估业务计划推进及绩效评估

2.需求管理阶段

企业就是为了解决社会中存在的某一特定问题或满足某种特定市场需求而存在的。因此，企业需要通过一套完善的需求收集、需求整理、需求评估、需求分发系统，挖掘存在和潜在的客户需求，并根据客户需求进行产品研发，产品开发的本质就是满足客户需求的过程。为充分挖掘客户需求，IBM 总结出一套完整的客户需求分析模型，即 $APPEALS 模型，如图 2-2 所示。

$APPEALS 模型告诉我们，企业可以通过以下八个方面洞察客户需求：产品价格（Price）、可获得性（Availability）、包装（Packaging）、性能（Performance）、易用性（Easy to use）、保证程度（Assurances）、生命周期成本（Life cycle cost）、社会接受程度（Social acceptance），具体需求分析见表 2-2。

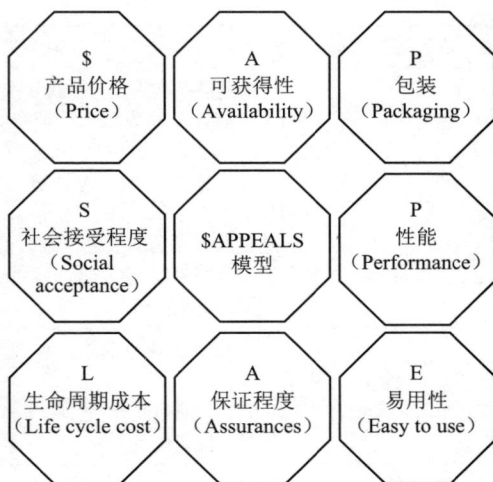

图 2-2　$APPEALS 模型

表 2-2　$APPEALS 模型分析内容

需求分析维度	需求分析内容
产品价格	设计与研发成本、可生产性、技术领先性、原料价格、生产成本、销售费用、管理费用等
可获得性	品牌规划及推广策略、渠道策略、市场推广、定价策略等
包装	包装风格、标识、图形、尺寸、介质、新颖性、时代感等
性能	产品规格、功能、灵活性、稳定性、尺寸等
易用性	界面友好性、使用便捷性、培训、操作指引、产品说明书等
保证程度	产品可靠性、质量稳定性、产品安全性、误差范围等
生命周期成本	正常使用周期、安装成本、运行成本、维护费用、售后服务、赔偿责任等
社会接受程度	供应商、客户、政府等

企业运用 $APPEALS 模型对客户需求进行充分分析之后，便可以按照需求收集、需求整理、需求评估、需求分发等环节输出产品需求包进行新产品研发了。

3.集成产品研发阶段

集成产品研发阶段是将市场管理阶段提出的业务计划以及需求管理阶段提出的产品需求包整合起来形成结构化的产品研发过程，保证计划、交付、质量和生命周期管理工作的协同，实现产品从概念、计划、开发、验证、发布到生命周期管理的全过程高效管理与运营，具体内容见表 2-3。

表 2-3　集成产品研发阶段核心工作

阶段划分	核心工作	阶段划分	核心工作
概念	（1）接受产品需求及业务计划 （2）组建产品研发团队，明确各自责任 （3）编制概念阶段工作计划，并推进相关工作 （4）根据产品需求包进行概念设计，并组织技术评审 （5）组织概念决策	验证	（1）编制验证计划 （2）开发测试标准及用例 （3）获得相关专业认证
计划	（1）根据概念评审需求，补充开发人员 （2）编制产品研发计划 （3）组织计划决策	发布	（1）产品发布准备 （2）产品命名 （3）组织产品发布决策 （4）组织产品正式发布
开发	（1）产品正式立项，发布开发计划 （2）各单元开发正式启动 （3）组织各单元技术评审 （4）组织产品试生产（第一次试产、第二次试产、中批、量产）	生命周期管理	（1）制订生命周期管理计划 （2）产品上市准备 （3）产品试销及正式上市 （4）产品迭代与升级 （5）组织生命周期决策 （6）产品退市管理

　　根据 IBM 的实践，为了确保产品研发过程的成功率与效率，企业在集成产品研发阶段需要做好六次评审和四次决策，如图 2-3 所示。

　　（1）六次评审分别是：需求及业务方案评审、总体方案及产品系统规格评审、软件设计概要及硬件详细设计评审、研发样机评审、试产准入评审、市场发布评审。

　　（2）四次决策分别是：概念决策、计划决策、发布决策、生命周期决策。

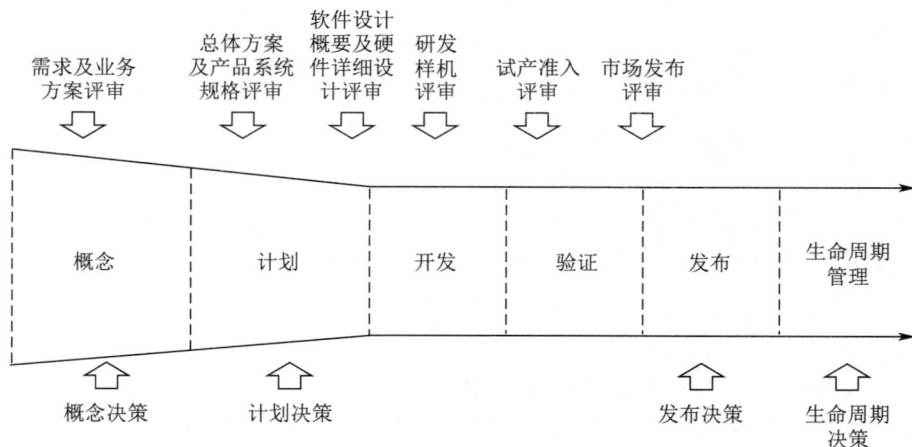

图 2-3　集成产品研发阶段评审及决策（示意）

【案例 2-1】深圳某手机研发企业新产品研发项目管理流程

图 2-4 至图 2-6 为该企业基于 IPD 的新产品研发项目管理流程。

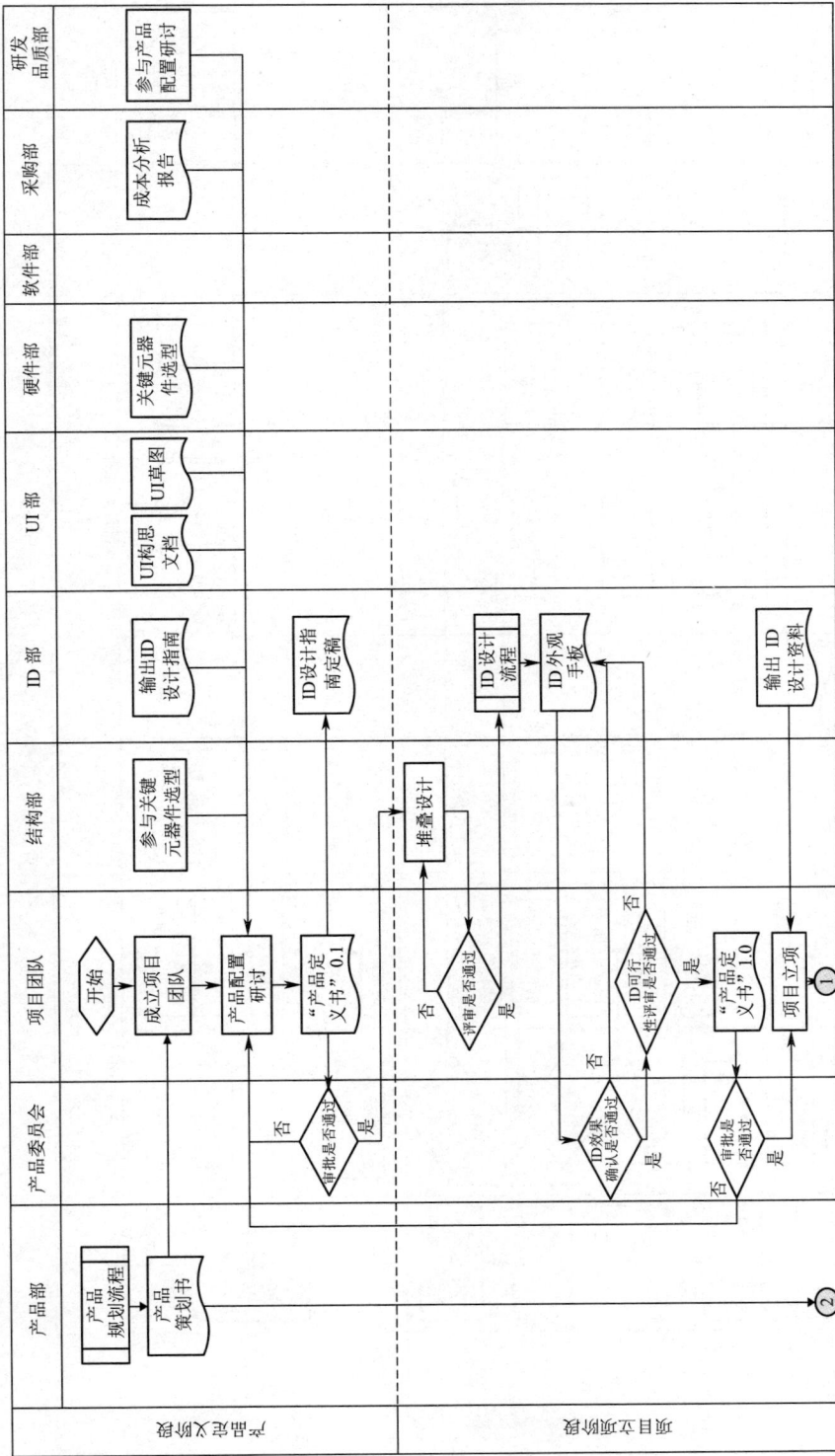

图 2-4 新产品研发项目管理流程（产品定义阶段、项目立项阶段）

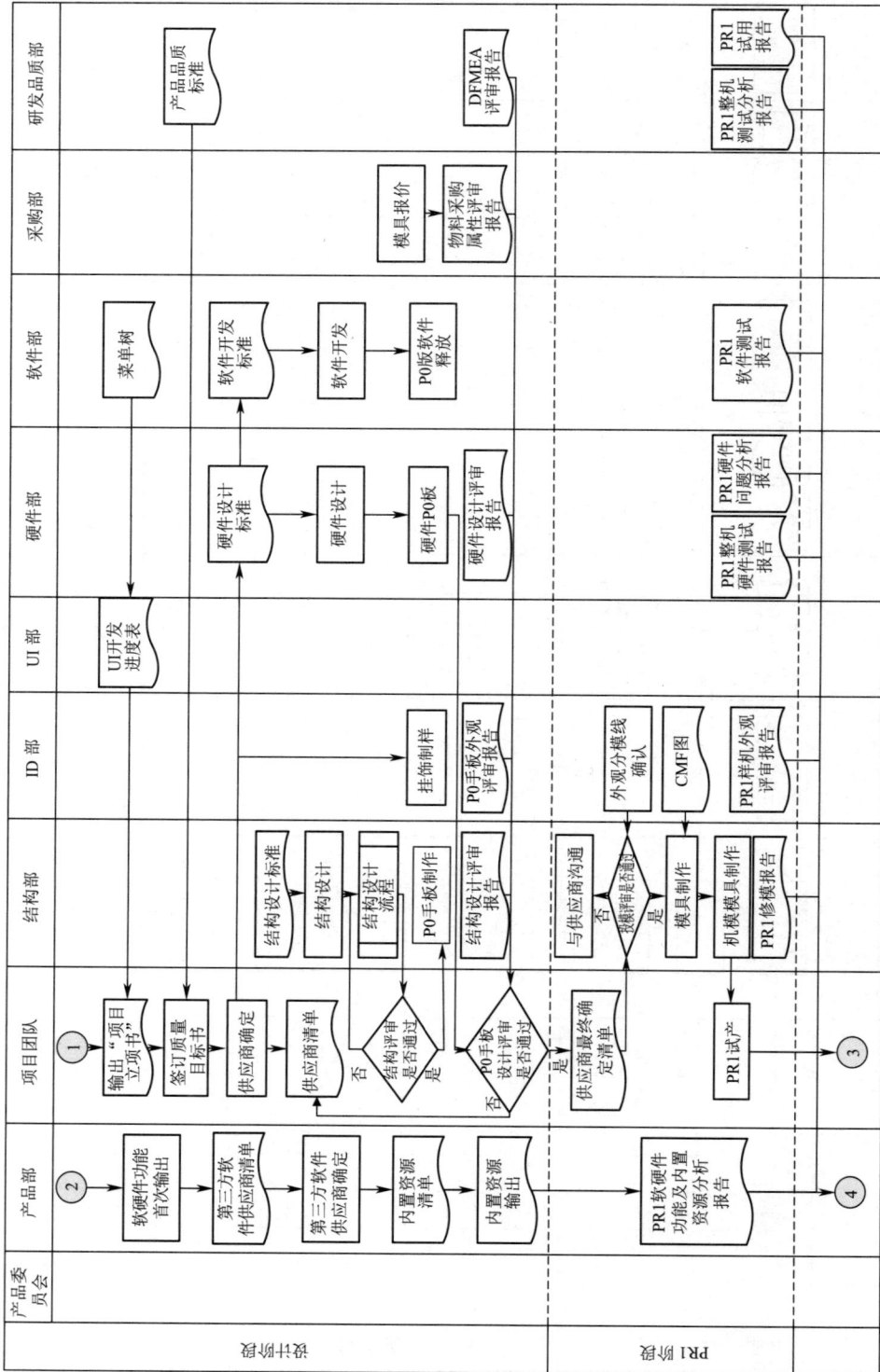

图 2-5 新产品研发项目管理流程（设计阶段、PR1 阶段）

产品部	产品委员会	项目团队	结构部	ID 部	UI 部	硬件部	软件部	采购部	研发品质部
④→内置资源确认→PR2软硬件功能及内置资源分析报告		③→组织PR1问题改善→组织PR1评审→是否可以PR2〈否〉〈是〉→PR2试产	PR2修模报告	PR2样机外观评审报告		PR2整机硬件测试报告 / PR2硬件问题分析	PR2软件测试报告		PR2测试报告 / PR2试用报告
试销流程→试销计划→组织试销→试销报告 / PIR软硬件功能及内置资源审核报告		组织PR2问题改善→组织PR2评审→是否可以PIR〈否〉〈是〉→组织召开产品说明会→PIR(中批)生产产	结构优化报告	PIR样机外观检查报告	UI确认检查报告	PIR硬件测试报告 / PIR硬件问题分析	PIR软件测试报告	出货成本报告	PIR测试报告 / PIR试用报告
		组织PIR问题改善→组织PIR评审→是否可以MP〈否〉〈是〉→组织产品状态说明会→组织召开MP准备会议→进入量产产→全部资料归档							
项目总结(规划)		项目总结→结束	项目总结(结构)	项目总结(ID)	项目总结(UI)	项目总结(硬件)	项目总结(软件)	项目总结(采购)	项目总结(品质)

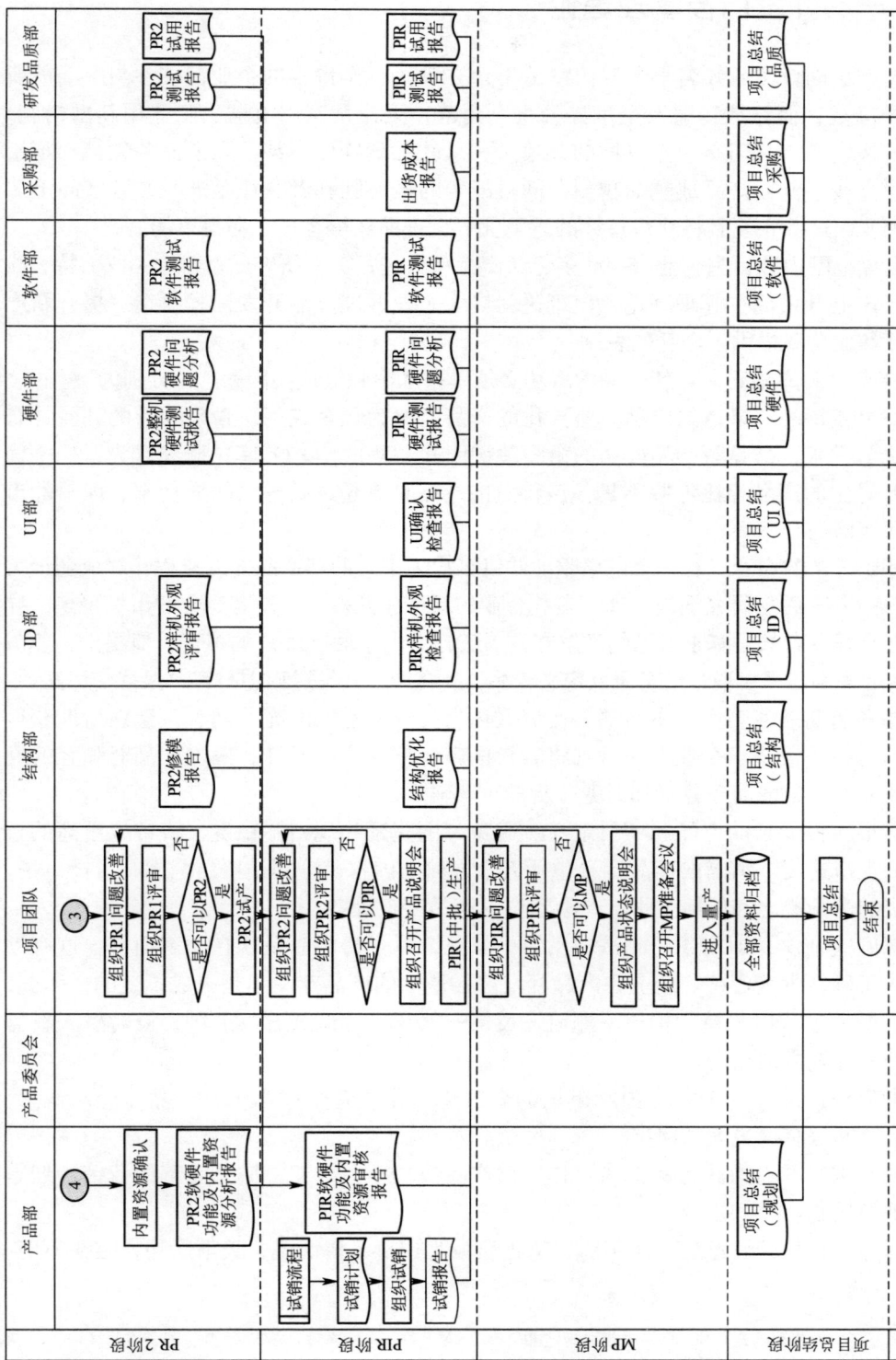

图 2-6 新产品研发项目管理流程（PR2 阶段、PIR 阶段、MP 阶段、项目总结阶段）

二、产品开发门径管理理论

加拿大产品创新领域知名学者罗伯特·G.库珀认为，全世界的企业都在参与一场前所未有的新产品战，而且战场遍及全世界的每个角落，无论是家用电器、工业用新型树脂，还是汽车、快消品，甚至是一家餐厅的菜单……从软件到硬件，甚至电子商务领域，不论是线上，还是线下，新产品战越演越烈，而且战争的最终胜利者往往是那些在新产品上取得成功的企业，这些企业必将获得持续的竞争优势，进而获得客户，赢得市场。

在对世界范围内数百家企业、3000 多个新产品项目进行分析研究的基础上，罗伯特·G.库珀提出了产品开发门径管理理论，该理论为广大企业开展产品开发流程再造、提升新产品开发效率和成功率提供了全新的思路。

在罗伯特·G.库珀看来，新产品的成功必须具备八个关键成功因素[1]，分别为：

（1）一个独特的、卓越的产品。差异化的产品能够为顾客或用户带来独特的利益并有吸引力的价值主张，这是新产品成功的第一关键因素。罗伯特·G.库珀研究认为，一个优秀且极具差异化的产品相比那些不具备该特点的产品具有超过其五倍的成功率、四倍的市场占有率和四倍的利润率。

（2）基于客户的声音。有一个市场驱动并以客户为中心的新产品开发流程，对成功至关重要。罗伯特·G.库珀研究认为，绝大多数企业的新产品开发都是没有充分的市场聚焦，导致产品定义和开发者都是基于自己的理解在开展工作。为了聆听客户的声音，他提出企业需要与客户一起甄别需求，通过市场研究定义产品，并在产品开发过程中与客户保持密切互动。

（3）做好前期准备工作并将前端工作嵌入项目。开发前期的充分调查，会在后期获得相应回报，这个阶段要求企业能够做到将客户的声音作为产品设计、确定产品对顾客的经营价值、商业论证中的商务分析和财务分析的重要输入。

（4）尽早获得清晰的产品和项目定义。避免范围蔓延和规格不稳定，将带来更高的效率和更快的上市速度。清晰的产品定义包括五个方面的内容，分别是项目范围、目标市场、交付给客户的产品概念和价值主张、产品定位、产品特定等。

（5）螺旋式开发，即构建—测试—反馈—修正，尽早将产品呈现在顾客面前，这有助于确保产品正确，少走弯路。企业在产品开发之初做出的产品定义不是一成不变的，因此，企业需要在开发过程中坚持"构建—测试—反馈—修正"螺旋式开发原则，及时融入新需求，确保产品开发方向正确。

（6）世界级产品。一个针对国际市场的全球化产品或者全球本土化产品（全球概念，本土定制）能确保获得更大的回报。

（7）精心构思并有效执行的上市工作，对产品成功至关重要，一个完善的营销计划是上市工作中的核心。

（8）加速。加快开发进度，但不能以牺牲质量为代价。俗话说，天下武功，唯快不破。

---

[1] 库珀.新产品开发流程管理：以市场为驱动（第 5 版）[M].刘立，师津锦，于兆鹏，译.北京：电子工业出版社，2019：29.

产品开发过程同样适用这一原则，因为加速可以带来企业竞争优势，加速也可以为企业带来更多客户，加速还可以为企业带来更高利润，但前提是不能牺牲产品质量。

同时，罗伯特·G.库珀还提出了新产品从创意到上市体系的七个目标[①]，分别是：

（1）执行质量。产品创新是一个流程，始于最佳实践体系中的某个创意，终于一个成功的产品上市或之后，在这个过程中，任何疏忽和大意都会导致产品缺陷，甚至失败。因此，产品开发全过程要确保那些能够使新产品开发取得成功的关键活动是没有缺陷、没有遗漏的。

（2）更聚焦、更好的优先级排序。很多公司产品研发成功率比较低，最重要的原因是项目过多、资源不聚焦引起的。因此，企业在任何一个关口都要问以下两个问题：

是否在正确地做项目？

是否在做正确的项目？

（3）快速推进且并行的螺旋流程。并行、螺旋式的产品研发流程将有助于企业压缩研发周期，提升研发效率。

（4）真正跨职能的团队工作。产品研发需要很多部门共同参与，因此建立基于流程的绩效指标并组建跨部门的工作团队将更有助于工作开展。

（5）基于客户声音的高度市场聚焦。新产品在开发过程中，不论是在基于客户需求形成的新产品创意、前期市场评估与分析、竞争对手及竞品分析、概念测试、开发过程中的客户迭代、用户测试，还是产品发布都需要随时倾听客户的声音。

（6）把前端工作做得更好。产品研发最大的挑战来自市场的不确定性，为了减少产品在开发过程中的返工和调整，企业需要尽可能在创意筛选、市场评估、商业分析与论证等方面把工作做扎实。

（7）具有竞争优势的产品创新。企业一定要利用一切机会建立产品优势，这是提升产品盈利能力，提升企业竞争力的关键。

产品开发门径管理理论正是基于以上对能够使新产品成功的关键因素及新产品从创意到上市体系的七个目标进行定义的基础上提出的。

罗伯特·G.库珀认为：门径管理是一个既是概念性又具操作性的路线图，用于推动一个新产品项目从创意到上市以及后续工作的全过程，可以说门径管理是一张可以提升新产品开发流程效率的蓝图，它描绘了应该做什么，包括每个战役、每个阶段，还描绘了如何去做，以赢得最后的胜利。他认为一个新产品从创意诞生到上市后评审的过程，必须把控五个关口、经历五个阶段，如图2-7所示。

1. 新产品开发门径管理的五个关口

新产品开发需要严格把控的五个关口分别是：创意筛选关口、二次筛选关口、进入开发关口、进入测试关口、进入上市关口。

---

① 库珀.新产品开发流程管理：以市场为驱动（第5版）[M].刘立，师津锦，于兆鹏，译.北京：电子工业出版社，2019：71-78.

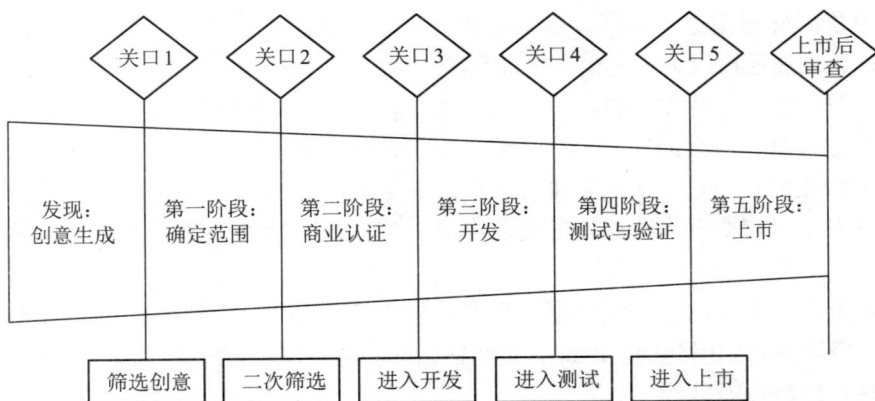

图 2-7　门径管理模型

（1）创意筛选关口。创意是新产品开发流程的触发器，创意筛选关口就是将新产品创意从战略一致性、项目可行性、机会规模、市场吸引力与竞争优势、利用公司资源的能力、公司核心能力等多个维度进行验证，并决定是否进入第一阶段。

（2）二次筛选关口。二次筛选关口比创意筛选关口更为聚焦和慎重，这个关口需要企业从战略（重要性、适合度）、产品和竞争优势、市场吸引力（规模、增长、竞争力）、杠杆作用（企业的核心竞争力）、技术可行性、财务回报和风险等六个维度进行详细评估。

（3）进入开发关口。此关口是正式进入新产品开发的重要节点，一旦通过，企业便会投入人力、物力、财力进行新产品开发工作，因此，此关口就显得至关重要。

（4）进入测试关口。开发后的测试是确保开发工作顺利进行的关键。大家都知道，产品在开发过程中哪怕有 1% 的问题，在量产的时候就会无限放大，因此，此关口也是产品保证的关键。

（5）进入上市关口。这是产品从创意到全面商业化的最后一道关口，该关口重点关注测试和验证阶段的工作成果，从而决定产品是否具备上市的各项条件。

2. 新产品开发门径管理的五个阶段

新产品开发必须经历的五个阶段分别是：确定范围阶段、商业认证阶段、开发阶段、测试与验证阶段、上市阶段。

（1）确定范围阶段。产品在经过创意筛选关口之后便进入确定范围阶段，此阶段需要完成初步市场评估、初步商业及财务评估两项核心工作，并在此基础上初步描绘产品概念，实现产品从创意到初步概念的转换。

（2）商业认证阶段。商业认证是启动全面产品开发的前置条件，如果缺乏商业认证便进入产品开发，很有可能导致产品成为镜中花、水中月，好看不实用。商业认证要从客户声音（用户需求调研）、市场分析（竞争优势）、详细技术评估、运营和供应链资源评估、用户概念测试、法律法规论证等多个维度进行评估，并在此基础上完成产品定义、项目论证和项目计划等三项核心工作。

（3）开发阶段。此阶段为新产品开发的整个过程，涉及项目团队组建、开发计划、产品开发等工作，是将产品从概念到成品实现的过程。

（4）测试与验证阶段。这一阶段主要测试和验证整个项目的可行性，主要从产品本身、生产与运作流程、客户可接受度和项目经营收益等方面进行测试，包括内部产品测试（含软件测试、硬件可靠性测试等）、产品用户或现场测试、试产、模拟测试、BOM 成本测算及财务分析等工作。

（5）上市阶段。产品上市阶段主要包括市场发布计划（含新品发布会、市场物料等）、产品运营计划（含市场铺货计划、新品生产爬坡计划、品牌推广计划、市场推广计划、供应链运营计划、迭代与升级计划等），是企业实现盈利目标的关键。

三、APQC 设计与开发产品及服务相关流程

美国生产力与质量中心（简称 APQC）将企业内部的流程共分为 12 类，如图 2-8 所示。

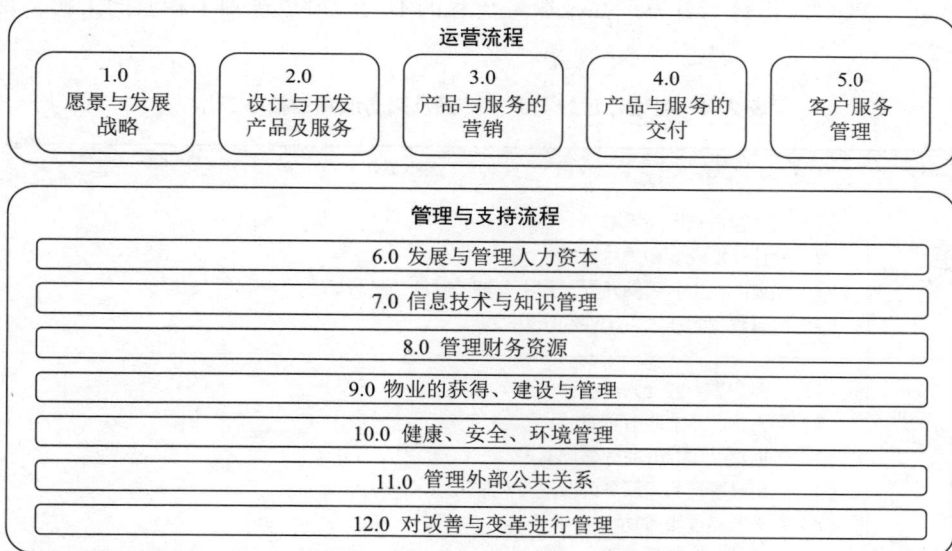

图 2-8　APQC 企业内部流程分类

APQC 将企业内部的流程分为 12 类，分别为：

（1）愿景与发展战略。

（2）设计与开发产品及服务。

（3）产品与服务的营销。

（4）产品与服务的交付。

（5）客户服务管理。

（6）发展与管理人力资本。

（7）信息技术与知识管理。

（8）管理财务资源。

（9）物业的获得、建设与管理。

（10）健康、安全、环境管理。

（11）管理外部公共关系。

（12）对改善与变革进行管理。

其中，设计与开发产品及服务流程又分为六个阶段，如图 2-9 所示。

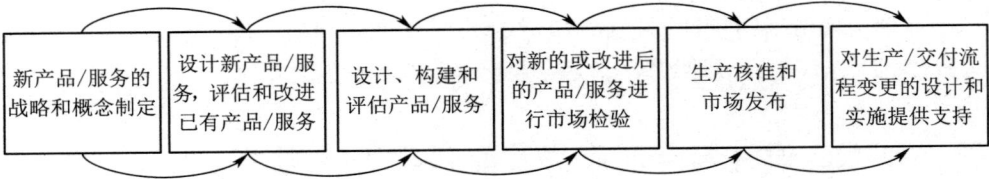

图 2-9　APQC 设计与开发产品及服务流程的六个阶段

同时，APQC 对设计与开发产品及服务流程的不同阶段也规划了相应的工作，具体内容见表 2-4。

表 2-4　APQC 设计与开发产品及服务流程的核心工作

流程阶段	核心工作
新产品或服务的战略和概念制定	（1）调研客户和市场需求 （2）设计开发成本和质量目标 （3）规划产品生命周期并界定其中各期的时间长度目标 （4）调研领先的技术、构件和研发需求
设计新产品或服务，评估和改进已有产品或服务	（1）将客户需求转变为产品和（或）服务需求 （2）产生新产品或服务创意 （3）根据新品研发战略评估已有产品 （4）识别已有产品或服务的改进点和扩展点 （5）定义产品或服务功能 （6）淘汰过时的产品或服务 （7）对产品或服务的效能测量指标进行识别和改进
设计、构建和评估产品或服务	（1）将资源配置到产品或服务项目 （2）布置高级资源的功能和技术评估 （3）产品或服务的详细设计 （4）将详细设计文档化 （5）构件原型 （6）清除质量及可靠性问题 （7）开展内部质量及服务检验并对灵活性进行评估 （8）识别需要提升的绩效指标 （9）与供应商和协议生产企业开展协同设计

续上表

流程阶段	核心工作
对新的或改进后的产品或服务进行市场检验	（1）布置详细的市场研究 （2）开展客户实验和访谈 （3）产品或服务特性的功能定稿 （4）技术要求定稿 （5）识别对于生产／交付流程的改进要求
生产核准和市场发布	（1）对原型的生产与交付流程进行设计和检验 （2）设计和获取必要的原料与设备 （3）实际对流程或方法论进行应用和检验 （4）对产品生产和服务交付提供支持
对生产／交付流程变更的设计和实施提供支持	（1）监控生产运行 （2）识别产品或服务的设计和参数配置变更 （3）为现有产品或服务改进流程采集反馈信息 （4）对产品或服务的交付流程测量指标进行识别

四、ISO 产品研发相关程序

国际标准化组织（简称 ISO）在 ISO 9001：2015 标准中将产品或服务开发过程分为三个环节：开发过程、开发控制、开发转化，并对每个环节的工作提出了明确的标准和要求，如图 2-10 所示。

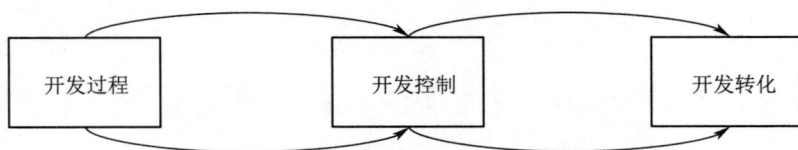

图 2-10　ISO 9001：2015 产品或服务开发的三个环节

1. 开发过程

组织应采用过程方法策划和实施产品或服务开发过程。在确定产品或服务开发的阶段和控制时，组织应考虑以下事项：

（1）开发活动的特性、周期、复杂性。

（2）顾客和法律法规对特定过程阶段或控制的要求。

（3）组织确定的特定类型的产品或服务的关键要求。

（4）组织承诺遵守的标准或行业准则。

（5）针对以下开发活动所确定的相关风险和机遇——开发的产品或服务的特性，以及失败的潜在后果；顾客和其他相关方对开发过程期望的控制程度；对组织稳定地满足顾客要求和增强顾客满意的能力的潜在影响。

（6）产品或服务开发所需的内部和外部资源。

（7）开发过程中的人员和各个小组的职责和权限。

（8）参加开发活动的人员和各个小组接口管理的需求。

（9）对顾客和使用者参与开发活动的需求及接口管理。

（10）开发过程、输出及其适用性所需的形成文件的信息。

2. 开发控制

对开发过程的控制应确保以下事项：

（1）开发活动要完成的结果得到明确规定。

（2）开发输入应充分规定，避免模棱两可、冲突、不清楚。

（3）开发输入的形式应便于后续的产品生产和服务提供，以及相关监视和测量。

（4）在进入下一步工作前，开发过程中提出的问题得到解决和管理，或者将其优先处理。

（5）策划的开发过程得到实施，开发的输出满足输入的要求，实现了开发活动的目标。

（6）按开发结果生产的产品和提供的服务满足使用要求。

（7）在整个产品或服务开发过程及后续任何对产品的更改中，保持适当的更改控制和配置管理。

3. 开发转化

组织不应将开发转化为产品生产和服务提供，除非开发活动中未完成的或提出的措施都已经完毕或者得到管理，不会对组织稳定地满足顾客、法律和法规要求及增强顾客满意的能力造成不良影响。

五、互联网时代集成研发业务流程再造新趋势

任何一家企业都是为了解决社会的某种问题，这些问题必须紧紧围绕满足顾客某种至关重要的需求，也就是说，不管这家企业是卖房子的，还是卖手机的，抑或是提供外卖送餐服务的，都离不开产品或服务的设计与开发。企业可以按照 IBM 的集成产品研发理论建立符合自身产品特点的流程体系，可以按照产品开发门径管理理论优化自己的产品研发流程，还可以按照 APQC 的设计与开发产品及服务流程、按照 ISO 9001：2015 标准中产品研发的相关程序完善自己的相关流程。总之，流程已经成为越来越多企业在产品创新、迭代方面开始关注并取得巨大成功的关键所在。

苹果公司的成功正是源于乔布斯对产品的精益求精。中国有句老话，酒香不怕巷子深，好的产品或服务是企业成功的关键因素。产品对企业的重要性不言而喻，但随着信息化、数字化时代的到来，信息传递速度极快，产品同质化现象越来越严重，这就需要企业利用前文提到的种种理论和方法再结合互联网时代的特征，不断迭代自己的产品。

（1）不仅仅只有功能赚钱。传统企业在进行集成研发业务流程再造的时候，更多关注的是产品本身，也就是产品功能方面的开发和实现，但在互联网时代，这种狭隘的思维模式需要彻头彻尾地改变，产品部门和产品开发部门一定要用互联网的思维模式思考产品赚

钱的途径。小米手机的硬件是不赚钱的，那么小米在哪里赚钱？同理，苹果手机的硬件赚钱也不会太多，那为什么苹果公司能够在中国市场份额只占 20% 左右的情况下，利润却达到全国市场总利润的 80% 以上？

请记住，单靠产品功能赚钱已经很难，而且未来会更难！

（2）把不需要的功能统统减掉。互联网思维中有两个思维模式对产品开发至关重要，即简约思维、极致思维。传统企业为了迎合更多消费者的需求，通常的做法是不断增加新功能，这种做法违背了基本的简约思维，要知道在互联网时代，做加法不算厉害，能做减法才是高手！另外，传统企业做产品很难按照极致思维进行思考和开发，很多企业更喜欢用多产品线、全品类的参与竞争，殊不知在互联网时代，这种做法只能无限度地加大企业库存，增加经营风险。大家可以想想，如果企业能够做出一款类似华为 P40 或者 Mate40 的手机，就不需要那么多机型了。互联网时代的产品不仅要好，还要快，更要新，要能够不断升级改版，持续给客户提供眼前一亮或令客户尖叫的惊喜，否则，即使客户一时被营销活动或者某些产品特质吸引，等其新鲜感淡化甚至消失之后，企业的用户数及活跃度还是会迅速下滑，导致前功尽弃。

在互联网时代，企业研发部门一定要记得：少即是多；选择不做什么比选择做什么更重要；做加法不算本事，做好减法才算厉害！

（3）好产品会说话。互联网时代做产品，不需要整天琢磨标新立异，在产品概念上下功夫，企业如果真想做成事情，应把更多的时间、精力和资源投入产品中，让好产品自己说话，留住用户。

在"各领风骚三五月"的互联网时代，企业一定要懂得产品的重要性，新浪微博、腾讯微信、抖音、快手、钉钉等依靠产品良好的客户体验赢得了市场；拼多多、天猫、百度文库、京东在给客户带来便利的同时也在不断优化和丰富服务内容；众多的 App 和游戏依托内容或平台得到一批又一批用户的簇拥……这些公司的成功不仅在于理念好，还在于产品也足够好。还有小鹏汽车，之所以能够迅速占领市场，关键还在于产品本身！

（4）兜售参与感。说到兜售参与感就不得不提小米，有人问小米手机成功的三大因素是什么？黎万强（小米科技联合创始人之一）的答案是：第一是参与感，第二是参与感，第三还是参与感。小米是一家把参与感做到极致的公司，它让用户参与产品的设计、开发，甚至公测的各个环节，让用户充分参与的过程，其实也是一种全新的集成研发流程再造思路。另外，东鹏饮料在饮料产品研发流程中明确规定：要让终端消费者参与新产品的品评，这也是参与感的最直接体现。因为，尽早聆听消费者的声音将会帮助企业研发出更贴合市场需求的好产品。

（5）快速迭代。传统企业主张"上市一代、研发一代、储备一代""人无我有、人有我优、人优我转"的产品迭代理念，也就是坚持永远领先别人半步的产品研发思维，这种思维固然没错，但在互联网时代却很难做到。现实的状况是还没等到你"有"的时候别人已经"优"了，还没等到你"优"的时候别人已经"转"了，这样的例子比比皆是，所以快速迭代已经成为互联网时代产品研发的共识。

在这方面，钉钉是最好的体现，钉钉始终坚持"三天小改动、七天大调整"的迭代思路，让钉钉始终能够满足越来越多的客户个性化需求。

腾讯微信也是，微信从 2011 年刚刚发布时的即时通信、分享照片和更换头像等简单功能，到后来的语音对讲、查看附近的人、语音聊天、视频聊天、二维码、微信公众号、微信支付、搜一搜、看一看、跳一跳、拍一拍、小程序、指尖搜索、微信豆等功能，从 2011 年 1 月 21 日发布的 1.0 测试版到 2023 年 6 月 30 日发布的 iOS 8.0.39 版本，微信就是这样在不断迭代的过程中始终保持在同类应用中的领先地位。

第二篇
集成研发业务流程再造方法篇

顾客价值观的演变趋势引导着我们的产品方向。

——《华为基本法》

能确保公司取得长久成功的关键不是产品，而是创造产品的流程。

——迈克尔·哈默、詹姆斯·钱皮

始终坚持做感动人心、价格厚道的好产品，让全球每个人都能享受科技带来的美好生活。

——小米

产品是顾客需求实现的重要载体，集成研发就是将顾客需求产品化的过程。

——本书作者

第三章
集成研发业务流程规划

战略不仅仅要清楚回答未来企业想要进入哪些业务领域、目标客户是谁、为目标客户提供哪些产品、在哪些市场参与竞争等基本的问题，还要清楚为了达到以上目标，企业需要在产品研发、市场营销、集成供应链、财务投资、人力资源、数字化建设等领域配置怎样的资源，这些资源配置共同构成了企业的价值链。用迈克尔·波特的价值链理论解释，就是企业的战略决定了价值链，因此，企业进行流程规划的起点就是价值链。

当然，集成研发业务流程规划也不例外。

一、价值链与业务蓝图

价值链理论是由美国管理学教授迈克尔·波特提出的[①]，如图 3-1 所示，他把企业的所有活动分为两大类：基本活动（价值创造的活动）与支持活动（支持价值创造的活动）。迈克尔·波特认为，企业参与的活动，并不是每个环节都创造价值，实际上只有某些特定的价值活动才真正创造价值，这些真正创造价值的经营活动，就是价值链上的战略环节。企业要保持竞争优势，实际上就是在价值链中的某些特定战略环节上获得优势。借用迈克尔·波特的价值链理论，我们认为企业必须对真正创造价值的活动进行规划及分析，并在此基础上详细规划企业的核心业务流程。

迈克尔·波特的价值链模型是企业普遍使用的一种方法，因为按照该模型理论，企业只要选择和不断完善自己的基本活动便可获得更多的收入，而支持性活动又可以帮助企业进行有效的成本控制，这样一来企业便可获得一定的利润。

【案例 3-1】肯德科技价值链模型

肯德科技以改善人居生活品质为使命，是一家集智能晾衣架研发、生产、销售、安装服务为一体的高新技术企业。在肯德科技的价值链模型中（见图 3-2），基本活动包括内部物流、生产经营、外部物流、市场营销、服务，支持活动包括采购、产品开发、人力资源管理、战略管理、公司基础设施。

---

① 波特.竞争优势 [M].陈小悦,译.北京：华夏出版社，2005：37.

基 本 活 动

内部物流	生 产	外部物流	市场销售	服 务	利
采 购					润
技 术 开 发					
人力资源管理					利 润
公司基础设施					

支持活动

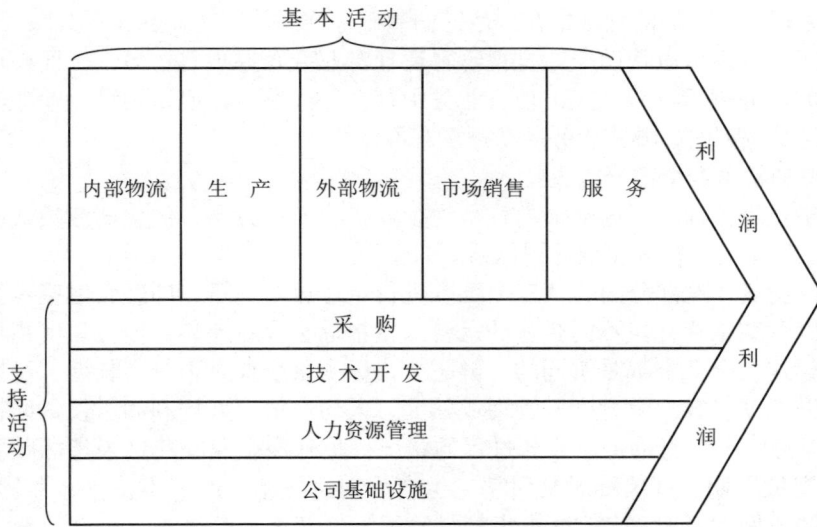

图 3-1　迈克尔·波特价值链模型

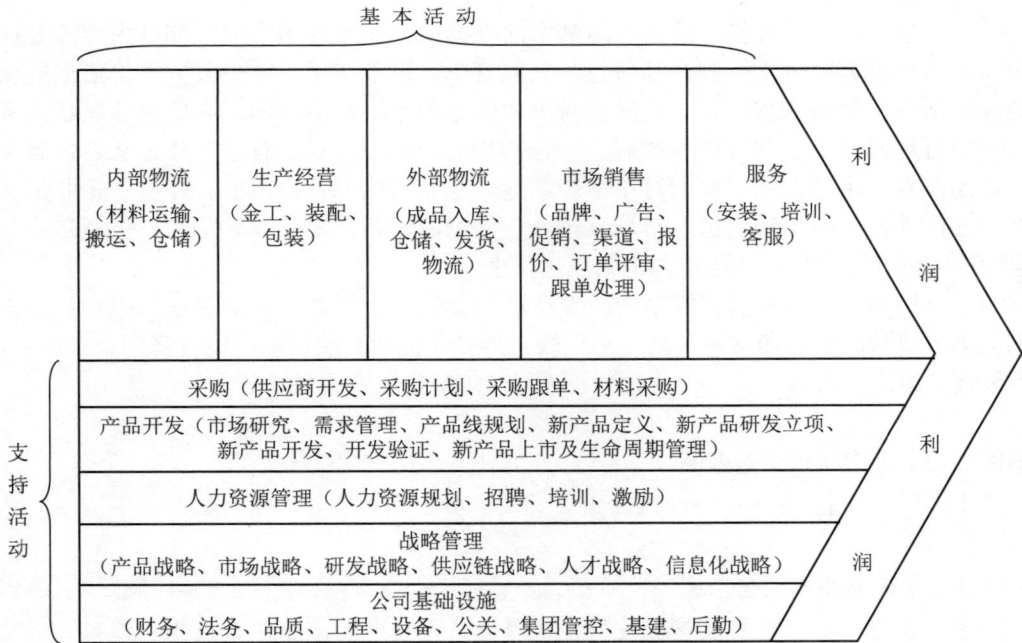

基 本 活 动

内部物流 （材料运输、搬运、仓储）	生产经营 （金工、装配、包装）	外部物流 （成品入库、仓储、发货、物流）	市场销售 （品牌、广告、促销、渠道、报价、订单评审、跟单处理）	服 务 （安装、培训、客服）	利
采购（供应商开发、采购计划、采购跟单、材料采购）					润
产品开发（市场研究、需求管理、产品线规划、新产品定义、新产品研发立项、新产品开发、开发验证、新产品上市及生命周期管理）					
人力资源管理（人力资源规划、招聘、培训、激励）					利
战略管理 （产品战略、市场战略、研发战略、供应链战略、人才战略、信息化战略）					润
公司基础设施 （财务、法务、品质、工程、设备、公关、集团管控、基建、后勤）					

支持活动

图 3-2　肯德科技价值链模型

我们可以看到，肯德科技在产品开发环节的核心业务包括市场研究、需求管理、产品线规划、新产品定义、新产品研发立项、新产品开发、开发验证、新产品上市及生命周期管理等，这些业务是肯德科技产品开发流程的重要组成部分。

对于企业内部绝大多数人而言，价值链模型还是比较抽象的，为了更加清晰、全面地呈现企业业务现状，我们的做法是在价值链的基础上详细绘制企业的业务蓝图。

业务蓝图一方面可以帮助企业全视野看清现有业务布局现状，另一方面还可以帮助企业进行有效的业务逻辑分析，找出现有业务中存在的问题，以便识别哪些业务活动对客户价值主张满足是有利的，哪些业务活动是没有价值的。

业务蓝图通常由四个部分构成：

（1）战略及经营计划。这部分内容是为企业指明发展方向，优化商业模式，明确经营目标，并建立完善的目标来实现计划体系。

（2）运营衡量。这部分内容从三个维度进行企业运营衡量，即经营健康度指标、经营过程指标及经营结果指标。不同企业的运营衡量指标会存在差异，但健康度指标、过程指标和结果指标这三个大类都是雷同的。健康度指标衡量企业是否具有长期、稳健经营的能力，如员工满意度、客户满意度、管理成熟度、人均产值、人均利润、投资回报周期、现金流等；过程指标用来衡量企业经营过程的状况，是确保企业经营结果指标顺利达成的基础，如订单交付周期、订单准时交付率、生产计划达成率、产品不良率、存货周转次数、库存周期、销售回款及时率等；结果指标是阶段性经营成果的体现，是企业全体员工共同努力的结果，也是用来衡量结果是否达到投资方诉求的指标，如利润、收入、资产回报率、资产增值、股东价值、企业市值等。

（3）核心业务。与价值链模型中的基本活动类似，业务蓝图中的这部分内容需要详细列出企业从挖掘客户需求，到产品研发、获取订单、订单交付、客户服务等价值创造全过程的业务活动。值得注意的是，不同企业价值创造的逻辑是不同的，有些企业是从市场营销—面向订单研发—面向订单生产制造—仓储物流—客户服务，有些企业是从客户需求调研—产品研发—市场营销—面向订单生产制造—仓储物流—客户服务，还有些企业是从需求调研—产品研发—生产制造—市场营销—仓储物流—客户服务等。总之，企业在绘制业务蓝图的时候一定要把价值创造的逻辑表达出来。

（4）支持业务。与价值链模型中的支持活动类似，支持业务需要规划和识别与企业价值创造不可或缺的辅助和支持活动，常见的支持业务包括品质管控、设备管理、工厂管理、财务管理、组织及人力资源、行政后勤、流程与信息化、资源管理等。

【案例 3-2】肯德科技业务蓝图

接【案例 3-1】，图 3-3 是我们在图 3-2 的基础上，为肯德科技绘制的业务蓝图。

【案例 3-3】天宇美塑业务蓝图

天宇美塑是一家以生物及基因技术为核心的高科技企业，专注于抗衰老产品的研发及推广。由于公司产品的特殊性，企业不仅仅要将产品卖给客户，更重要的是要通过持续地技术服务才能完成客户订单交付，这就需要该企业除了有形产品的开发之外，还需要设计和开发一套完整的服务产品。图 3-4 为该企业的业务蓝图。

【案例 3-4】光彩新材料业务蓝图

光彩新材料是一家集工业用新材料的研发、制造与销售为一体的国家高新技术企业。图 3-5 为我们帮助该企业绘制的业务蓝图。

战略及经营计划
- 发展战略规划
- 商业模式
- 年度经营计划
- 品牌及市场推广计划
- 客户开发及销售计划
- 产品规划及研发计划
- 供应商开发及采购计划
- 流程及IT建设计划
- 人力资源计划
- 产能规划及扩产计划
- 年度经营预算

运营衡量
- 运营健康指标：客户满意度、员工满意度、人均销售额、人均利润
- 运营过程指标：销售毛利率、产能利用率、存货周转率、预算控制率、质量损失
- 运营结果指标：销售收入、利润

满足客户价值

集成研发
- 市场研究、需求管理、产品线规划、新产品定义、新产品研发立项
- 新产品开发、开发验证、新产品上市管理、产品生命周期管理

整合营销
- 品牌宣传、市场推广、渠道开发、客户开发、销售政策
- 订单开发、订单评审、订单交付管理、销售货款管理
- 订单交付计划、物料需求、供应商开发、采购下单、材料入库及仓储

集成供应链
- 生产计划、制程管理、成品入库及仓储、物流管理

客户服务
- 服务商开发、服务培训
- 安装派单、安装服务、客诉受理、客户满意度管理

品质/设备/工程
- 工艺工程、物料品质
- 生产品质、安装品质

集成财经
- 资产管理、成本及费用管理、融资管理
- 财务分析、风险控制
- 经营预算、会计核算、税务筹划
- 资金管理、财务报表、税务管理

EHS（环境管理体系）
- 安全管理、消防管理、职业健康、环保管理

后勤及行政
- 宿舍服务、公共关系
- 食堂服务、证照管理
- 物业服务、档案及保密

人力资源
- 人力资源规划、甄选与招聘、企业文化
- 职位管理、薪酬激励、人事事务
- 组织管理、教育与发展、员工关系

客户服务
- 绩效管理

流程与信息化
- 流程规划、信息化规划
- 流程优化与再造、信息系统实施
- 流程信息化、信息系统集成
- 商业智能

资源开发与管理
- 智力资源
- 公关资源：服务商资源
- 供应商资源
- 渠道及客户资源
- 品牌及市场资源

洞察客户需求

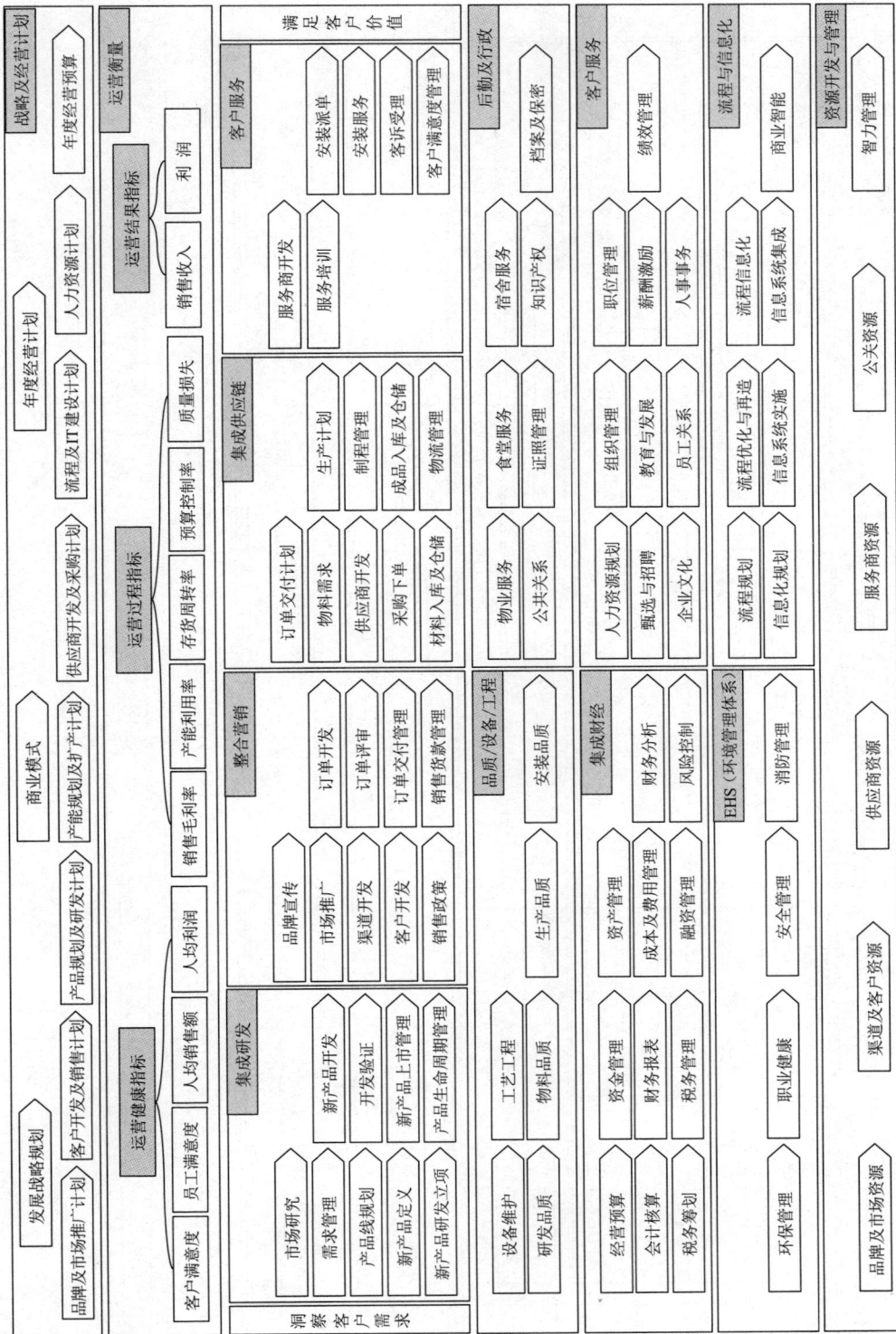

图3-3 肯德科技业务蓝图

战略及经营计划

发展战略规划　商业模式　年度经营计划

品牌及市场推广计划　年度投资及融资计划　年度研发计划　年度销售计划　年度供应链计划　年度人力资源计划　流程及IT建设计划　年度经营预算

运营衡量

运营健康指标　运营过程指标　运营结果指标

客户满意度　员工满意度　客户忠诚度　新客户开发　业务计划达成率　关键岗位适岗率　出货量　回款额　销售收入　利润　品牌价值

满足客户价值主张

A事业部

品牌推广　市场推广　渠道开发与管理　订单开发
客户服务　货款管理　客诉受理　客户满意度管理

B事业部

品牌推广　市场推广　渠道开发与管理　订单开发
客户服务　货款管理　客诉受理　客户满意度管理

C事业部

品牌推广　市场推广　渠道开发与管理　订单开发
客户服务　货款管理　客诉受理　客户满意度管理

工厂管理

工艺管理　设备管理　精益管理
安全管理　环保管理

流程及信息化

流程规划　流程实施　IT软硬件服务
信息化规划　信息系统实施　信息系统集成

财务管控

资产管理　财务分析
资金管理　税务管理

资源管理

质量管理

开发品质　服务品质
原料品质　成品品质

组织及HR（人力资源）

招聘管理与发展　人才评价　人事事务
员工培训与发展　绩效管理　薪酬与激励　企业文化

行政后勤

档案及保密管理　合同管理　公文管理
法务管理　后勤及物业管理　证照及公章管理

生产制造

订单管理　计划管理　物料采购
生产制造　仓储管理　物流管理

新产品开发

市场调研　需求管理　产品线规划　产品定义
新品开发　开发验证　产品备案　生命周期管理

服务产品开发

需求调研　服务产品定义
服务产品开发　服务产品验证　服务产品迭代

理解市场客户需求

知识产权管理　费用管理　预算管理
后勤及物业管理　成本管理　会计核算

投资管理　融资管理　风控及合规管理

体系管理　组织管理

市场资源开发与管理　供应商资源开发与管理　研发资源开发与管理　智力资源开发与管理

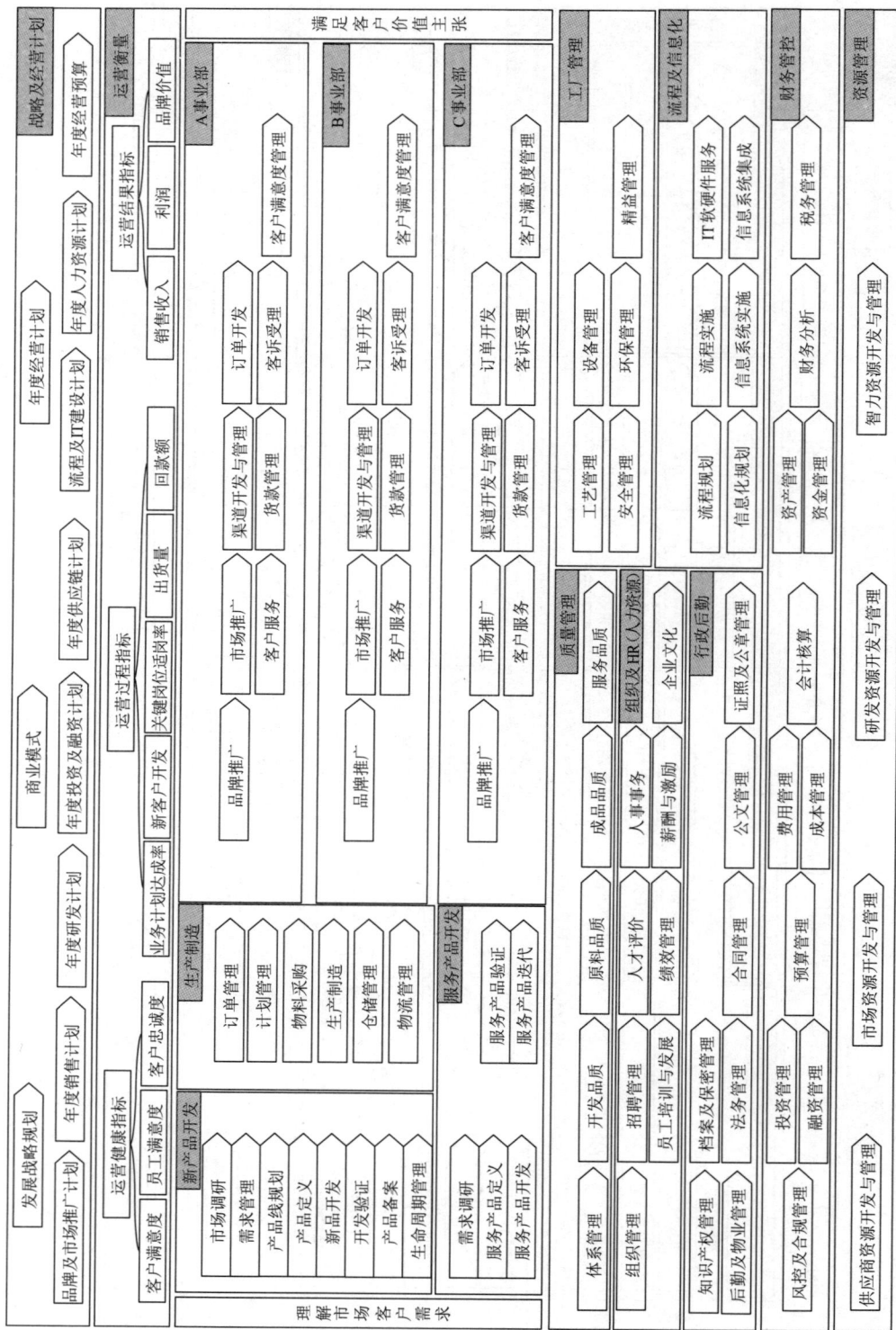

图3-4　天宇美塑业务蓝图

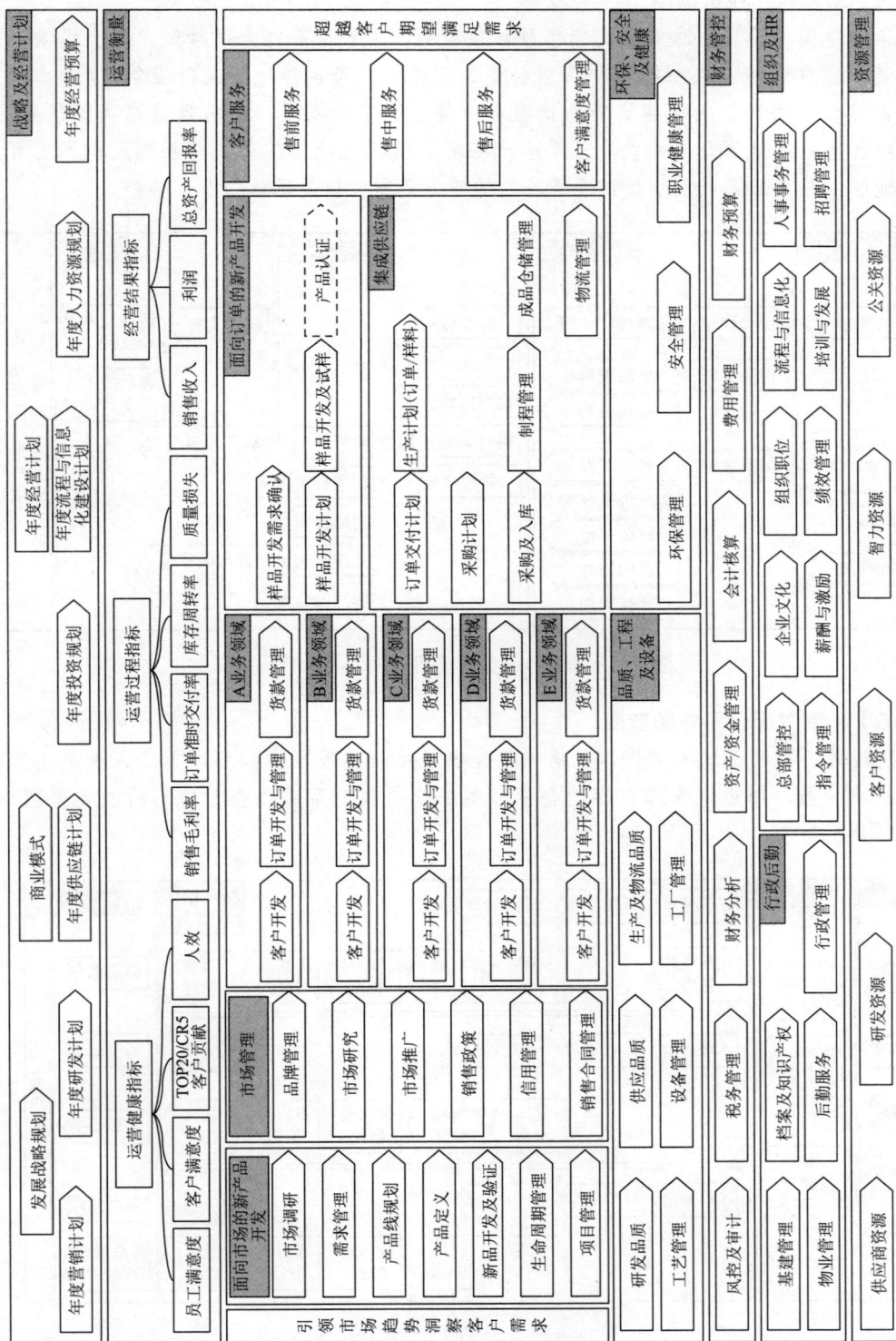

图 3-5 光彩新材料业务蓝图

【案例 3-5】华夏色纺业务蓝图

华夏色纺是国内乃至全球知名的新型纱线供应商，主营中高档色纺纱线，配套提供半精纺、涡流纺、气流纺、色纺纱线和高档新型的胚纱线、染色纱线，同时提供流行趋势、原料与产品认证、吊牌、技术咨询等增值服务。经过多年的发展，公司目前在我国华东、华北、华中、西北等地区及海外拥有五个生产基地、70 多家生产工厂，产品遍及世界近百个国家和地区，图 3-6 是我们帮助该企业绘制的业务蓝图，仅展示核心业务部分。

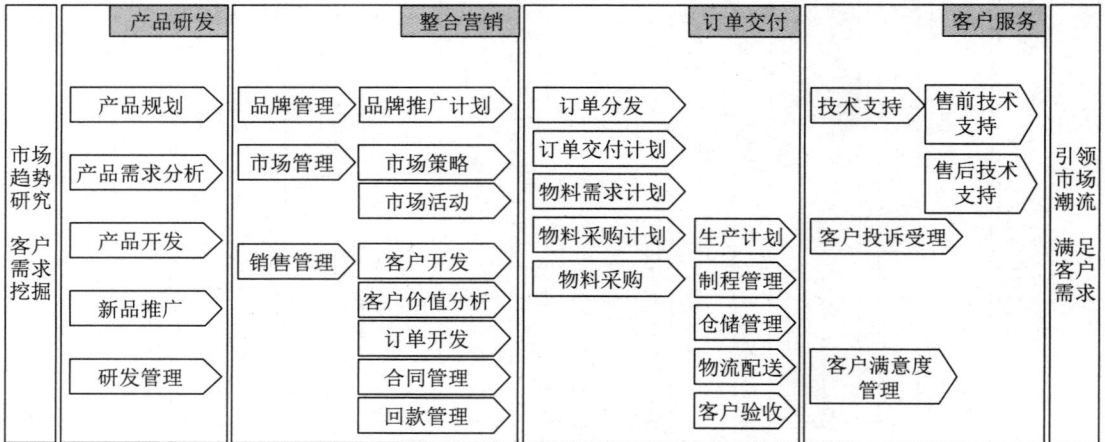

图 3-6　华夏色纺业务蓝图（核心业务）

【案例 3-6】华南汽配公司业务蓝图

华南汽配是一家专门为长安汽车、吉利汽车和长城汽车等国内知名汽车厂家提供精密轴承、精密离合器、精密汽车零部件的企业，图 3-7 是我们帮助该企业绘制的业务蓝图，仅展示核心业务部分。

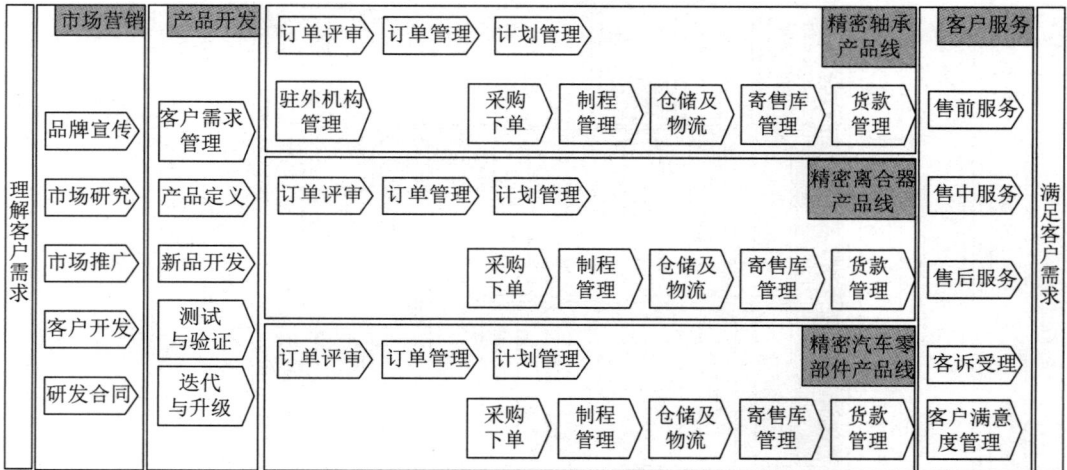

图 3-7　华南汽配业务蓝图（核心业务）

【案例3-7】国发科技业务蓝图

国发科技是一家专门从事传动设备研发、生产、销售的高新技术企业，国发科技以行业领先的系列产品覆盖率，全面拥有标准、专用、大中型非标、高精密传动等十几个系列近万个品种，产品应用领域横跨冶金、矿山、物流、化工、建筑、食品、机械、纺织、能源、制药、环保、电力、烟机、塑机、海洋工程、船舶、钻井平台、农田水利、轨道交通、港口码头、立体车库等众多领域，图3-8是我们帮助该企业绘制的业务蓝图，仅展示核心业务部分。

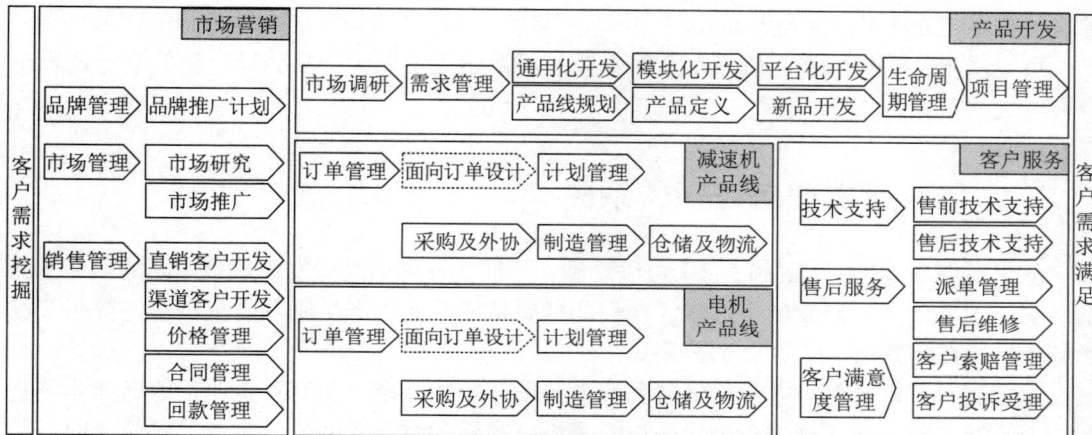

图3-8　国发科技业务蓝图（核心业务）

【案例3-8】绿源饮料业务蓝图

绿源饮料是国内一家以奶制品饮料、果蔬汁饮料的研发、制造、销售为主的快消品企业，图3-9是我们帮助该企业绘制的业务蓝图，仅限核心业务部分。

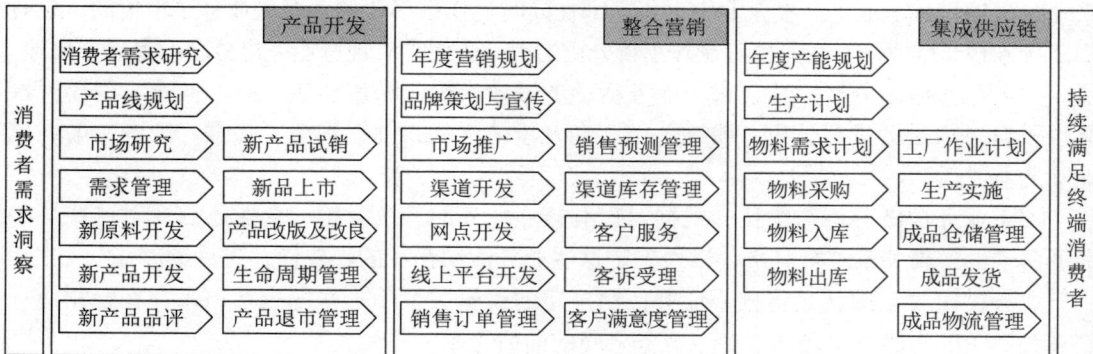

图3-9　绿源饮料业务蓝图（核心业务）

从【案例3-2】到【案例3-8】，综合以上七家企业业务蓝图可以看到，这七家企业的核心业务逻辑各不相同。

就拿新产品开发而言，肯德科技是典型的市场为导向的业务模式，产品研发从市场研究开始，洞察客户需求，并以此为起点展开研发工作；天宇美塑也是市场为导向的业务模式，但除了有形产品的研发，天宇美塑还需要同时开发服务产品；光彩新材料是一种工业材料，该公司的产品研发有两类，其一是面向市场的新产品研发，其二是面向订单的新产品研发；华夏色纺的产品虽然也是一种工业品，但在新产品研发的时候不仅仅要考虑客户的需求，还需要进行市场流行趋势研究；华南汽配则是完全按照潜在客户的产品规划及需求配合客户进行产品开发，可以这么说，华南汽配的产品研发完全是定制化的；国发科技则是一种典型的多品种、小批量的运营模式，按照客户需求进行新产品开发与设计；绿源饮料作为一家快消品企业，产品开发以终端消费者需求洞察开始，需要根据终端消费者的消费习惯、口味、流行趋势进行新产品定义与开发。

可以看出，同样的产品研发，不同企业的研发输入不同，产品研发过程的基本逻辑也存在巨大的差异。

二、集成研发业务逻辑关系图

从【案例3-2】到【案例3-8】可以看到，不同企业的产品研发模式是不同的。为了简洁、明了地展示产品研发的全过程，我们的经验是还需要将产品研发的全过程进行业务逻辑分析，并在此基础上绘制业务逻辑关系图。

业务逻辑分析是在对企业价值链和业务蓝图分析的基础上，针对企业价值链和业务蓝图中所涉及的每一项活动进行细化分析，分析每项活动对企业的价值贡献，以便帮助企业识别增值与非增值业务单元，为企业重新规划流程体系，以及为流程体系的系统优化与再造提供依据。

核心业务逻辑分析主要包括三个环节，即识别核心业务、业务活动分析、业务逻辑分析与优化。

（1）识别核心业务。在企业中，每天都在同时运作很多业务，有些业务是增值的，也有很多业务是非增值的，企业核心业务逻辑分析的第一步便是对现有业务进行全面盘点和梳理。

（2）业务活动分析。结合每项业务活动的绩效表现，利用访谈、问卷调查、现场观察等手段对每项活动进行分析，明确关键活动及增值活动，并识别需要加强、削弱、增加或删除的业务活动。

（3）业务逻辑分析与优化。根据对现有核心业务的系统分析，企业还需要对这些核心业务活动的逻辑关系进行分析，以便确定这些业务活动存在的必要性及先后顺序。

业务逻辑关系图就是将核心业务按照一定的逻辑关系用一张图表达出来，在绘制业务逻辑关系图的时候一定要体现各个业务之间的前后关系、并列关系。

【案例3-9】肯德科技集成研发业务逻辑关系图

基于图3-3对肯德科技集成研发中市场研究、需求管理、产品线规划、新产品定义、新产品研发立项、新产品开发、开发验证、新产品上市管理、产品生命周期管理等核心业务的细化，我们共为该企业集成研发业务规划了五个阶段，共计82项核心业务活动，并绘制了该企业集成研发业务逻辑关系图，如图3-10至图3-12所示。

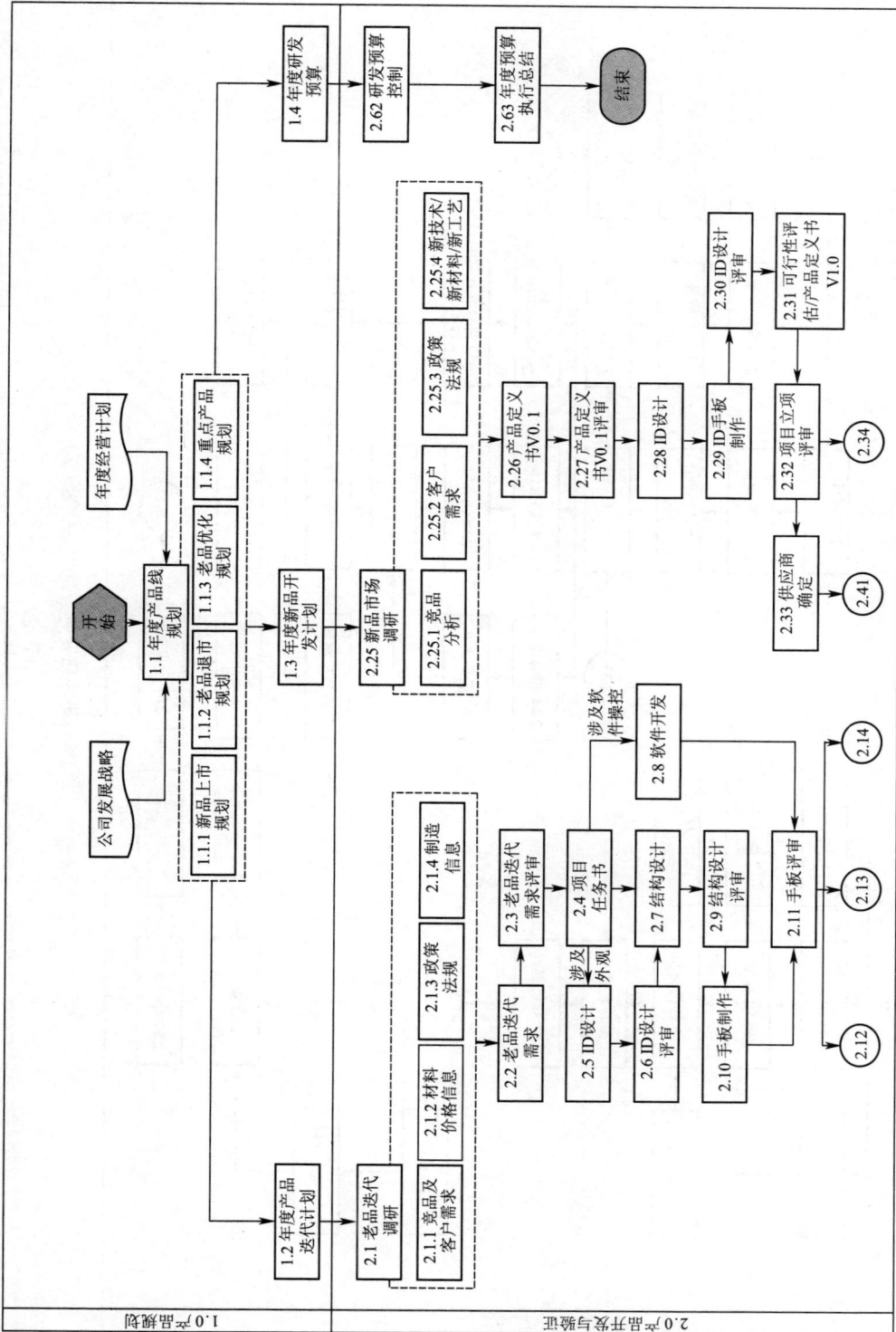

图 3-10　肯德科技集成研发业务逻辑关系图（1）

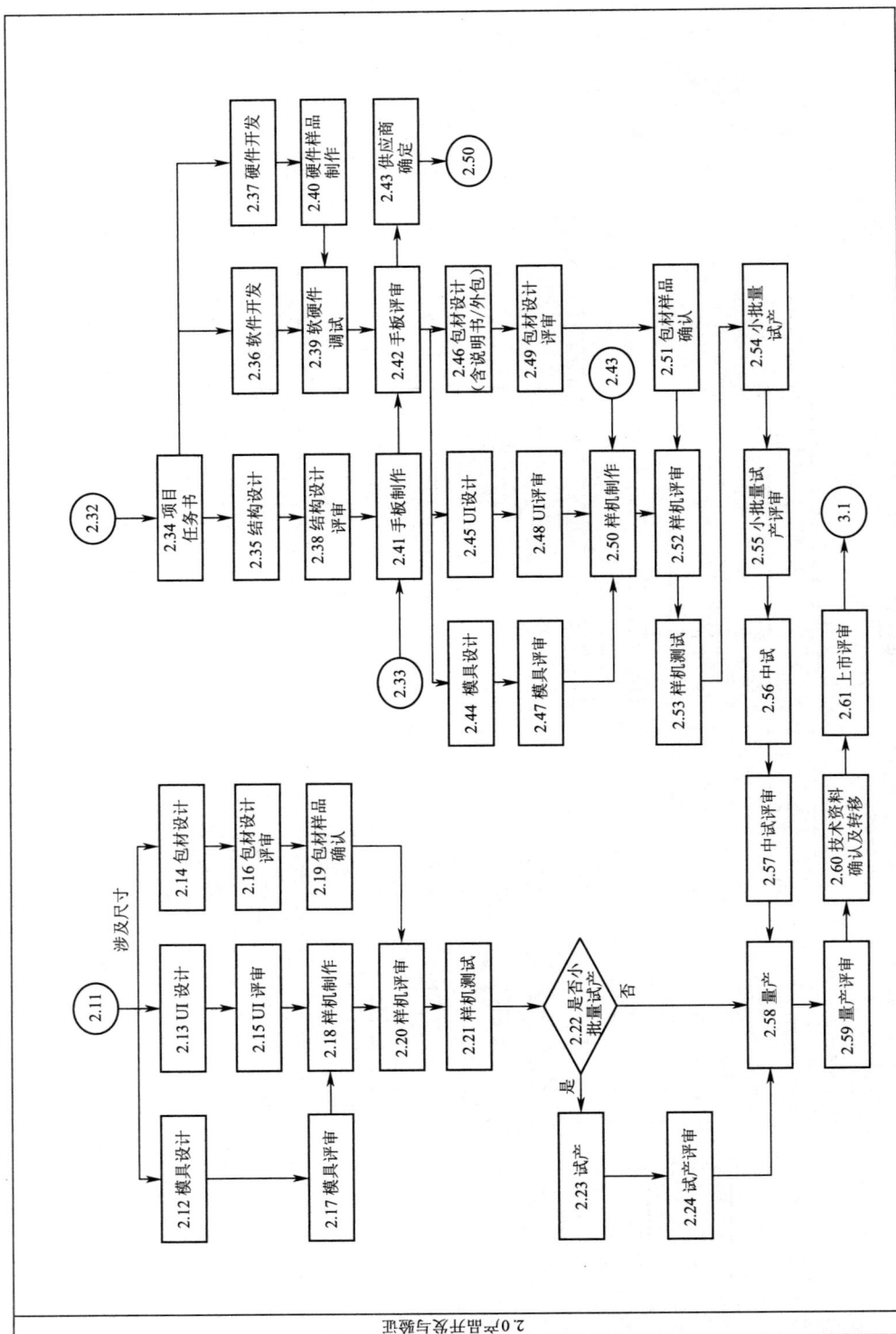

图 3-11 肯德科技集成研发研发业务逻辑关系图（2）

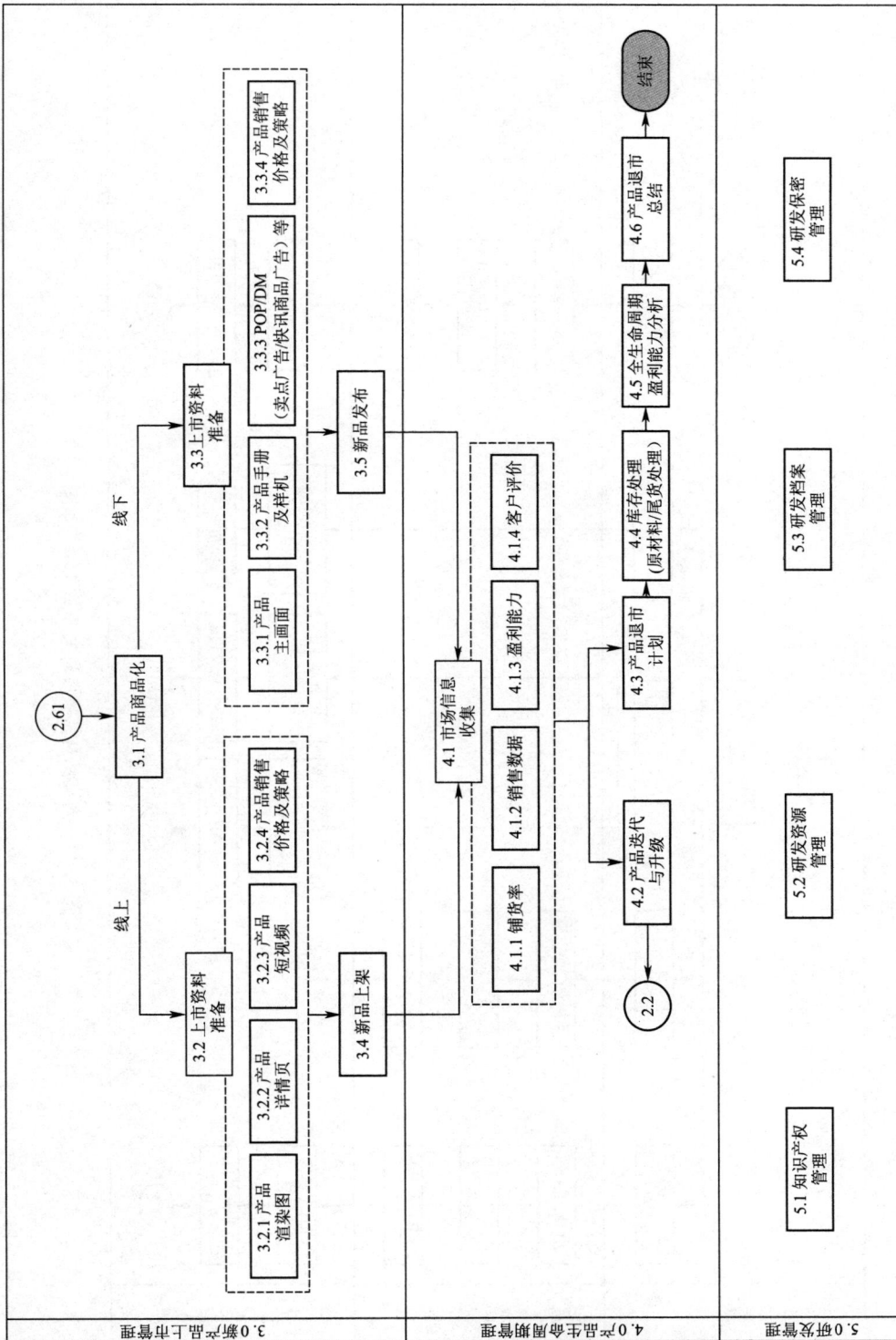

图 3-12　肯德科技集成研发业务逻辑关系系图（3）

【案例 3-10】光彩新材料集成研发核心业务及业务逻辑关系图

根据图 3-5 所示，光彩新材料新产品研发分为两大类，即面向市场的新产品研发、面向订单的新产品研发。图 3-13 至图 3-14 是我们帮助该企业绘制的集成研发业务逻辑关系图。

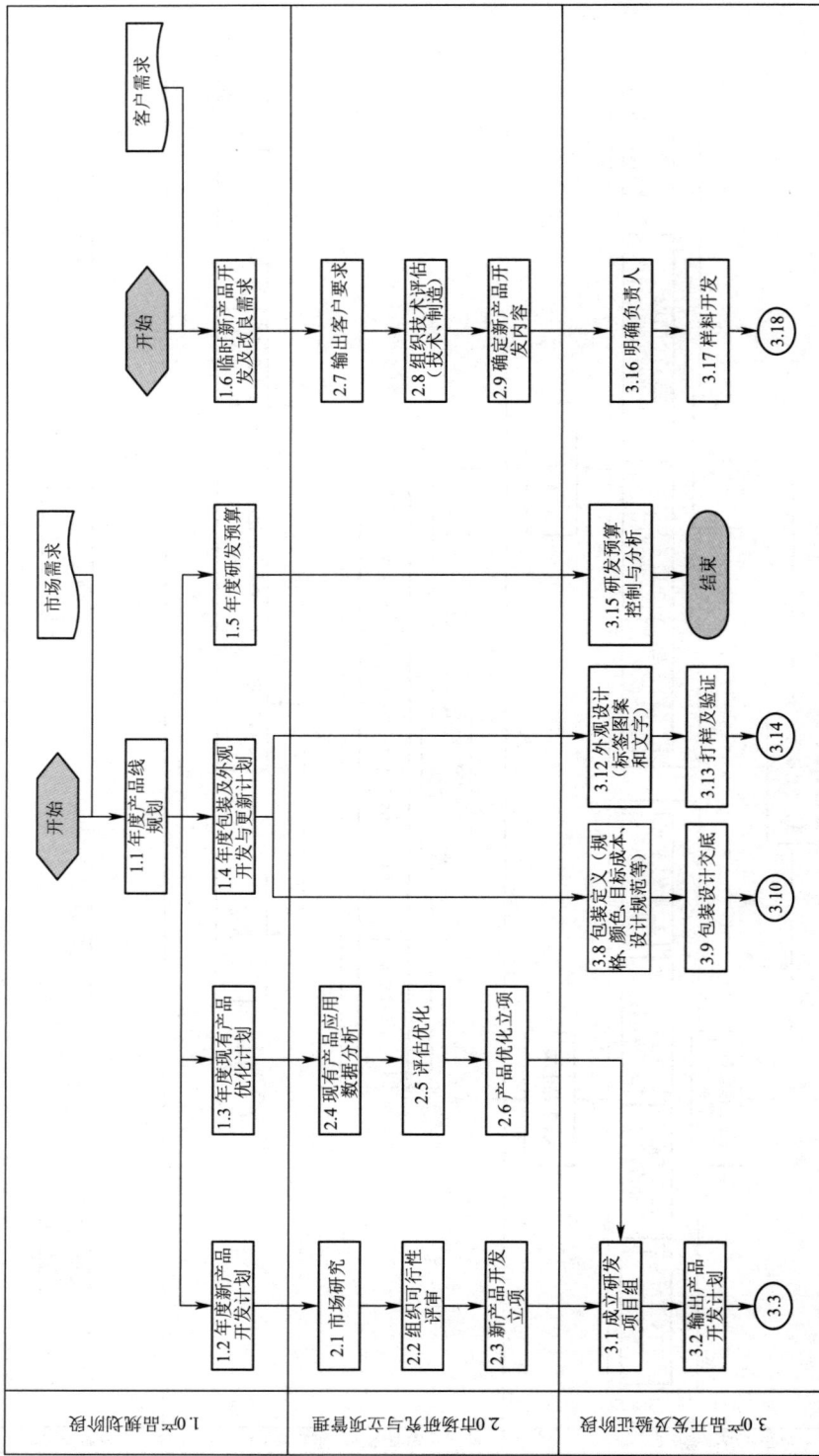

图 3-13 光彩新材料集成研发业务逻辑关系图（1）

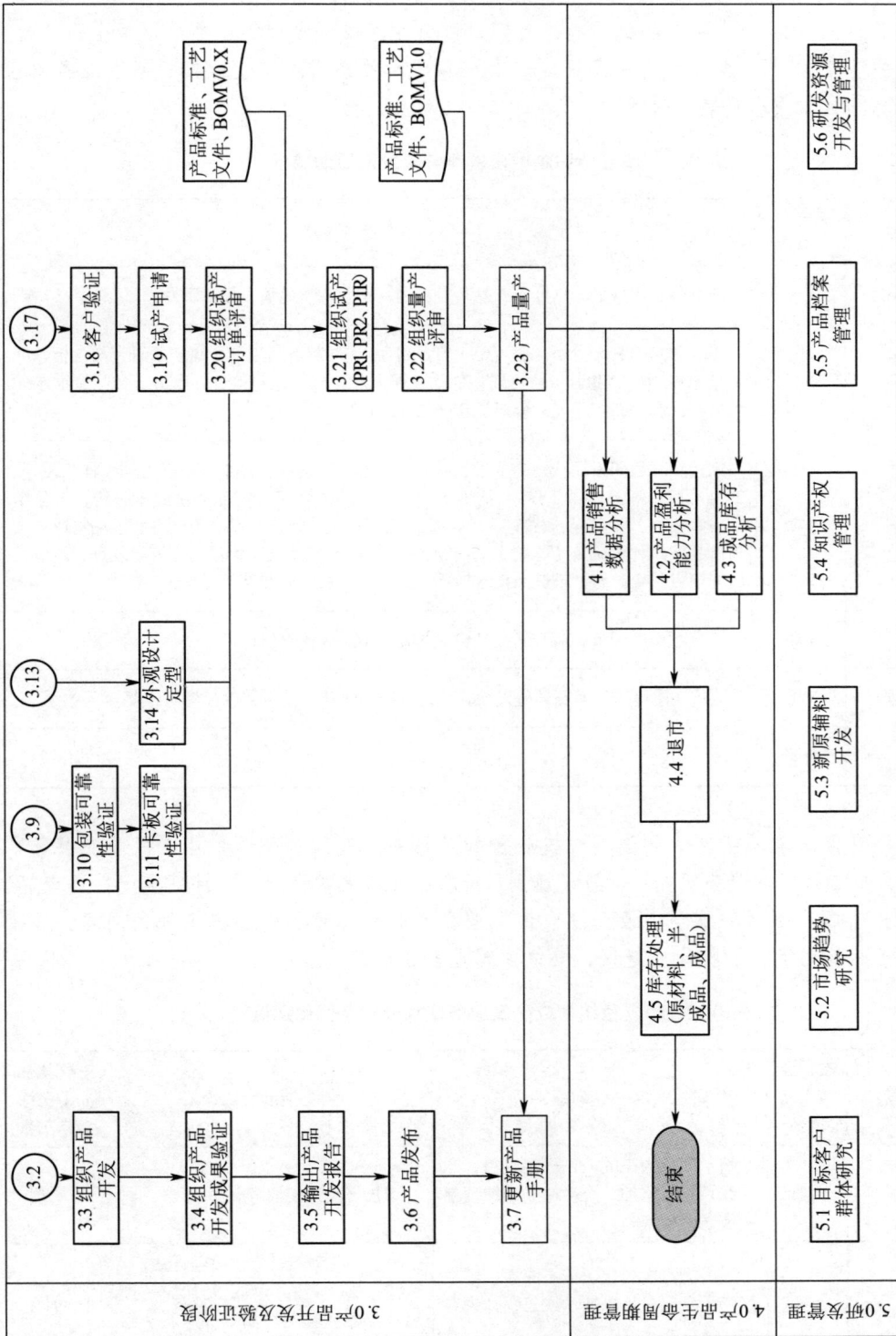

图 3-14　光彩新材料集成研发业务逻辑关系图（2）

【案例 3-11】华夏色纺集成研发核心业务及业务逻辑关系图

接【案例 3-4】，受华夏色纺的委托，我们对该企业集成研发核心业务进行了全面分析，并在此基础上帮助该企业绘制出集成研发核心业务逻辑关系图。该企业集成研发业务阶段及活动现状，具体内容见表 3-1。

表 3-1　华夏色纺集成研发业务阶段及活动现状

业务阶段	业务活动项数	主要业务活动名称
产品规划	4 项	产品中长期规划、年度新产品开发计划、年度色咭规划、年度研发预算
产品需求分析	8 项	市场信息研究和分析（替代品、竞品等）、新材料 / 新工艺 / 新技术研究与分析、纤维技术专项研究和分析、市场色彩信息研究和分析、专色设计和验证、色咭标准制作和发布、客户新产品需求分析、新产品立项评估
产品开发	9 项	组建新项目研发团队，完成项目计划与方案、研发项目技术与进度管理（样品设计、产品小试、产品中试）、项目成本管理（设计成本预算、产品小试成本分析、产品中试成本分析）、项目品质管理（产品小试品质检测与评审、产品中试品质检测与评审）、新产品技术评审确认（工艺、品质、色彩等）、新产品成本检讨、分析与改进、新产品研发项目结案评审、新产品技术转移（工艺、物料、标准等）工作
新产品推广	3 项	新产品推广评审、新产品推广技术方案、新产品评价与总结
研发管理	3 项	月度 / 季度研发预算、研发预算执行分析与改善、技术文件存档与分发
合　计	27 项	

在对华夏色纺集成研发活动进行现状分析的过程中，我们发现该企业在很多业务环节是缺失的，如市场流行趋势研究、产品线规划、新产品立项收益评估、项目可生产性评审等。另外，还有很多业务活动形同虚设，导致该企业在产品研发过程中出现了种种问题。该企业集成研发业务现状分析及优化建议，具体内容见表 3-2。

表 3-2　华夏色纺集成研发业务现状分析及优化建议

业务阶段	现有业务活动项数	存在的问题	业务活动优化建议	优化后业务活动项数
产品规划	4 项	基于产品为王的公司战略支撑，产品线规划、监控、全生命周期管理都亟待强化和规范	增加产品线规划	5 项
产品需求分析	8 项	对产品需求变化研究不深入，集成产品研发更多是以技术或工程师为导向，与市场脱节严重	（1）增加新产品立项收益评估（2）强化色彩市场趋势研究、产品市场信息收集与分析、新材料 / 新工艺研究与分析	9 项

业务阶段	现有业务活动项数	存在的问题	业务活动优化建议	优化后业务活动项数
产品开发	9项	（1）新产品的立项评审有些流于形式，未来需要强化技术评审和收益评审预估 （2）研发项目过程管理成熟度不高 （3）新产品的质量成熟度还不够高，量产后问题遗留比较多 （4）新产品的可生产性不足，影响生产效率成本控制	（1）增加项目可生产性评审、新产品可生产性评审确认、新产品大试评审、新产品大试与后处理 （2）强化项目质量管理	13项
新产品推广	3项	新产品推广与市场中心的协同需要强化	增加新产品推广市场方案与执行、新产品推广信息收集与反馈、新产品研发项目收益分析、产品生命周期管理	7项
研发管理	3项	（1）新产品名称管理混乱，导致企业内部产品线及产品结构极其复杂 （2）新产品开发过程管理不规范	增加产品界定表更新与管理、新产品命名管理、品质标准管理、工艺文件管理、专利资料管理、样品管理、布版管理	10项
合　计	27项			44项

正是基于以上分析，我们帮助华夏色纺绘制了集成研发业务逻辑关系图，具体内容如图 3-15 至图 3-17 所示。

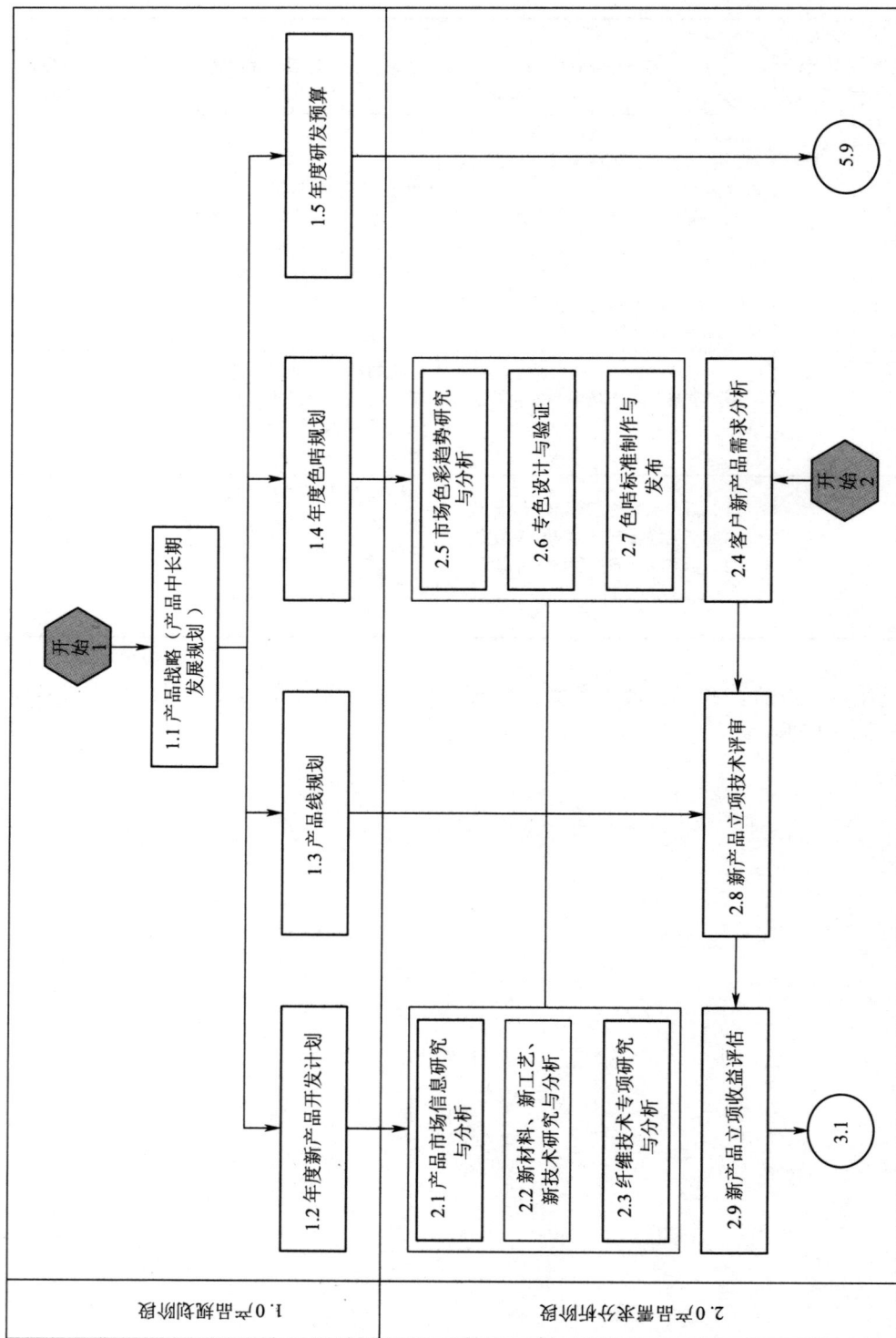

图 3-15 华夏色纺集成研发业务逻辑关系图 (1)

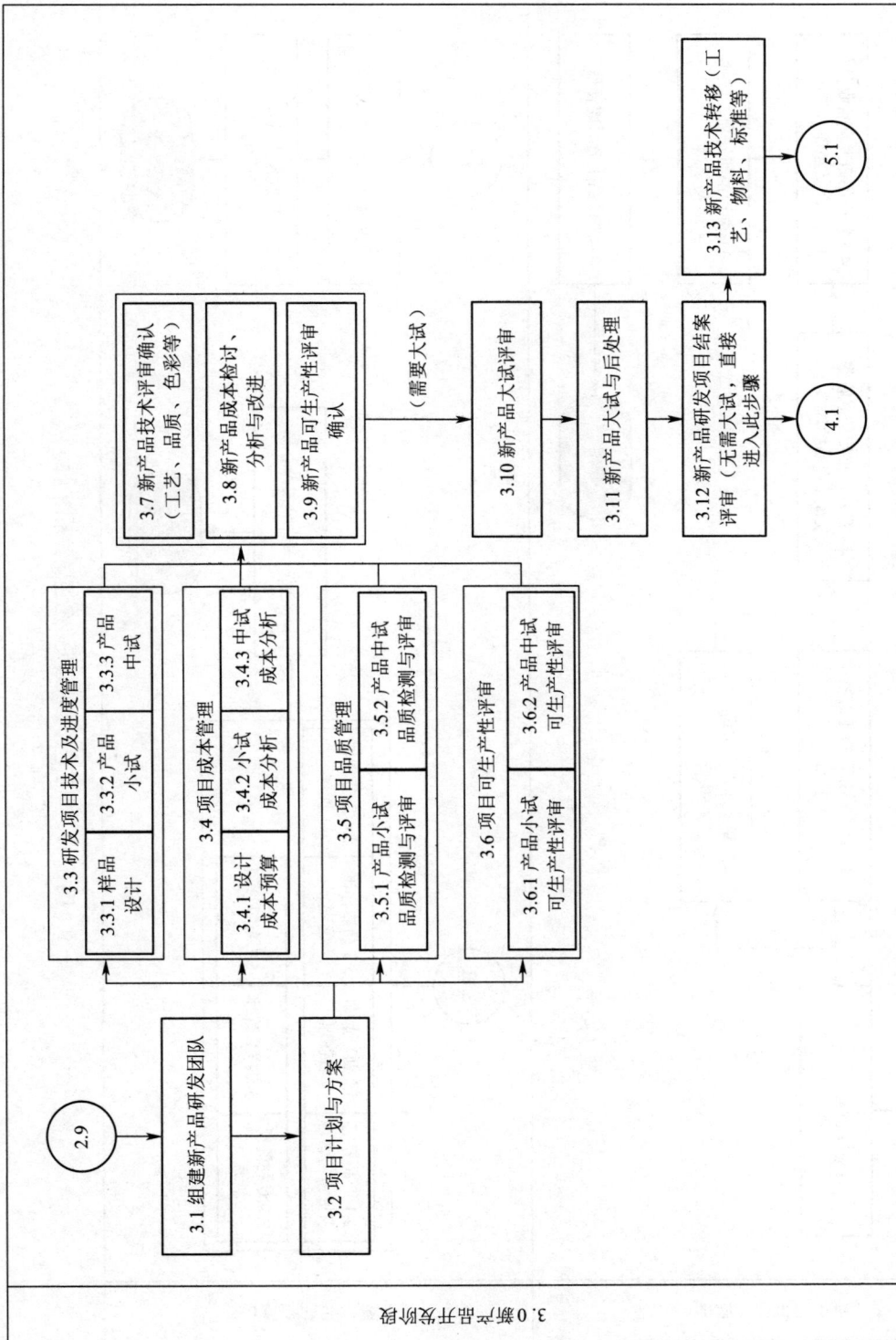

图 3-16 华夏色纺集成研发业务逻辑关系图（2）

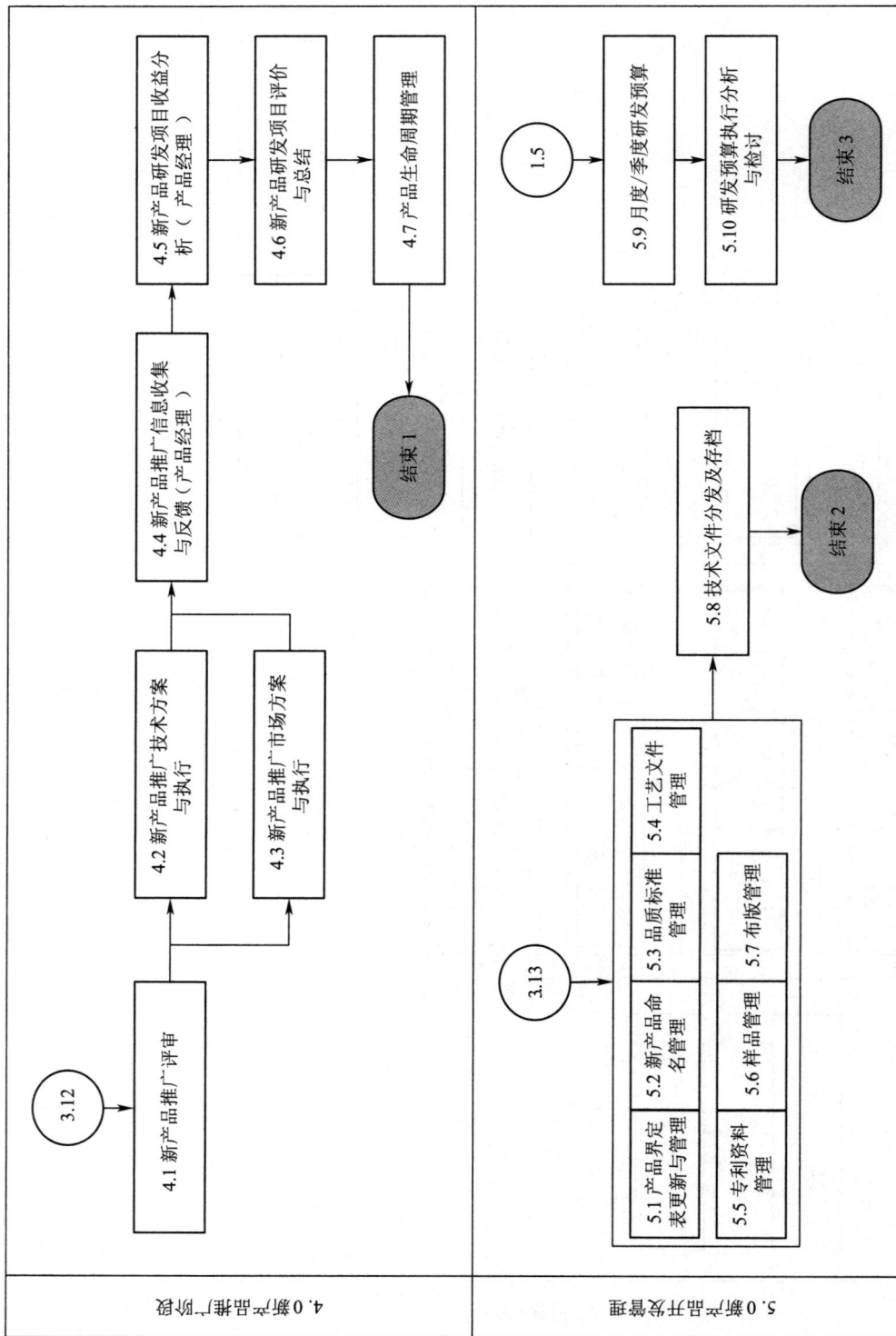

图 3-17　华夏色纺集成研发业务逻辑关系图（3）

【案例 3-12】绿源饮料集成研发业务逻辑关系图

同理，在【案例 3-8】的基础上，我们也帮助绿源饮料绘制出该企业的集成研发业务逻辑关系图，如图 3-18 至图 3-20 所示。

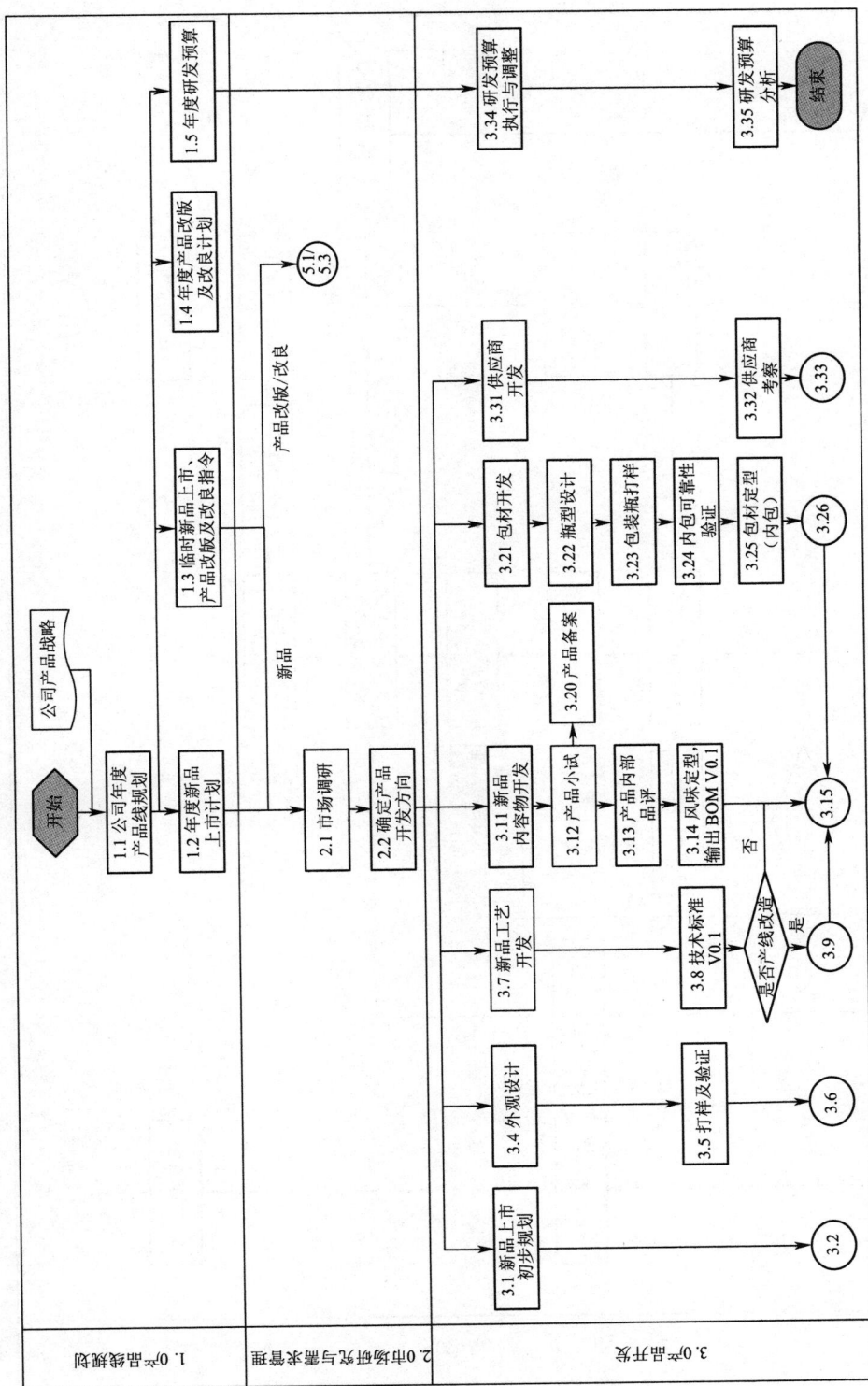

图 3-18　绿源饮料集成研发业务逻辑关系图（1）

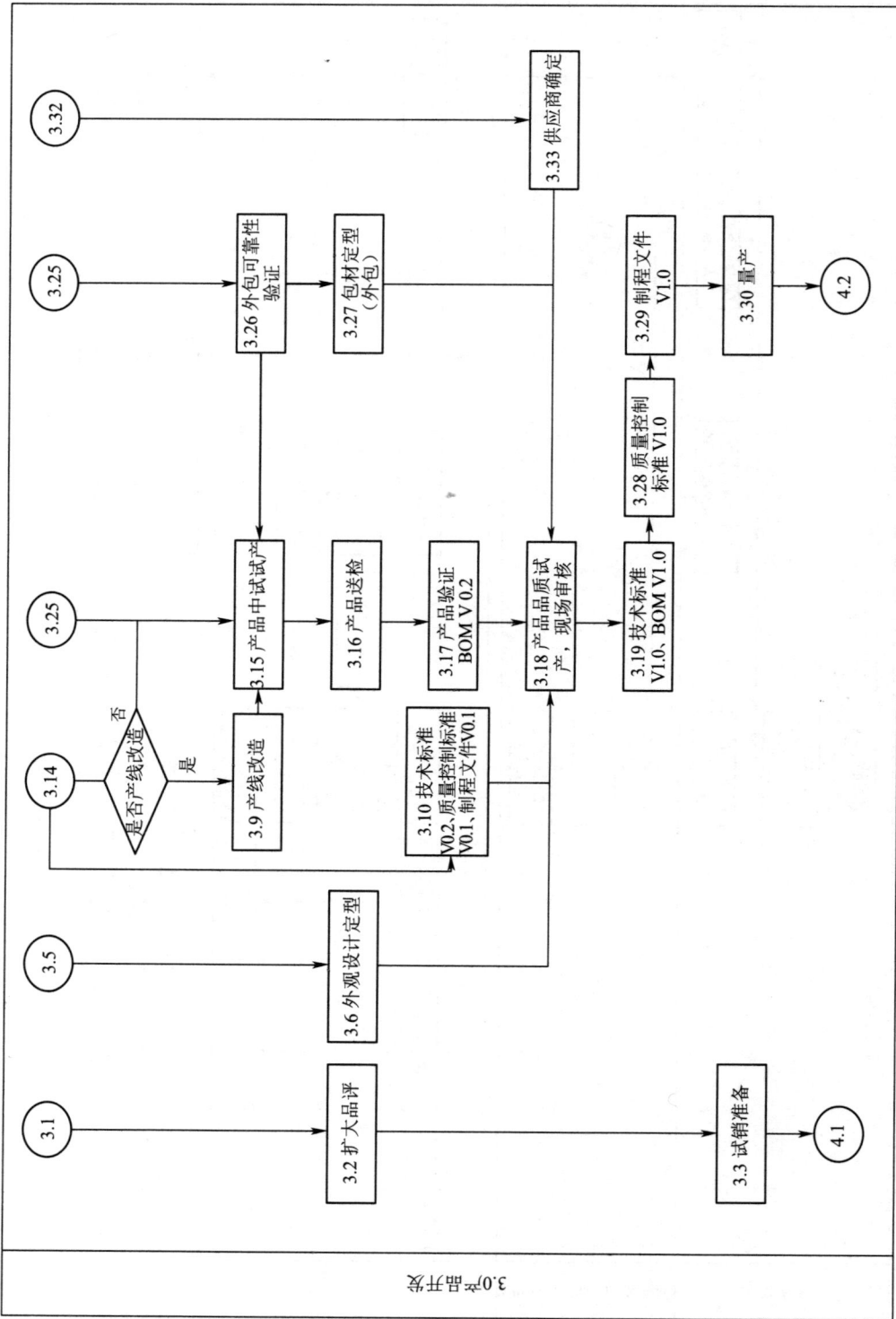

图 3-19 绿源饮料集成研发业务逻辑关系图（2）

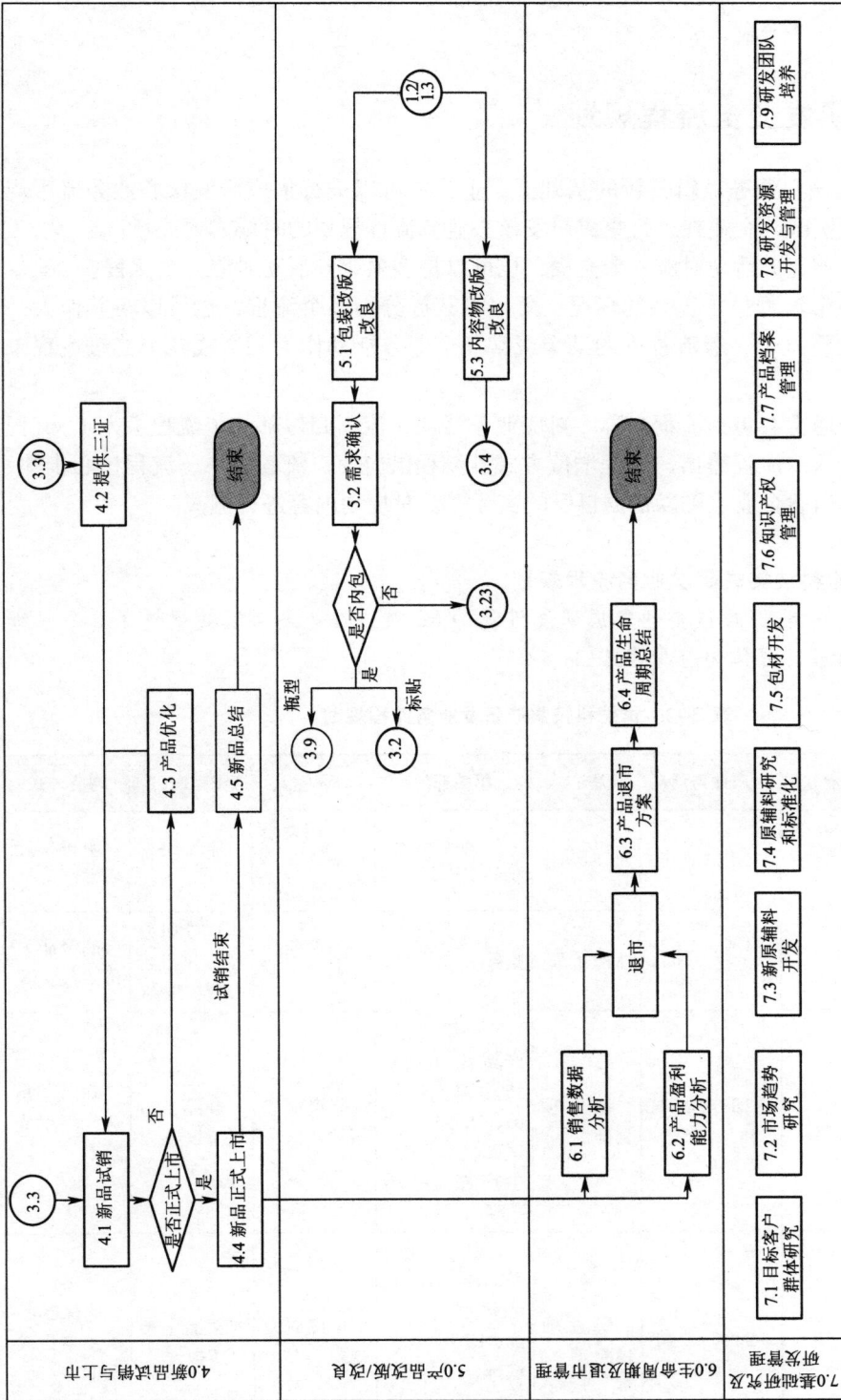

图 3-20 绿源饮料集成研发业务逻辑关系图（3）

通过该企业的集成研发业务逻辑关系图可以看出，绿源饮料作为一家饮料企业，该企业产品研发共分为七个阶段，63项核心业务活动。

三、集成研发业务流程规划

在对集成研发核心业务逻辑分析的基础上，企业就可以进行集成研发核心业务流程规划了。根据我们的实践，企业在进行集成研发核心业务流程规划的时候需要注意：

（1）可以是一项业务活动对应一个流程，也可以是多项业务活动对应一个流程。

（2）如存在某个流程过于复杂的情况，可以将其拆分为多个流程，也可以将其作为一个一级流程，从而将这个一级流程中的某个或某几个业务活动作为一个或几个二级流程来支撑它。

（3）流程规划通常会包括流程名称、对应业务活动、流程归口部门（流程主人）、流程相关部门、流程输入、流程输出、流程增值方式、流程供应商、流程客户、流程核心步骤、流程类型等内容，当然企业也可以根据自己的实际需要对规划内容进行删减。

【案例 3-13】肯德科技集成研发业务流程规划

接【案例 3-9】，我们对该企业集成研发涉及的82项核心业务活动共规划了8个一级流程、10个二级流程，具体内容见表3-3。

表 3-3　肯德科技集成研发业务流程规划

一级流程	二级流程	对应业务活动	流程主人	相关部门	流程输入	流程输出	增值方式
年度产品研发规划流程		1.1、1.2、1.3	产品部	产品委员会、相关部门	公司发展战略、年度经营计划	年度研发规划	明确年度研发方向
年度研发预算编制及控制流程		1.4、2.62、2.63	产品部	产品委员会、财务部、相关部门	年度研发规划	年度研发预算执行状况分析报告	确保研发资源供应
老品迭代项目管理流程		2.1～2.24、2.58～2.61	研发项目部	产品委员会、产品部、ID部、结构部、软件部、UI部、测试部、工程部、生产部、品质部等	年度研发规划	老品上市评审报告	确保老品迭代项目成功率
新品研发项目管理流程		2.25～2.61	研发项目部	产品委员会、产品部、ID部、结构部、软件部、UI部、测试部、工程部、生产部、品质部等	年度研发规划	新品上市评审报告	确保新品研发项目成功率

一级流程	二级流程	对应业务活动	流程主人	相关部门	流程输入	流程输出	增值方式
	新品市场调研流程	2.25	产品部	产品部、市场部、销售部等	年度研发规划	市场调研报告	明确新产品研发需求
	新产品定义流程	2.26、2.27	产品部	产品委员会、相关部门	市场调研报告	新产品定义书	准确定义产品
	ID 设计及评审流程	2.28～2.30	ID 部	产品部、产品委员会、相关部门	新产品定义书	ID 评审报告	确保新品可实现
	结构设计流程	2.35、2.38	结构部	产品部、研发项目部、产品委员会	新产品定义书、ID 评审报告	结构设计评审报告	确保产品结构实现
	软件开发流程	2.36、2.39	软件部	产品部、研发项目部、产品委员会	新产品定义书	软件开发评审报告	确保产品软件实现
	硬件开发流程	2.37、2.39、2.40	硬件部	产品部、研发项目部、产品委员会	新产品定义书、ID 评审报告	硬件开发评审报告	确保产品硬件实现
	UI 设计流程	2.45、2.48	UI 部	产品部、研发项目部、产品委员会	新产品定义书	UI 设计评审报告	确保产品UI 实现
	包装开发流程	2.46、2.49、2.51	市场部	产品部、研发项目部、产品委员会	新产品定义书、ID 评审报告	包装设计评审报告	确保产品包装实现
	产品试产流程	2.54～2.58	生产部	工程部、品质部、采购部、研发项目部、产品部、产品委员会	产品试产需求	试产评审报告	降低产品研发品质风险，提升产品生产效率
产品线上上市流程		3.1、3.2、3.4	市场部	销售部、产品部、产品委员会	产品上市规划	线上上市总结	确保上市成功率
产品线下上市流程		3.1、3.3、3.5	市场部	销售部、产品部、产品委员会	产品上市规划	线下上市总结	确保上市成功率
产品生命周期管理流程		4.1～4.6	产品部	市场部、销售部、生产部、仓储部、财务部、产品委员会	产品上市总结	产品生命周期总结报告	提升产品盈利能力
	产品退市管理流程	4.3～4.6	产品部	市场部、销售部、生产部、仓储部、财务部、产品委员会	产品上市总结	产品退市总结	降低退市风险
知识产权管理流程		5.1	产品部	研发项目部、各相关部门	知识产权规划	知识产权证书	提升产品竞争力

【案例 3-14】光彩新材料集成研发核心业务流程规划

接【案例 3-10】，我们为该企业集成研发共规划了七个一级流程、1 个二级流程，具体内容见表 3-4。

表 3-4   光彩新材料集成研发业务流程规划

一级流程	二级流程	对应业务活动	流程主人	相关部门	流程输入	流程输出	增值方式
年度产品研发规划流程		1.1～1.4	产品部	市场部、销售部、开发部、产品委员会	产品战略、年度新产品经营目标、客户需求	年度产品研发规划	明确产品研发方向与目标
市场调研及新产品定义流程		2.1～2.6	产品部	销售部、开发部、生产部、设备部、工艺部、产品委员会	年度产品研发规划	新产品定义书	准确定义产品
新产品开发流程		3.1～3.7	开发部	产品部、生产部、设备部、工艺部、产品委员会	新产品定义书	新产品手册	提升产品开发成功率
产品包装设计流程		3.8～3.14	开发部	产品部、销售部、市场部	新产品定义书	包装设计文档	提升产品合规性、市场影响力
面向订单的产品开发流程		1.6、2.7～2.9、3.16～3.18	开发部	产品部、销售部、生产部、设备部、工艺部、产品委员会	新产品定义书	客户验证证书	满足客户需求
	新产品试产及量产流程	3.19～3.23	生产部	开发部、采购部、仓储部、设备部、工艺部	试产需求	量产报告	确保产品可生产性
产品生命周期管理流程		4.1～4.5	产品部	销售部、财务部、产品委员会	生命周期数据分析	全生命周期总结报告	提升产品生命周期盈利能力
研发预算管理流程		1.5、3.15	产品部	财务部、开发部、相关部门	年度产品研发规划	年度研发预算控制报告	确保研发投入，提升研发费用使用效率

【案例 3-15】华夏色纺集成研发核心业务流程规划

接【案例 3-11】，以下是我们为该企业集成研发规划的 5 个一级流程、11 个二级流程，具体内容见表3-5。

表3-5 华夏色纺集成研发业务流程规划

一级流程	二级流程	对应业务活动	流程主人	相关部门	流程输入	流程输出
产品线规划及预算流程		1.1～1.3	产品开发中心	公司领导、营销中心、研发中心、经营管理中心	产品中长期规划	年度产品线规划图
产品开发流程		2.1～2.3、2.8～2.9、3.1～3.13	产品开发中心	营销中心、品质中心、研发中心、经营管理中心、财务中心、生产中心	年度产品线规划图、产品需求调研	新产品项目评价和总结
	产品市场信息研究和分析流程	2.1	产品开发中心	营销中心、采购与物流中心、生产中心	产品市场信息收集计划	产品市场信息需求趋势分析报告
	新材料/新工艺/新技术研究和导入流程	2.2～2.3	产品开发中心	采购中心、营销中心、生产中心	研究计划	导入立项评审
	产品立项评估流程	2.8～2.9	产品项目部	公司领导、营销中心、研发中心、开发中心、经营管理中心	年度产品开发计划、年度产品线规划图	技术和收益评估分析
	项目生产性评审流程	3.6、3.9	产品项目部	研发中心、生产中心、品质中心	新产品小试	项目可生产性评审确认报告
	项目成本管理流程	3.4、3.8	产品项目部	采购中心、财务系统、研发中心	新产品项目预估成本	新产品成本检讨分析和总结
	项目质量评审流程	3.5、3.7	品质中心	研发中心、生产中心、产品项目部	项目质量标准	质量评审确认报告
	产品结案评审流程	3.12	产品项目部	研发中心、生产中心、产品项目部	项目各类评审报告	项目评审报告
	新产品技术转移管理流程	3.13	研发中心	研发中心、采购中心、品质中心	新产品项目结案评审	新产品技术资料系统维护和知识档案

续上表

一级流程	二级流程	对应业务活动	流程主人	相关部门	流程输入	流程输出
	设计变更管理流程	3.3、3.10～3.11	产品开发中心	营销中心、品质中心、经营管理中心、财务中心、生产中心	设计变更申请	设计变更总结分析
专色设计流程		1.4、1.5、2.5～2.7	研发中心	营销中心、经营管理中心、研发中心	专色年度规划	色咭标准制作和发布
	市场色彩趋势研究和分析流程	2.5	研发中心	外部顾问、研发中心、营销中心	市场色彩趋势调研计划	市场色彩趋势分析报告
	色咭制作与发放流程	2.7	产品服务部	研发中心、销售大区、市场中心	色咭标准制作和发布	色咭发放
新产品推广流程		4.1～4.6	产品项目部	公司领导、营销中心、研发中心	新产品推广评审	新产品收益分析、评价和总结
年度研发预算管理流程		1.5、5.9、5.10	产品开发中心	财务中心	年度产品线规划图、年度新产品开发计划、年度色咭开发计划	年度研发预算

【案例 3-16】绿源饮料集成研发核心业务流程规划

接【案例 3-12】，我们为绿源饮料集成研发共规划了 9 个一级流程、2 个二级流程，具体内容见表 3-6。

表 3-6 绿源饮料集成研发业务流程规划

一级流程	二级流程	对应业务活动	流程主人	相关部门	流程输入	流程输出	增值方式
年度产品开发规划及预算管理流程		1.1～1.5、3.34～3.35	产品部	研发管理部、包装研发部、财务管理部、产品委员会	公司年度经营计划、中长期产品规划	年度研发预算、年度新品上市计划、月度产品开发总结报告	提升新品开发计划性、提升开发成熟度

续上表

一级流程	二级流程	对应业务活动	流程主人	相关部门	流程输入	流程输出	增值方式
新品开发调研及定义流程		2.1～2.2	产品部	研发管理部、包装研发部、产品研发部、销售部、产品委员会	年度产品开发规划报告、月度产品开发计划	新品调研报告、新产品定义书V1.X	提升产品定义准确性、控制新品开发风险
产品研发流程		3.4～3.33	产品研发部	包装研发部、研发管理部、产品部、生产管理部、质量管理部	新品定义书V1.0	新产品研发总结报告	提升产品品质、控制产品成本、确保按期上市
	包装研发流程	3.21～3.27	包装研发部	研发管理部、产品研发部、产品部	新品定义书V1.0	外包装试机报告	提升产品形象、确保按期上市
	外观设计流程	3.4～3.6	产品部	包装研发部、产品研发部、研发管理部	新品定义书V1.0	产品外观会签表	提升产品形象、确保按期上市
BOM管理流程		3.14、3.17、3.19	研发管理部	产品研发部、包装研发部、产品部	产品配方表V1.0、内外包物料清单	量产BOM	确保BOM及时性、准确性
产品品评流程		3.2、3.13	产品研发部	产品部、销售部、产品委员会	产品研发计划	扩大品评报告、产品配方V1.0	确保产品品质
产品试销流程		3.1～3.3、4.1	产品部	产品研发部、包装研发部、生产管理部、财务管理部、销售部、产品委员会	年度新品上市计划、品质试产总结报告	产品试销总结报告	验证市场接受度、品质稳定性
产品上市管理流程		3.1、4.4	产品部	生产管理部、财务管理部、销售部、产品委员会	年度新品上市计划、产品试销总结报告	产品上市总结报告	提升上市成功率
产品改版及改良流程		5.1～5.3	产品研发部	销售部、生产管理部、设备管理部、产品部、质量管理部、采购管理部	年度产品开发规划报告、月度产品开发计划	产品改版及改良计划表	提升产品品质、控制产品成本、确保按期上市

一级流程	二级流程	对应业务活动	流程主人	相关部门	流程输入	流程输出	增值方式
基础研究流程		7.3、7.4	研发管理部	包装研发部、产品研发部、产品委员会	中长期产品规划、年度基础研究规划及预算	产品配方研究结题报告、储备产品研究结题报告、原料样品研究结题报告、工艺研究结题报告、包装材料研究结题报告	提升产品竞争力

扁鹊见蔡桓公，从"疾在腠理""病在肌肤""病在肠胃"到"病在骨髓"，最终"桓侯体痛，使人索扁鹊，已逃秦矣，桓侯遂死"。

中医讲究望闻问切，业务流程现状分析也不例外，企业可以利用不同的手段和方法对集成研发业务流程存在的问题进行全面诊断，从而提出优化的方向和重点。

一、集成研发业务流程问题分析方法

业务流程问题分析的方法有很多，比如流程绩效分析、流程作业现场调查、文档查阅、问卷调查、研讨会、测时、现场模拟、实际参与、流程节点时间分析、标杆对比分析、作业时间分析、作业成本分析、作业质量分析等，下面我们将结合集成研发业务流程的特点一一为读者进行阐述。

1. 望诊：集成研发业务流程现状分析

中医云："视其外应，以知其内脏，则知所病矣。"对于研发业务流程现状的分析，流程绩效分析就是一种非常理想的"望诊"方法。

流程绩效分析首先需要识别与流程相关的绩效指标，然后通过对绩效数据的分析，发现流程存在的问题。

根据前文介绍，我们知道每个流程都有其特定的增值方式，也就是对应特定的流程绩效衡量指标，通过流程绩效的好坏可以直观地判断集成研发流程的现状，对集成研发业务流程的绩效衡量通常会从产品开发效率、新产品质量、新产品成本、新产品上市计划达成率等维度进行。

【案例 4-1】绿源饮料集成研发核心业务流程绩效分析

为了发现绿源饮料集成研发核心业务流程存在的问题，我们通过流程绩效分析方法对该企业集成研发领域各项绩效指标进行分析，具体内容见表 4-1。

表 4-1　绿源饮料集成研发核心业务流程绩效分析

一级流程	增值方式	流程绩效指标	流程绩效数据
年度产品开发规划及预算管理流程	提升新品开发的计划性、提升开发成熟度	年度开发计划达成率	72.5%
		年度研发预算执行率	112%
新品开发调研及定义流程	提升产品定义的准确性、控制新品开发风险	新产品市场调研计划达成率	80%
		新产品定义准确率	72%
		单款产品定义修改次数	3.6 次
产品研发流程	提升产品品质、控制产品成本、确保按期上市	新产品研发项目计划达成率	62.8%
		新产品试产品质合格率	55%
		新产品量产品质合格率	78.5%
		新产品 BOM 成本达标率	76%
BOM 管理流程	确保 BOM 的及时性、准确性	BOM 输出及时性	100%
产品品评流程	确保产品品质	产品品评满意度	85%
产品试销流程	验证市场接受度、品质稳定性	试销计划达成率	78%
产品上市管理流程	提升上市成功率	新品上市方案满意度	81%
		新品上市计划达成率	82%
产品改版及改良流程	提升产品品质、控制产品成本、确保按期上市	改版改良产品量产品质合格率	99.5%
		改版改良产品 BOM 成本达标率	99.2%
		改版改良产品上市计划达成率	98%
基础研究流程	提升产品竞争力	基础研究计划达成率	78%

如上表所示，我们发现该企业在年度研发预算执行率达到 112% 的情况之下，年度开发计划达成率仅有 72.5%，主要问题在于其新产品市场调研计划达成率（80%）以及新产品定义准确率（72%）过低，最终导致新产品研发项目计划达成率只有 62.8%。另外，该企业在新产品研发过程中也存在很多问题，如由于缺乏成熟的研发项目管理机制，导致在研发过程中对新品品质、成本、进度的管理几乎处于失控状态，从而造成新品上市远没有达到预期效果；还有，该企业在基础研究方面也需要大幅提升。

2. 闻诊：集成研发业务流程成熟度分析

闻诊在中医里面是指通过听声音和嗅气味两个方面，以分辨病情的虚实寒热。我们也可以通过文档调查、研讨会、流程成熟度分析等方法，对流程进行"闻诊"。

（1）文档查阅法。在对流程开展调研的同时，我们应该收集与流程运作有关的制度、表单、文件、方案等文档，这些材料是支撑流程运行的基础。通过分析上述材料所记录的数据、规定、事件，我们可以推断流程实际运作的有效性。同时，文档本身制订得是否合理、是否充分满足了流程环节监控与管理需求、所需数据是否记录全面等问题，也会对流程有影响。前文表3-2中华夏色纺集成研发存在的问题就是我们通过对该企业近200份文档查阅的结果。

（2）业务流程研讨会。召集与业务流程相关的部门和人员，大家共同对实际运作中存在的问题进行描述、分析，有助于避免个人偏见造成的片面认识和理解，信息收集将更加真实和全面，同时也有助于提高各部门对流程系统运作的认识，增强相互协作和配合。

（3）业务流程管理成熟度分析。业务流程管理成熟度（Business Process Management Maturity，简称BPMM）分析是通过对流程管理活动、流程中的角色认知与履行、流程文化、IT对流程管理的支持、流程团队成员的流程管理技能、各级管理者对流程管理的看法及参与程度等多个维度进行评价，从而评估企业流程管理能力。

美国生产力与质量中心（APQC）把业务流程管理成熟度分为5级，分别是经验级、职能级、规范级、绩效级和标杆级，具体内容见表4-2。

表4-2　APQC流程管理成熟度分级

成熟度级别	级别定义
标杆级	改进已经成为全体员工的习惯，最佳的综合改进过程，证实达到了最好的结果
绩效级	分析、确认上下游工作的需求，并对过程进行不断改进，保证结果良好且保持改进趋势
规范级	管理系统基于过程方法的应用，管理体系有相对完整的规划性，但仍处于系统改进的初级阶段，可获得符合目标的数据和所存在的改进趋势方面的信息
职能级	能对管理运作过程遇到的问题做出反应，但处于就事论事阶段，只是基于问题或纠正的反应式系统方法，改进的结果很少以数据或总结形式反映解决的方法和过程
经验级	企业管理没有采用系统方法的证据，没有结果或结果不好，处于非预期结果阶段，充满突发性错误，危机四伏，管理人员"忙"而"盲"

另外，知名的咨询机构埃森哲把流程管理成熟度也分为5级，分别为非正式的、基础的、形成中的、被管理的、优秀的，处于不同级别的流程具有其明显的特征，具体内容见表4-3。

表4-3　埃森哲流程管理成熟度分级

成熟度阶段	流程管理特征
优秀的	（1）流程思想普及于整个组织 （2）流程拥有者为客户代言人 （3）有良好的评估与回报
被管理的	（1）流程是主要动机 （2）组织以流程为中心，但职能管理依然存在 （3）流程拥有者为资深领导 （4）利用评估架构

续上表

成熟度阶段	流程管理特征
形成中的	（1）流程开始具有影响 （2）流程拥有者有更大权限 （3）公司以混合模式运作 （4）功能与流程都存在评估
基础的	（1）流程已被定义 （2）流程拥有者作为项目主管主导流程相关工作 （3）功能拥有者仍是主要领导 （4）面向任务与功能的评估
非正式的	（1）流程及其拥有者未做明确定义 （2）随机的评估，不与结果相联系

【案例 4-2】不同企业的集成研发业务流程成熟度分析对比

为了便于比较，我们对【案例 3-2】至【案例 3-8】对应的七家企业的集成研发业务流程成熟度进行对比分析，分析前先列出参考的成熟度模型，具体内容见表 4-4。

表 4-4 集成研发业务流程成熟度模型

序号	问 题	是	否
1	公司已有明确而且切实可行的产品研发规划		
2	研发项目在立项前都是在严密的市场调查的基础上进行的		
3	每款新产品的研发都是由产品经理主导的		
4	每款产品在正式立项前，都有明确的产品定义书，并且经过产品委员会讨论确定		
5	产品研发从立项、研发、评审和试生产、上市都已有明确的流程		
6	研发资源的配置和投入都有明确的预算		
7	研发及生产系统有集成关系，通过进度计划协调新产品切入时间		
8	如果研发计划不能准时完成，会立即反馈到相关部门，并确定推迟造成的后果，跟踪原因并重新制定完成日期		
9	产品设计更改具有正式的单据，保证更改的严肃性		
10	产品设计更改信息能及时传递到相关的部门		
11	产品研发部门会参与产品消耗标准的制定和优化		
12	根据公司规定，经公司批准的新产品会列入产销计划和主生产计划过程进行考虑		
13	产品研发部门能够及时帮助生产部门解决生产过程中出现的技术问题		
14	新产品上市对于企业来讲至关重要，因此企业在产品上市前需要严密规划并监督执行		
15	产品上市后，产品经理负责整个产品生命周期的监控和管理		

序号	问　题	是	否
备注	（1）在评价时，根据每个问题描述的情景，结合企业的实际情况进行回答（"是"或者"否"）就可以了，企业在统计得分时，"是"得1分，"否"得0分 （2）根据参与评价的每个人的得分求算术平均值即可得到集成研发业务流程成熟度得分 （3）最终得分按照5分制折算		

基于以上模型，表 4-5 为不同企业的集成研发业务流程成熟度现状对比。

表 4-5　不同企业集成研发业务流程成熟度分析对比

企业名称	成熟度得分	经验级（0～1）	职能级（1～2）	规范级（2～3）	绩效级（3～4）	标杆级（4～5）
肯德科技	3.2				√	
天宇美塑	4.25					√
光彩新材料	1.85		√			
华夏色纺	3.8				√	
华南汽配	2.12			√		
国发科技	3.5				√	
绿源饮料	2.87			√		

从上表可以看到，以上七家企业中，光彩新材料的集成研发业务流程成熟度最低，处于职能级，也就是该企业尚未形成完善的集成研发流程，各个部门还是依靠职能管理的模式开展相关工作；而华南汽配、绿源饮料在流程管理方面有一定的概念和基础，但也还处于比较低级的流程管理水平；唯有天宇美塑已经建立了完善的流程体系，并且流程在企业经营过程中扮演重要的角色，所有员工都以客户价值最大化满足为开展工作的准则。

3. 问诊：集成研发业务流程满意度分析

问诊是中医中常见的一种方法，《素问·三部九候论》中写道："必审问其所始病，与今之所方病，而后各切循其脉。"对流程问题的分析，可以通过访谈、问题收集与反馈等多种方式进行。

（1）访谈。访谈是进行流程调研最为常见的方法，通过与流程运作各个环节相关人员进行面对面的沟通和交流，能够了解实际流程运行的真实情况和存在的问题，从中查找造成问题的真实原因，便于将来对流程改进对症下药。

（2）问卷调查。为了增强流程调研过程中相关数据和信息收集的全面性，企业可以适度开展问卷调查。开展问卷调查，有助于提高员工对流程改进的参与程度，并能较全面地体现公司各个运作部门对企业整体流程运作效率的看法。但是问卷调查也有一定局限性，主要表现为相关问题比较固化，不能给人以开放性的思考，因此需要结合其他方法一同使用。

【案例4-3】光彩新材料集成研发业务流程管理现状调查问卷

1. 下列关于流程的说法，哪些较符合您的观点？（限选三项）

   A. 好的业绩结果源自好的流程再造

   B. 流程再造应该关注整体最优，而不是局部最优

   C. 好的流程应该为客户创造价值，并且有明确的产出

   D. 流程只是将做事程序例行化

   E. 流程化容易固化思想，不利于灵活和创新

   F. 流程建设应该追求全面、系统、精细化

2. 您认为流程规划的主要目的是什么？（限选两项）

   A. 梳理流程清单   B. 对流程进行分类分级管理

   C. 理清不同流程之间的逻辑关系和接口   D. 评估流程的重要性

   E. 明确流程责任人

3.1 您认为公司现行的流程文件是否与实际业务运作完全相符？

   A. 是   B. 否

3.2 如果您认为不相符合，您认为最主要的原因是什么？

   A. 业务变化太快   B. 流程责任人未及时进行更新

   C. 流程不实用，喜欢走捷径   D. 管理者不以身作则，带头破坏流程

4. 您认为公司流程存在的主要问题是什么？（限选两项）

   A. 未识别和区分核心流程

   B. 流程中各部门职责界定不清，存在扯皮现象

   C. 流程设计存在本位主义，没有充分考虑客户需求

   D. 流程环节过多，管控不利

   E. 各部门的流程大多是部门各自设计为主，没有全局流程

   F. 配套表单不完善（制度、表单、组织、授权、风控）

5. 如果流程得不到有效执行，您认为最主要的原因是什么？（限选两项）

   A. 缺乏奖惩机制   B. 缺乏良好的宣传贯彻和沟通

   C. 管理者没有以身作则   D. 缺乏流程检查，不能持续强化

   E. 流程组织没有得到有效运行

6. 您认为公司各部门在协同方面存在的问题有哪些？（限选两项）

   A. 虽然大家都有解决问题的意识，但是缺乏协作机制

   B. 组织过于复杂，流程比较烦琐

   C. 流程设计时没有充分考虑跨部门协作

D. 资源配置不足，有心无力

E. 职责不清，出现推诿扯皮

F. 部门本位意识严重

G. IT 支撑不足

7. 您如何看待公司集成研发业务流程的执行效率？

A. 很高，问题能够得到及时解决   B. 一般，但不会影响工作的日常工作

C. 低，经常影响工作的正常开展   D. 很低，严重影响工作的正常开展

8. 如果您认为办事效率不高，其最主要原因是什么？

A. 相互扯皮   B. 人员过多，人浮于事   C. 职责、流程不清晰

D. 权责不匹配   E. 人员素质不高

9. 您认为公司在研发过程中需优先强化的环节是什么？（限选两项）

A. 产品规划   B. 产品立项评审   C. 研发进度管理

D. 研发质量管理   E. 成本与风险控制   F. 试产（小试、中试）

G. 产品生命周期管理   H. 新产品报价

10. 您认为公司目前流程再造机制存在的最主要问题是什么？（限选两项）

A. 缺乏正式的流程组织

B. 流程再造团队专业能力需要提升

C. 缺乏有效的激励

D. 没有构建持续的强化机制

E. 责权利不匹配

11. 您对公司流程管理方面还有哪些建议？

4. 切诊：集成研发业务流程绩效分析

切诊是指医者用手指切按病人腕后桡动脉搏动处，借以体察脉象变化，辨别脏腑功能盛衰、气血津精虚滞的一种方法。在流程管理中，我们可以通过测时、现场模拟、实际参与等多种手段对流程存在的问题进行系统分析。

（1）测时法。测时法就是通过对流程过程中每个步骤的实际耗时进行测量与记录，然后分析用时最长的环节及浪费时间最多的环节，从而发现影响流程效率的环节及原因。

（2）标杆法。标杆法是企业开展流程管理的理论基础之一。标杆的作用在于可以根据标杆企业的做法选择衡量企业流程的绩效指标，并根据标杆企业的经营成果确定本企业的目标，同时还可以借鉴标杆企业在解决企业相应问题时候的思路和工作办法，探索新的处理问题的方法。

（3）流程作业现场调查。流程作业现场调查主要是用来对运作类流程进行诊断的一种方法，它通过观察实际作业活动，运用记录活动耗费时间、对作业现场环境进行查看、询问相关作业操作人员等手段，对流程运作的基础进行了解。

（4）现有解决方案的跟踪与研究。通过对现有解决方案的跟踪和研究，我们可以更为深刻地理解现有流程运作中存在的问题，验证解决方案的有效性和执行程度，挖掘流程运作中实际存在的干扰因素和问题，更为有效地对流程进行分析和研究。

二、抽丝剥茧：挖掘流程真正存在的问题

前面我们系统地介绍了业务流程现状分析的种种方法，企业在进行流程问题分析的过程中必须因地制宜，同时也不要被流程的种种假象所迷惑。为了能够让读者朋友更加准确地了解流程现状分析的过程，下面简单介绍在流程现状分析过程中需要重点关注的几个切入点。

（1）如何识别并分析流程问题区域。一个流程在运行的过程中经常会出现这样那样的问题，这些问题可能非常严重，直接影响流程的效率和增值，也可能问题的存在对流程本身没有很大的影响，所以企业在进行流程现状分析的时候，第一个需要考虑的问题就是先把流程存在的问题找出来，然后根据问题的严重程度进行区分。

（2）如何识别并评估流程中的关键活动。在一个流程中，我们经常会把所有的活动分为关键活动、非关键活动，增值活动、非增值活动等，那么企业在进行流程现状分析的时候，首先需要关注关键活动、增值活动的状态。

（3）如何分析流程中的角色与活动匹配问题。企业在流程现状分析的过程中，还需要重点思考各个角色在流程过程中的定位与职责履行状况，如果发现某个或某几个流程定位有误或出现偏差，企业应该进行纠正。

三、集成研发业务流程问题分析实践

如何快速有效地发现流程存在的问题？通过多年的实践总结，我们认为对于流程问题的分析可以从以下几个方面思考：流程责任分析、流程效率分析、流程风险控制分析、流程知识传承分析、流程授权分析、流程绩效分析、经营提升分析。总之，只要把握以上内容，企业便可轻松地发现流程存在的问题，为下一步进行流程优化提供依据。

1. 流程责任分析

最常见的流程问题就是流程相关责任人之间的责任界定不清，虽然在进行流程描述时企业会尽可能地厘清流程角色之间的职责，但在实际工作中，往往会在流程交接点出现模糊地带，甚至真空之处，如对流程交付物的理解不一致、工作交付标准不一致、时间节点把握不一致、流程意识不同步等现象，最终导致流程角色之间责任不清、协同困难。因此流程问题分析的第一步就是要梳理流程相关责任人之间的工作职责。

2. 流程效率分析

根据前文对流程的定义我们知道，不管是业务流程、管理流程，还是辅助流程，都有

其特定的增值方式，不同的流程其增值方式会不同。有些流程是为了时间更短（如订单交付流程），有些流程是为了成本更低（如成本管理流程、采购价格管理流程），有些流程是为了质量更好（如研发品质管理流程、原材料品质管理流程、成品品质管理流程），有些流程是为了客户更满意（如客诉受理流程、客户满意度管理流程），有些流程是为了风险更低（如销售订单评审流程、供应商开发与评价流程、采购价格管理流程、财务分析流程）。总之，每个流程都期望每循环一次都比前次更好，其实这就是流程效率的体现。

因此，流程问题分析的第二步就是要分析流程在效率提升方面是否还存在空间，因为企业进行流程管理的终极目的就是要提升运营效率，特别是在互联网时代，天下已经没有新鲜事，你能做出来的东西，别人很快也能做出来，那么企业唯一能够取胜的关键就是效率。

3. 风险控制分析

企业经营过程中，随时都会面临授权不当、成本上升、质量隐患、安全隐患、环保隐患、客户投诉、决策失误、宏观政策调整、对手不正当竞争、关键岗位员工流失、核心客户流失、核心供应商背叛……一系列潜在的经营风险。一个合理、健全的流程，一定要做到对流程涉及的相关风险进行预警和控制。大家试想一下，如果没有对企业经营过程的流程进行规范，企业的任何风险控制都要靠人去实现，而人又存在能力差异、流动性、忠诚度、工作疏忽等诸多方面的限制。因此，企业进行流程问题分析的另外一个关键点在于识别风险点，并检讨与这些风险点相关的流程是否存在问题。

集成产品研发流程也存在这样那样的风险，读者可以阅读本书第八章、第九章相关内容进行了解。

4. 知识传承分析

戴维·海姆在《重新定义流程管理》一书中提到，组织孤岛和知识鸿沟是创新的两大障碍[①]。组织孤岛的形成源于传统职能式组织模式，职能式组织模式更多地强调组织内部的分工，如前文提到的，传统组织分工强调横向到边、纵向到底，而忽略了部门之间、岗位之间的协同问题，最终造成厚厚的部门墙；知识鸿沟是由于部门之间、上下级之间的信息流被阻断而形成的，戴维·海姆用打电话游戏（即由一个人将口信悄悄地传给另外一个人，直到本队的最后一个人并让他说出最终听到的内容）告诉我们，在企业中存在大量类似的现象，由于信息传递过程中的失真，最终往往使重要细节无法传达给真正需要它的人。

存在组织孤岛的企业往往是低效的，同样缺乏知识传承的企业是很可怕的，因为企业管理成熟度以及经营能力的提升一定要通过不断积累和传承企业在过往经营过程中的知识沉淀。在很多企业，知识只是存放在员工的个人电脑中，甚至存放在员工大脑中，而且是零散的。没有经过流程链接的知识体系，不能为企业提升经营和管理能力带来任何帮助，

---

① 海姆. 重新定义流程管理：打造客户至上的创新流程[M]. 楚建伟，译. 北京：中国人民大学出版社，2017：7.

所以企业在进行流程问题分析的时候，也可以从这个维度着手。

5. 有效授权分析

绝大多数国内的企业都存在这样一个现象：企业高层非常想放权给总监，甚至经理，但下属总是不敢，甚至不愿意接受。为什么呢？因为在大多数企业，企业老板有着"神"一般的权威，老板一支笔在很多企业都是非常常见的现象，那么在这种情况下，如果缺乏流程体系的合理分工和对权限的划分，事实上老板的所谓授权就只能是空谈了。

另外，缺乏有效授权的企业其运营效率会大打折扣，同时也会存在潜在的决策风险。因此在对流程问题进行分析的时候，也有必要同步对流程权限设置是否有效进行分析。

6. 流程绩效分析

流程绩效分析是最有效、最直接的流程问题分析手段，如【案例 4-1】，企业可以通过流程对应的绩效表现分析，发现流程中存在的问题。

很多企业在推行绩效管理的时候，最头疼的一件事情就是绩效数据很难收集，最终导致绩效管理只能停留在纸面上。其实企业做绩效管理的另外一个目的，就是要通过流程客观记录每个环节的相关数据流和信息流。

7. 经营提升分析

在企业中，流程的增值可能体现在效率提升、成本降低、销售增加、利润增长、质量提高，也可能体现在客户满意、员工满意，总之，这与每个流程的目的（绩效目标）有关。虽然流程个体增值方式存在差异，但企业总体的流程目的只有一个——提升经营业绩。

综上所述，企业还可以按照以下思路进行流程问题分析，参考见表 4-6。

（1）流程的问题区域在哪里？

（2）该流程的关键活动有哪些？存在什么问题？

（3）在本流程中各部门的角色定位和职责履行是否到位，是否存在错位的现象？

（4）问题的具体表现是什么？

（5）如果问题得不到改善，可能导致的结果是什么？

（6）流程应该从哪些维度进行优化？

表 4-6　流程问题分析表

序　号	存在的问题	对应流程步骤	具体表现	可能导致的结果	优化思路

另外，企业还可以用以下方式对流程问题进行分析，参考见表 4-7。

表 4–7 企业流程问题分析表

流程核心步骤	是否关键活动		是否增值活动		可能存在的问题						
	是	否	是	否	责任界定	流程效率	风险控制	知识传承	有效授权	绩效管理	经营提升

【案例 4-4】华南汽配市场调研与分析流程、产品开发流程现状分析及优化

接【案例 3-6】，以下是我们在帮助该企业进行流程现状描述和问题分析时对市场调研与分析流程、新产品开发流程进行分析及优化的过程具体内容如图 4-1 至图 4-2、表 4-8 所示。

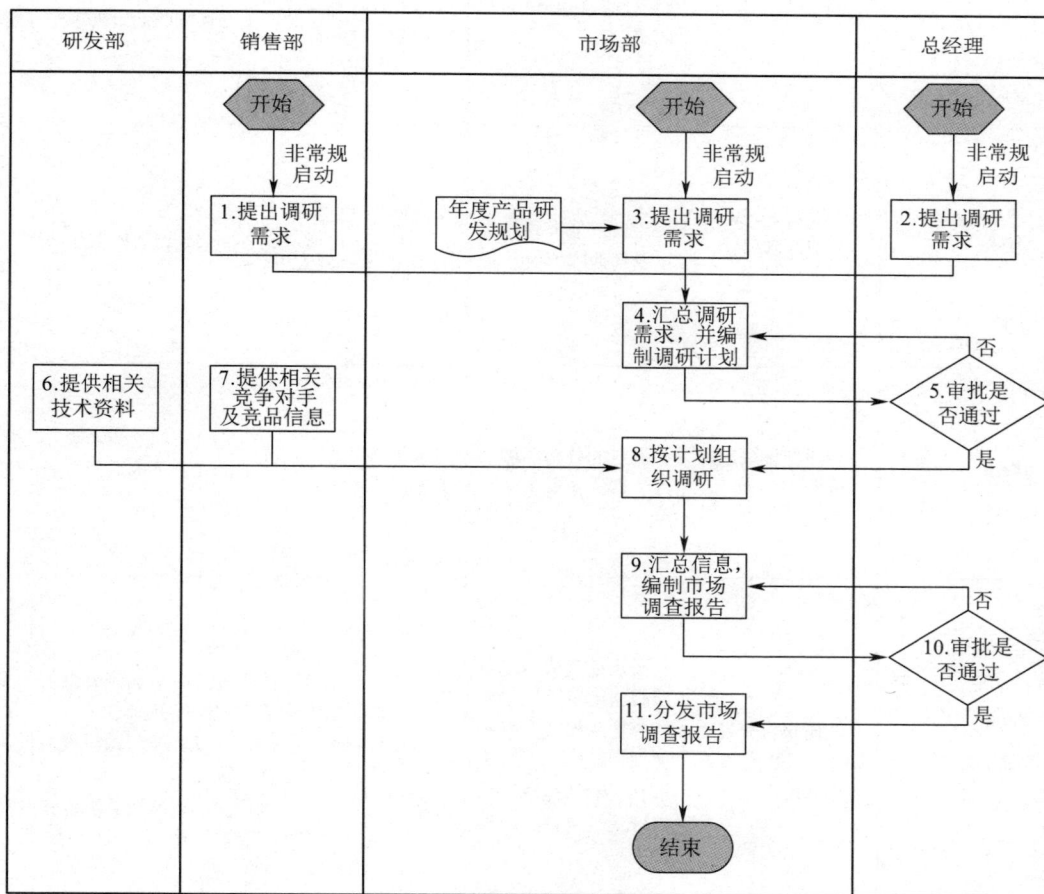

图 4-1 华南汽配市场调研与分析流程（现状）

表 4-8　华南汽配市场调研与分析流程问题分析

对应流程步骤	存在的问题	具体表现	可能导致的结果	优化思路
步骤3	市场部无年度调研规划	目前的调研需求都是根据销售部、总经理的需求或市场部根据本部门需求随时提出的，缺乏统一规划	调研工作的随机性很强，绝大多数调研属于应急	市场部应该在年度开始时根据上年度市场调研分析报告及年度研发规划、销售计划来制定年度市场调研规划
步骤1至步骤3	调研需求输入不明确	调研需求随意性较大，无书面具体的调研需求，核心目的不明确	（1）调研方向不明确 （2）调研结果缺乏针对性、效果不好	调研需求部门（销售部、研发部、总经理）提供书面详细的调研需求和计划
步骤8	调研方式单一	主要依靠网络搜索以及其他内部信息	调研的信息不充分、深入，可信度无法评估	规划调研渠道和方式
步骤8	调研结果缺乏深入分析	调研的分析不够深入、系统和全面	调研结果对公司决策支持性不够	（1）规范调研报告框架 （2）规范调研分析的工具及方法
步骤11	调研报告分发后缺乏应用跟踪及有效性评价	市场部完成市场调研报告编写后以书面或邮件的形式分发相关部门，缺乏系统讲解和说明，也缺乏报告应用效果评跟踪和评价	（1）调研报告不能发挥应有价值 （2）调研报告信息泄露	（1）增加调研报告分发控制环节 （2）跟踪调研报告使用状况 （3）增加调研报告应用评估

研发部	市场部	销售部	总经理
新产品研发规划流程	开始	年度营销计划	
	常规启动		
1.提出新产品市场可行性调查需求	2.上年度市场分析报告	3.提出市场调研需求	
	4.汇总需求，并编制年度调研计划/预算		否
			5.审批是否通过 是
	6.制订单项调研实施计划		否
			7.审批是否通过 是
提供相关信息支持	8.组织开展市场调研	提供相关信息支持	
	9.信息整理，编制分析报告（专题/常规）		否
			10.审批是否通过 是
应用及评估调研报告	11.报告分发	应用及评估调研报告	
	12.定期对市场调研工作进行全面评估		
	结束		

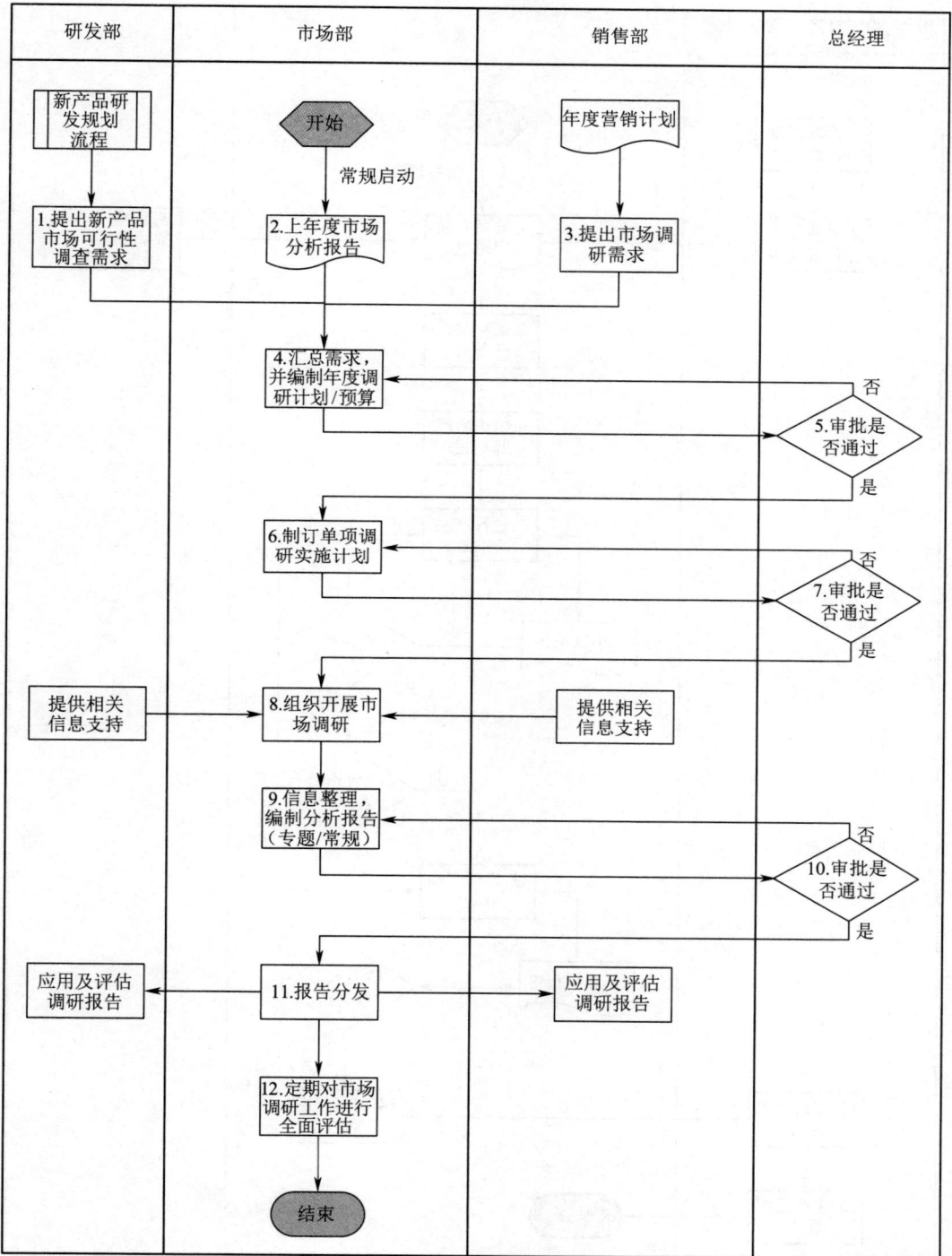

图 4-2　华南汽配市场调研与分析流程（优化）

华南汽配新产品开发流程现状分析及优化，具体内容如图 4-3 至图 4-4、表 4-9 所示。

市场部/销售部/品管部/生产部/采购部/PMC	研发部	总经理

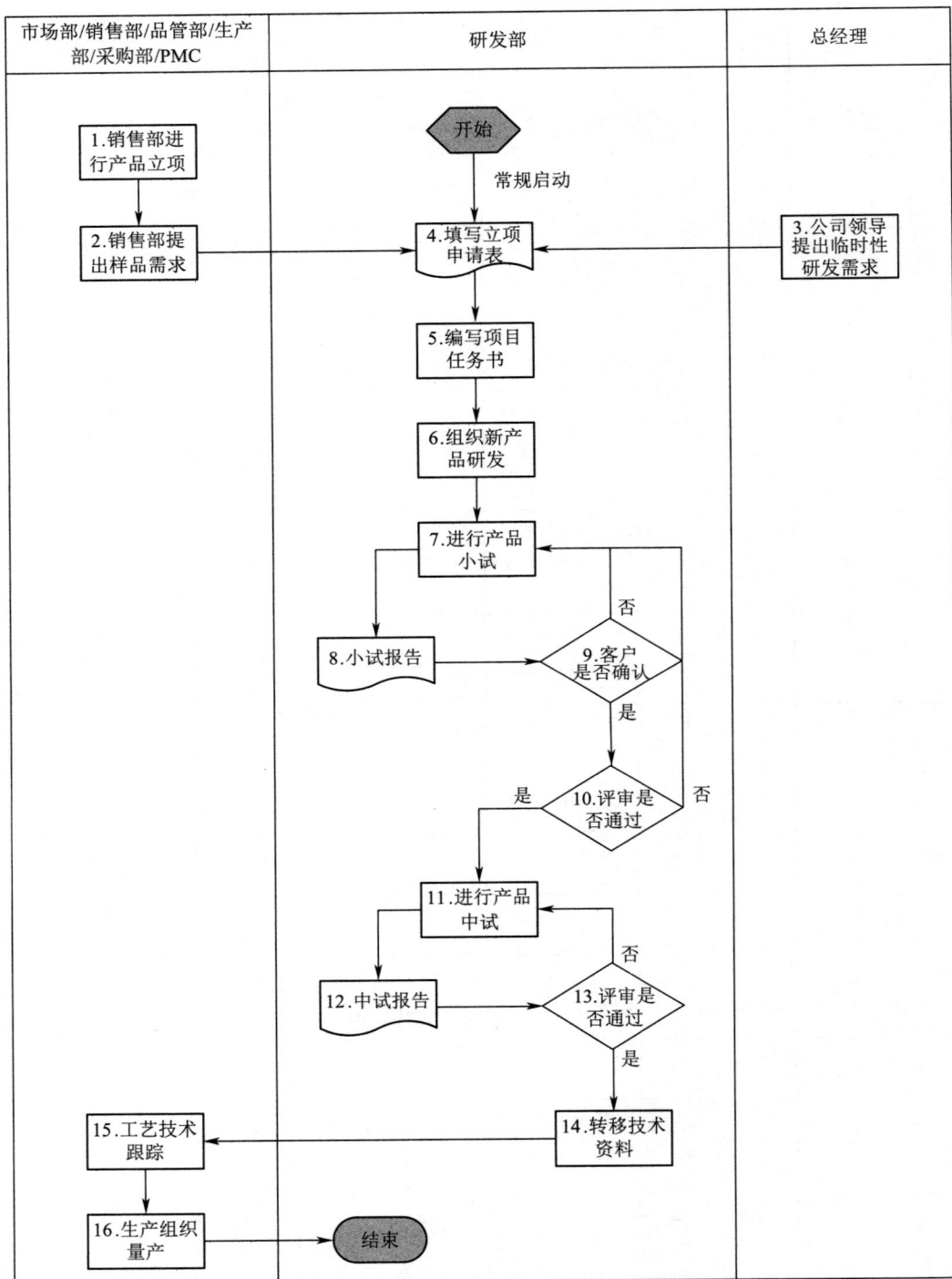

图 4-3 华南汽配产品开发立项评审流程（现状）

表 4-9　华南汽配产品开发流程问题分析

对应流程步骤	存在的问题	具体表现	可能导致的结果	优化思路
步骤1、步骤2	公司对新产品的规划不够明确，新产品立项仅仅来源于销售部提出的样品需求	公司目前没有新产品的研发规划	（1）新产品开发目的性，针对性不强 （2）研发产品只能满足现阶段的市场需要，缺乏长期的产品战略	规范公司的新产品规划流程
步骤2	流程执行性不强	（1）由于销售部门提出的需求过多，研发项目未严格按流程操作 （2）有些项目不需要按流程执行	项目管理不规范	对现有的研发项目进行分类管理
步骤4	立项输入不明确、不充分	（1）市场部或销售部提供的信息不完整、不准确 （2）公司领导提出的临时性需求信息不完整、不准确 （3）研发部没有严格执行设计输入的要求	（1）设计输出不能满足预期要求 （2）设计工作缺乏充分完整的信息支持，影响研发工作，浪费研发资源	规范设计输入的评审
步骤6至步骤13	缺乏研发项目的管理规范	项目没有预算（研发费用、激励方式等）进行规范	（1）项目投入缺乏评估 （2）无法对项目的成果进行评估考核	建立研发项目管理的规范
步骤11至步骤13	新产品转产评审缺失	完成产品中试后就进行技术资料转移	（1）研发过程中的品质问题带入量产环节 （2）量产过程出现返工	在中试环节结束后，增加转产评审环节
步骤14	研发技术资料管理不善	研发部完成产品研发后，仅做了技术资料移交工作，但未进行归档	（1）造成研发过程资料遗失、泄密 （2）无法做到知识传承	增加技术资料归档环节

市场部/销售部/品管部/生产部/采购部/PMC	研发部	总经理

```
开始                         开始                          开始
非常规                        常规启动                      非常规
启动                                                       启动

            新产品研
            发规划
            流程

1.销售部门                  3.整合产品                   2.提出临时
提供样品申  ──────────────→ 研发的相关  ←────────────── 产品研发
请单                        资料                         需求

                           4.申请立项、
                           制订产品研
                           发任务书

                           5.进行产品可
                           行性分析,并
                           编制分析报告

销售部/品管                  6.组织评审
部参与评审  ──────────────→

                           7.编制研发
                           计划

                           8.进行产品
                           小试

编制小试                         9.客户        否
报告                             是否确认

                                   是            否
编制中试       11.进行产品   是  10.评审是
报告           中试              否通过

                                             否
                                 12.评审是
                                 否通过

                                   是
进入量产/工    13.移交相关
艺部负责工艺 ← 的技术资料 ←
执行与完善

   结束                     技术资料
                           存档
```

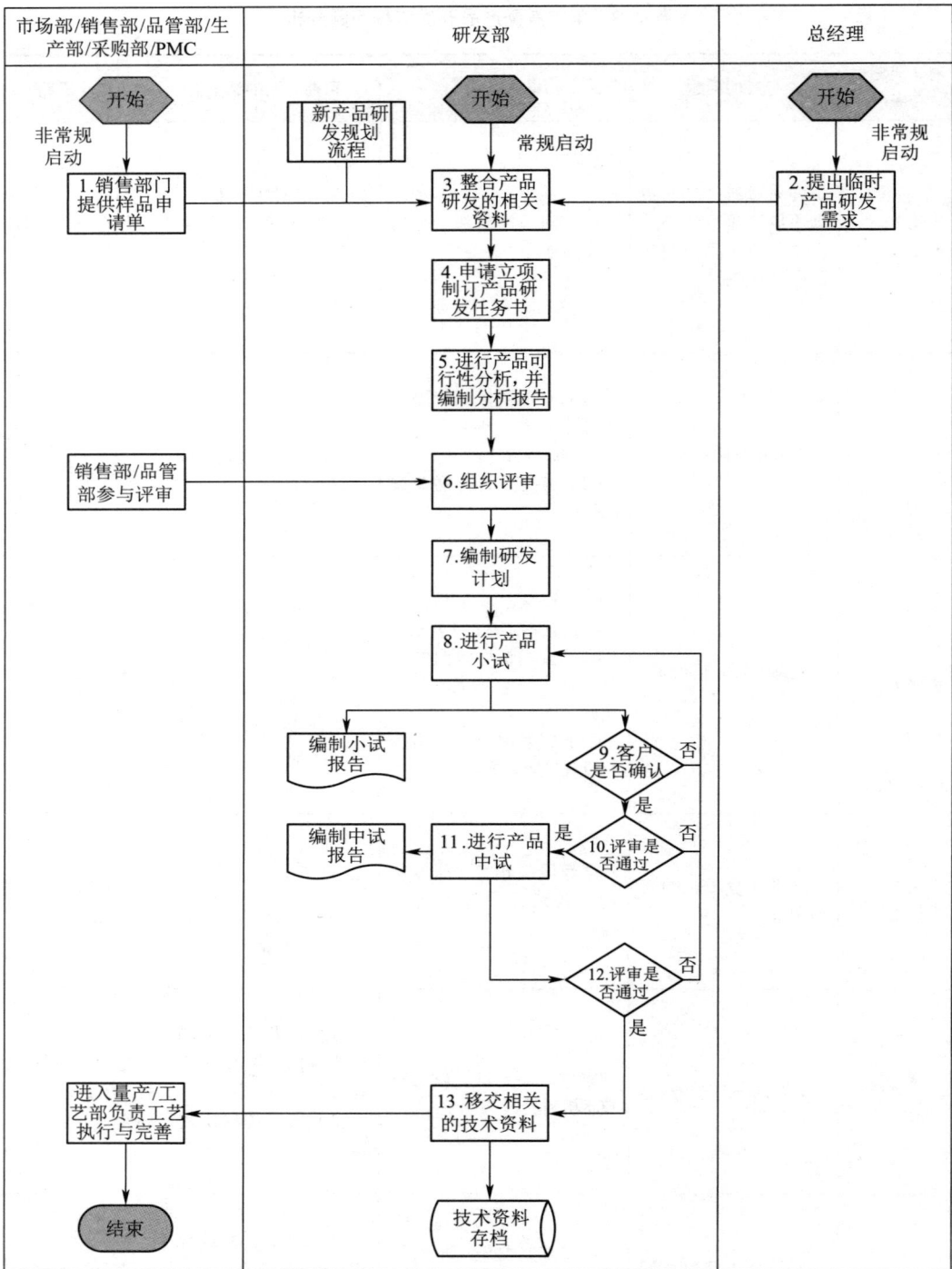

图 4-4　华南汽配产品开发流程（优化）

发现问题，成功一半。如第四章所言，完成集成研发业务流程现状分析之后，企业不仅清楚了现状，还找到了集成研发流程存在的问题以及需要改善的方向，这为下一步进行集成研发业务流程再造方法与衡量指明了方向。

一、集成研发业务流程再造的常用方法

集成研发业务流程再造的常用方法有很多，如图 5-1 所示。模板化、标准化、模块化、平台化、信息化、剔除非增值环节、优化流程顺序、优化评审节点、优化研发组织、让顾客参与流程研发、研发流程外包等都是非常有效的方法。

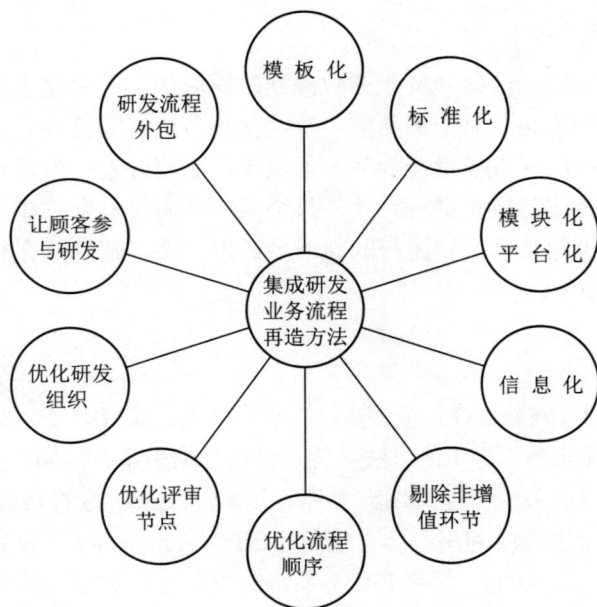

图 5-1　集成研发业务流程再造方法

1. 模板化

任正非曾经说过：规范化管理的要领是工作模板化。什么叫作规范化？就是我们把所有

的标准工作做成模板，就按模板做。一个新员工只要能看懂模板，就会按模板做，而这个模板是前人摸索几十年才总结和提炼出来的，新员工不必再去摸索。各流程管理部门、合理化管理部门，要善于引导各类已经优化的、已经证实行之有效的工作模板化。对于一些重复运行的流程，工作一定要模板化。一项工作达到同样绩效，少用工，又少用时间，这才说明管理进步了。

是的，企业在产品研发过程中会用到很多报告、很多表单、很多文件，如市场调研报告、产品定义书、新产品立项报告、新产品研发计划书、试产报告、品质标准、工艺文件等，模板化就是先将这些文件做成统一的格式，这样员工在工作的过程中就会减少很多在规划文件格式方面浪费的时间。

2. 标准化

一款新产品，如一部智能手机，可能需要成千上万个电子元器件，可能需要几十个，甚至几百个、几千个 UI 图标，可能需要几十张，甚至几百张结构图纸，还可能需要几万行、十几万行甚至更多软件代码，那么研发部门在做产品开发的过程中能不能对局部环节进行标准化，而不是每个环节都追求个性化？同样，一台汽车的研发从外观、总成、动力、操控、内饰等也可能需要成千上万的零部件和工序，研发部门如果能在很多环节实现标准化便可大大提升新产品的研发效率。图 3-8 国发科技产品开发中提到的通用化开发就是一种典型的研发标准化。

3. 模块化、平台化

同样是图 3-8 国发科技产品开发业务中提到的模块化、平台化也为我们进行集成产品研发优化提供了极好的思路，对于产品中一些共性环节或者零部件可以使用模块化、平台化开发的思维提升产品的开发质量与效率。如汽车厂家要开发一款新车，不可能从每一个零部件研发开始，他会按照模块进行开发，每个模块再通过整合供应商一起完成单项研发任务。当然，平台化也是当前比较流行的新产品研发方法，特别是在软件行业、系统集成行业应用已经非常普遍了。

4. 信息化

不仅仅在新产品开发领域，在集成供应链、整合营销、集成财经、人力资源等各个方面，信息化已经成为流程优化必不可少的方法，特别是在数据采集、传输、分析等方面，信息化不仅可以节省人力，降低差错，还可以大大提升效率。大家熟悉的 PLM 就是一套完善的产品研发信息系统，企业也可以利用办公自动化（Office Automation，简称 OA）、企业资源计划（Enterprise Resource Planning，简称 ERP）系统对研发过程中的局部环节进行信息化管理。

5. 剔除非增值环节

剔除非增值环节就是减少相关活动的数量，提高活动的质量。我们将多余的活动进行清除后，对于剩余的活动应进行简化。

寻找过于复杂的活动可以从以下三个方面着手：

（1）简化表格。在许多企业中常常可以发现会有表格填写不正确的情况出现，我们应对其背后的原因进行分析，而不是简单地责备填错表的人员，这种错误通过重新设计表格，将可以获得明显的改善，也将避免日常工作中要寻找相关填表人让其就某些模糊事项提供解释或说明。

（2）简化语言。对客户和组织内部成员的沟通都应清晰易懂。语言要简单明了，尤其要注意以下两项：一是少用术语、行话和缩写，除非对工作任务很关键，否则不要使用新的术语和行话，先确保清楚这些词语的定义；二是尽量少地使用首字母组合词，除非它是多次重复使用，并被广泛理解和认同的，否则不要使用文件中没有定义的缩写词。

（3）简化程序。许多程序往往过分复杂，难以理解，在某些情况下，可以很明显地判断出员工无法做到总是能够按照正常的程序进行作业活动。

在产品研发环节，企业可以利用剔除非增值环节这种简单明了的方法对流程进行优化。

6. 优化流程顺序

优化流程顺序也是比较常见的流程再造方法之一，具体的操作有两种：其一，变串为并；其二，调整先后。

（1）变串为并。对于许多串行工作，我们可以考虑将其进行并行处理，以提高流程运行效率，减少流程节点活动的干扰。一般而言，企业内部存在两种形式的并行：一种是各独立单位从事相同的工作，这时我们要将它们视为一体，统筹处理，分散执行；另一种是各独立单位从事不同的工作，而这些工作最终必须组合在一起。如【案例 2-1】所示，要开发一款手机产品，需要产品部、产品委员会、项目团队、结构部、ID 部、UI 部、硬件部、软件部、采购部、研发品质部等很多部门协同完成，为了提升产品开发效率，就需要这些部门同时并行开展相关工作。

（2）调整先后顺序。观察流程运行的各个环节，对不合时宜的作业活动进行顺序的调整，以求获得流程上的改善和突破。

7. 优化评审节点

根据 IBM 提出的 IPD 理论，产品在开发过程中需要做好六项评审（分别为需求及业务方案评审、总体方案及产品系统规格评审、软件设计概要及硬件详细设计评审、研发样机评审、试产准入评审、市场发布评审）；同样，罗伯特·G.库珀的产品开发门径理论也强调一个新产品从创意诞生到上市的评审过程中，必须把控五个关口（分别为创意筛选关口、二次筛选关口、进入开发关口、进入测试关口、进入上市关口）；还有 APQC 将设计与开发产品及服务流程分为六个阶段，分别为新产品或服务的战略和概念制定，设计新产品或服务、评估和改进已有产品或服务，设计、构建和评估产品或服务，对新的或改进后的产品或服务进行市场检验，生产核准和市场发布，对生产／交付流程变更的设计和实施提供支持。

不论是哪种理论和方法，在新产品开发过程中为了确保开发效率、降低开发风险，提升开发成功率，都不可避免地要进行一些评审和控制，评审点太少可能增加项目失败的风险，评审点太多又会影响开发效率，所以对评审节点进行必要的优化也是常用的流程优化方法。

8. 优化研发组织

根据公司的产品线复杂程度，适度地优化和调整研发组织体系也是一种常见的集成研发流程优化方法，比如建立并明确产品委员会、产品研发项目部、产品研发项目经理、产品经理的责任和权利。

9. 让顾客参与研发

让顾客参与研发过程，及早倾听客户声音，也是一种非常有效的集成研发流程优化方法，关于这一点小米科技有非常好的实践。另外，罗伯特·G.库珀提出的"基于客户的声音"也是这个道理。

10. 研发流程外包

现在越来越多的企业已经开始通过整合外部研发资源，甚至研发流程外包提升企业产品开发效率，提升开发成功率。如整车研发企业可以将零部件的研发外包给核心供应商完成，同样，手机研发企业可以将手机主板研发委托给方案公司完成。

二、集成研发业务流程再造衡量

如前文所言，集成研发业务流程优化与再造有很多成熟的方法，但不同企业在进行业务流程优化与再造的时候如何才能做到最优呢？其实是没有标准答案的。那什么样的流程才是好流程呢？根据我们多年的实践，企业可以从以下六点衡量流程优化与再造的效果，如图 5-2 所示。

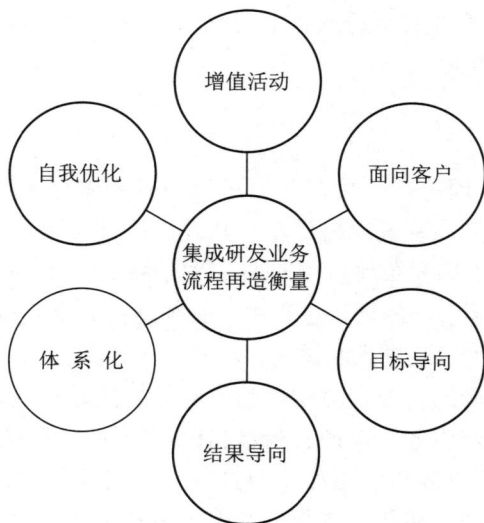

图 5-2　集成研发业务流程再造衡量

1. 增值活动

企业流程管理的核心目的是增值，当然每个流程、每项活动的增值方式可能有所不同，但在流程优化与再造的时候，始终要把握这样一个原则，那就是考虑清楚该活动有增值价值吗？如果没有，就一定要想办法将该活动剔除，最终保证流程中的每项活动都是增值的。

2. 面向客户

我们在谈到流程的六大构成要素时提到，客户就是流程输出结果的最终消费者，企业进行流程优化与再造的时候，要保证面向客户并且做到让客户满意。

不同流程的客户是有差异的，可能是企业外部的客户（代理商、经销商、终端客户、供应商），也可能是企业内部的客户。总之，企业流程优化与再造必须紧紧围绕客户诉求，将那些与客户诉求无关或者弱相关的业务活动尽可能减除。

3. 目标导向

我们在谈到战略、流程和组织的关系时曾经讲过，战略决定企业做正确的事，组织决定企业正确地做事，而流程则可以帮助企业高效、低成本、低风险地做事。流程的存在一定是为了企业战略的实现，如果企业流程优化离开战略的引导和战略目标的实现，那将是毫无意义的。

另外，回到流程管理的基本原则，我们强调流程管理必须坚持目标导向、结果导向的原则。任何一个流程，其增值方式不同，所衡量增值方式的指标以及所要达到的目标也是不同的。

4. 结果导向

好的流程一定有明确的结果导向，同时也会体现在流程绩效上，因此衡量一个流程是否是好流程的关键环节就是看这个流程最终的结果是否达到了流程客户的核心诉求。通常所说的"结果不会说谎"这句话用于衡量流程结果上是再恰当不过了，只要结果不理想，表面上再好的流程也都是镜中花、水中月。

5. 体系化

企业的流程按类型分为业务流程、管理流程、辅助流程，按层级分为集团级流程、公司级流程、部门级流程、岗位级流程，另外每个流程又包括流程图、流程步骤说明、流程相关制度、流程相关文件、流程相关表单、流程相关绩效指标、流程相关权限划分、流程风控体系等。一套好的流程体系一定是全价值链打通、全层级优化、全员参与、全天候执行的，同时也能确保流程在执行过程中风险可控。因此，流程体系化的衡量就是要对价值链及业务蓝图上下游相关的流程、制度、表单、权限及流程指标进行设计并确保得到有效执行。

6. 自我优化

世界上唯一不变的就是变化。竞争环境的变化是永恒的，流程的客户需求也是随时变化的，流程管理就是要帮助企业在周边环境发生变化时使运营和管理能尽快赶上并能适应这种变化。环境的变化势必带来运营和管理的不断调整和变化，而运营和管理的变化必然要反映到流程上。所以，企业流程管理一定是动态的，而且流程管理成熟的企业也一定有健全的流程自我优化机能，企业的流程优化一定不是什么跟风运动，而是需要有一整套完整的配套体系保证流程能够持续改进，永不过时。

　　集成研发业务流程图设计工作是流程管理中的一个环节，在将新的业务流程图设计出来后，企业还需要根据新流程运行的需要，进行相关配套体系的设计，搭建流程的基础运行平台。

　　根据我们多年的实践，基于集成研发业务流程的配套体系包括：集成研发组织变革、集成研发制度与表单体系设计、集成研发分权体系设计、集成研发风控体系设计、集成研发绩效体系设计、集成研发人员激励体系设计等。

一、基于集成研发业务流程的组织变革

　　俗话说：战略决定流程，流程决定组织。同样的道理，公司的产品战略决定了产品研发流程，而产品研发流程的有效运行则取决于研发组织的调整和优化。

　　产品研发过程通常有几个核心的角色分别承担不同的职责，他们是：产品委员会（Product Committee，简称 PC）、产品经理（Product Manager，简称 PM）、产品研发项目经理（Product R&D Project Manager，简称 PDPM）、产品研发项目组（Product R&D Project Team，简称 PDPT）等，如图 6-1 所示。

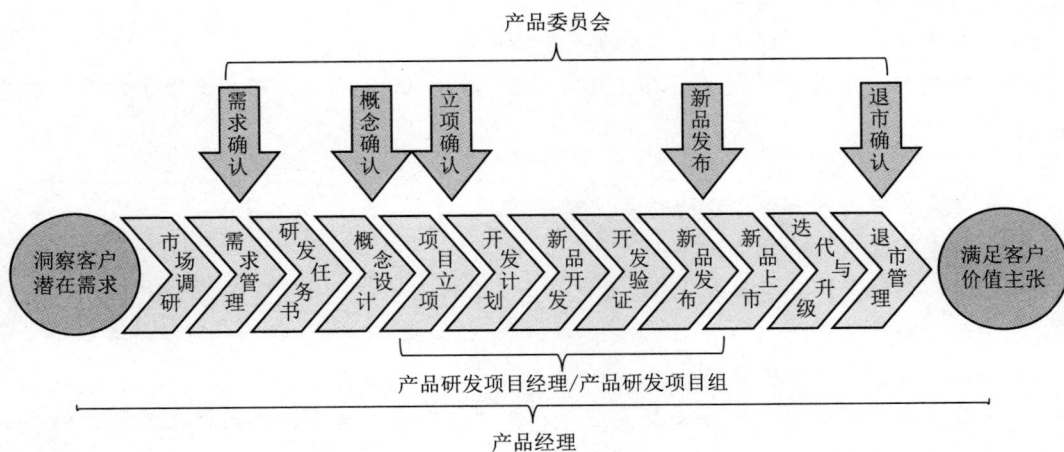

图 6-1　不同角色在产品研发组织中的价值（示意）

（1）产品委员会。产品委员会作为企业产品决策的最高权力机构，负责产品研发方向的把握、产品研发规划审批、研发过程关键决策、外部研发资源整合等工作。

（2）产品经理。产品经理负责从客户需求洞察、潜在需求挖掘到市场调研、产品研发需求、产品定义、新品上市及产品生命周期全过程管理。

（3）产品研发项目经理。产品研发项目经理负责从产品定义、研发立项、产品研发到实现的整个过程的资源调配、计划管理及关键里程碑把控。

（4）产品研发项目组。产品研发项目组负责从产品定义、研发立项、产品研发到实现过程中具体工作的实施。

【案例 6-1】天宇美塑产品委员会议事规则

第一条　为提高天宇美塑产品研发的时效性和规范性，进一步降低研发成本，提高研发效率，特制定本规则。

第二条　产品委员会为公司常设产品研发决策机构，负责公司产品研发的需求评审、产品策划评审、产品定义评审、技术 BOM 评审、产品迭代与升级评审、产品上市及退市评审等，是公司的产品线规划与产品研发决策中心，对公司总裁负责。

第三条　产品委员会行使下列职权：

1．产品规划

（1）组织公司产品战略规划，评审产品研发计划。

（2）负责公司产品线规划评审。

2．新技术开发

（1）负责公司新技术开发，引进整体规划。

（2）负责公司新技术开发，引进项目论证及阶段性成果评审。

3．产品研发

（1）对产品部提出的产品研发需求进行评审（概念书评审）。

（2）对产品部产品策划书进行评审。

（3）对产品部"产品定义书"和 BOM 进行评审。

（4）组织对产品生命周期（产品上市、产品升级、产品迭代、产品退市）及产品收益的评审。

4．研发资源管理

（1）负责外部产品研发资源的开发、整合。

（2）负责外部产品研发资源评价。

第四条　公司设产品委员会，产品委员会由 5 名管理干部组成，设产品委员会主任 1 名、副主任 1 名、委员 3 名。

第五条　产品委员会决策程序。

（1）概念书评审程序。产品委员会组织研发产品概念书评审，提出修正意见，为产品策划书编写打好基础。

（2）策划书评审程序。产品委员会组织研发产品策划书评审，评审技术实现的可能性、产品性价比等相关技术指标，为产品定义做准备。

（3）产品定义书评审程序。产品委员会组织产品定义书评审，评审产品量产实现的可能性。

（4）技术评审、产品上市、产品升级、产品迭代、产品退市评审程序。产品委员会负责对技术可行性、产品上市、产品升级、产品迭代、产品退市进行评审，提升产品全生命周期管理能力。

第六条 产品委员会检查工作程序。

产品委员会决议实施过程中，产品委员会主任应对决议的实施情况进行跟踪检查，在检查中发现有违反决议的事项时，可要求和督促产品委员会成员及各部门负责人予以纠正。

第七条 产品委员会议事程序。

（1）产品委员会主任或副主任应按实际研发需求召开产品委员会会议，采用一事一议方式开展。

（2）产品委员会副主任负责支持和配合主任的工作，行使主任不在公司期间的职权。

（3）产品委员会应当对会议所议事项的决议撰写会议记录，出席会议的成员有权要求在记录上对其在会议上的发言做出说明性的记载，并在会议记录上签名。

（4）产品委员会成员应当对产品委员会的决议承担责任。产品委员会的决议违反法律、行政法规或者公司章程，致使公司遭受严重损失的，参与决议的成员对公司负赔偿责任。

第八条 本规则解释权归属公司产品委员会。

第九条 本规则未尽事宜，按公司相关规定执行。

二、基于集成研发业务流程的制度与表单体系

制度和表单作为流程有效实施的保障，是流程配套的重要组成部分，基于集成研发业务流程的制度和表单体系设计就是要对每一个研发相关流程涉及的制度、表单进行规范。

1. 业务流程配套制度设计

一般来讲，如果企业建立了完善的流程体系，制度则成为流程的配套，公司设计制度的目的是解释流程中非常重要的环节和说明原则性的东西。

既然这样，我们该如何设计满足流程需要的制度体系呢？企业编写制度的原则和基本内容又包含哪些呢？

（1）制度属性：包括版本号、制度编号、制度名称等。

（2）制度目的：用来说明制度描述的主要内容、制度适用于哪些管理环节。

（3）制度适用原则：用来说明制度制定及公司在制度规定领域的基本管理要求和原则。

（4）制度正文：用来描述制度的相关规定和说明。

（5）制度附加说明：用来说明制度的归口部门、解释与修正部门、制度执行时间等。

2. 业务流程配套表单设计

表单是为了帮助企业流程顺利运作，因为流程告诉员工某件事情该如何做，制度是对

流程重要环节的说明和解释，而表单则是员工在具体执行流程时的实际操作。一般来讲，一张完整的管理表单应该包括：

（1）表单属性。包括归口部门、编号、版本号、表单名称等。

（2）表单输入。用来说明表单填写人的基本信息和核心意图。

（3）表单输出。用来说明表单审核人的基本意见。

（4）填表说明。用来说明表单的填写要求和填写规范。对于有些比较简单的表格，填表说明可以忽略，或者放在表格当中，也可以单独说明。

关于研发流程相关制度、表单的规划，读者朋友可以查看本书第八章、第九章。

三、基于集成研发业务流程的分权体系

华为的任正非说过，华为倡导授权中层。那么如何进行授权呢？哪些权力需要下放，哪些权力需要集中、每个职位有哪些权力，同一问题，权力究竟如何划分？是一级审批、二级审批、还是多级审批？关于这些问题，企业在进行流程配套设计的时候需要一并考虑。

为了提升流程效率，同时有效控制流程风险，我们将流程授权原则归结为：

（1）对流程环节授权而非对整个流程授权。这是业务流程授权的第一原则，流程是一系列、连续的、有规律的活动，这就意味着每个流程都会有若干个环节和步骤，业务流程授权时需要针对流程涉及权限分配的具体环节和步骤进行授权。

（2）对流程角色授权而非对人授权。很多企业在进行流程授权的时候，往往误认为是对具体某个人的授权，殊不知正确的流程授权仅仅是对流程角色（流程责任人）进行授权，对人的授权是指具体的某个人，而流程角色（流程责任人）可能是很多人构成的。

（3）就近授权，让听得到炮声的人去决策。流程授权一定要让最贴近业务实际的流程角色（流程责任人）进行决策，因为越接近业务实际就越有发言权，也更能准确、有效地进行决策。

（4）采用两级授权，最多不要超过三级。最有效的流程授权是两级授权，即对某项流程决策事项通过审核、批准进行授权，授权如果超过三级，甚至达到四级、五级，一定会影响流程效率。

（5）责权对等。授权可以改变流程相关者有责无权的状态，有利于调动流程责任人的积极性，但在实践中要防止有权无责或者权责失当的现象。有权无责，用权时就容易出现随心所欲、缺乏责任心的情况；权大责小，用权时就会疏忽大意，责任心也不会很强；权小责大，流程责任人无法承担权力运用的责任。因此，授予多大的权利，就要有多大的责任，要求多大的责任就应该授予多大的权力，权力和责任要对等。

（6）授权不等于撒手不管，离开监督的授权必然滋生腐败。流程授权的同时要加强授权管控，企业可以通过流程审计、流程绩效分析等手段对于滥用权限、越权、不作为等行为进行督查和检讨，发现问题，及时优化。

同样，关于基于集成研发业务流程的授权读者可以查看本书第八章、第九章。

四、基于集成研发业务流程的内控体系

企业进行业务流程再造的一个重要的目的在于风险控制，特别在产品研发过程中，随时都会面临核心技术人员异动、国家政策调整、项目立项论证不充分、研发成果转化率低、研发费用投入不足、研究成果保护措施不力等风险，因此，在流程配套设计时企业必须预先识别相关风险点，并建立风险识别与防范措施，只有这样才能保证业务流程有效运行。

【知识链接】《企业内部控制应用指引第 10 号——研究与开发》关于产品研究与开发的相关要求

第一章 总 则

第一条 为了促进企业自主创新，增强核心竞争力，有效控制研发风险，实现发展战略，根据有关法律法规和《企业内部控制基本规范》，制定本指引。

第二条 本指引所称研究与开发，是指企业为获取新产品、新技术、新工艺等所开展的各种研发活动。

第三条 企业开展研发活动至少应当关注下列风险：

（一）研究项目未经科学论证或论证不充分，可能导致创新不足或资源浪费。

（二）研发人员配备不合理或研发过程管理不善，可能导致研发成本过高、舞弊或研发失败。

（三）研究成果转化应用不足、保护措施不力，可能导致企业利益受损。

第四条 企业应当重视研发工作，根据发展战略，结合市场开拓和技术进步要求，科学制定研发计划，强化研发全过程管理，规范研发行为，促进研发成果的转化和有效利用，不断提升企业自主创新能力。

第二章 立项与研究

第五条 企业应当根据实际需要，结合研发计划，提出研究项目立项申请，开展可行性研究，编制可行性研究报告。

企业可以组织独立于申请及立项审批之外的专业机构和人员进行评估论证，出具评估意见。

第六条 研究项目应当按照规定的权限和程序进行审批，重大研究项目应当报经董事会或类似权力机构集体审议决策。审批过程中，应当重点关注研究项目促进企业发展的必要性、技术的先进性以及成果转化的可行性。

第七条 企业应当加强对研究过程的管理，合理配备专业人员，严格落实岗位责任制，确保研究过程高效、可控。

企业应当跟踪检查研究项目进展情况，评估各阶段研究成果，提供足够的经费支持，确保项目按期、保质完成，有效规避研究失败风险。

企业研究项目委托外单位承担的，应当采用招标、协议等适当方式确定受托单位，签订外包合同，约定研究成果的产权归属、研究进度和质量标准等相关内容。

第八条 企业与其他单位合作进行研究的，应当对合作单位进行尽职调查，签订书面

合作研究合同，明确双方投资、分工、权利义务、研究成果产权归属等。

第九条　企业应当建立和完善研究成果验收制度，组织专业人员对研究成果进行独立评审和验收。

企业对于通过验收的研究成果，可以委托相关机构进行审查，确认是否申请专利或作为非专利技术、商业秘密等进行管理。企业对于需要申请专利的研究成果，应当及时办理有关专利申请手续。

第十条　企业应当建立严格的核心研究人员管理制度，明确界定核心研究人员范围和名册清单，签署符合国家有关法律法规要求的保密协议。

企业与核心研究人员签订劳动合同时，应当特别约定研究成果归属、离职条件、离职移交程序、离职后保密义务、离职后竞业限制年限及违约责任等内容。

第三章　开发与保护

第十一条　企业应当加强研究成果的开发，形成科研、生产、市场一体化的自主创新机制，促进研究成果转化。

研究成果的开发应当分步推进，通过试生产充分验证产品性能，在获得市场认可后方可进行批量生产。

第十二条　企业应当建立研究成果保护制度，加强对专利权、非专利技术、商业秘密及研发过程中形成的各类涉密图纸、程序、资料的管理，严格按照制度规定借阅和使用。禁止无关人员接触研究成果。

第十三条　企业应当建立研发活动评估制度，加强对立项与研究、开发与保护等过程的全面评估，认真总结研发管理经验，分析存在的薄弱环节，完善相关制度和办法，不断改进和提升研发活动的管理水平。

【案例6-2】绿源饮料集成研发内控风险点及控制措施

为了让读者充分理解企业风险点识别及控制，我们以绿源饮料为例进行说明，具体见表6-1。

表6-1　绿源饮料集成研发内控风险点及控制措施（部分）

流程名称	风险描述	控制类型	控制方式	控制频率	控制文档	相关部门
产品开发规划与预算管理流程	1.产品开发规划方向偏差，导致开发失败、开发成本增加、开发周期延长、上市时间延迟	预防型	人工	年度	年度产品开发规划报告 月度产品开发计划表	产品部、产品委员会/总经理
	2.产品开发预算分配不合理，造成研发资源浪费/紧缺/超支等	发现型	人工	随时	年度产品开发预算	产品部、财务管理部

续上表

流程名称	风险描述	控制类型	控制方式	控制频率	控制文档	相关部门
产品开发规划与预算管理流程	3.年度产品开发规划、月度产品开发计划泄露	发现型	人工	随时	档案管理制度	产品部、研发管理部、包装研发部、产品研发部、生产管理部、营销中心
市场调研与新产品定义流程	1.市场调研： （1）产品调研问卷设计不合理，导致信息收集达不到预期 （2）产品调研方案有漏洞，导致调研资源的浪费	预防型	人工	随时	产品调研方案	产品部
	2.产品定义： （1）产品定义书信息遗漏，导致项目延迟、资源浪费、返工 （2）产品定义书信息不精确，导致版本多次修订、项目延迟、资源浪费、返工	发现型	人工	随时	产品定义书	产品部、研发管理部、包装研发部、产品研发部、营销中心、产品委员会／总经理
新产品开发流程	1.配方合规风险（食品添加剂、营养强化剂）	发现型	人工	随时	产品配方表	研发管理部
	2.配方、工艺泄漏	预防型	系统	随时	文档系统	信息管理中心、使用部门
新产品包装开发流程	1.瓶型指标定义不准确导致： （1）指标偏高。打样成本浪费或后期生产成本偏高 （2）指标偏低。产品质量存在隐患 （3）项目进度滞后	发现型	人工	随时	包装开发规格表	包装研发部
	2.外包装指标定义不准确导致： （1）指标偏高。打样成本浪费或后期生产成本偏高 （2）指标偏低。产品质量存在隐患 （3）项目进度滞后	发现型	人工	随时	包装开发规格表	包装研发部

流程名称	风险描述	控制类型	控制方式	控制频率	控制文档	相关部门
新产品包装开发流程	3. 外包装设计丢失或泄露	发现型	人工	随时	技术档案管理制度	产品部、包装研发部
	4. 技术文件丢失	预防型	人工	随时	技术档案管理制度	包装研发部、研发管理部

五、基于集成研发业务流程的绩效体系

在流程设计完成后，我们还应分析相关流程客户的需求，并建立明确的绩效指标，以此作为衡量流程运作好坏的标准。在流程绩效设计过程中，我们应明确相关问题包括：由谁来负责流程运作？承担流程运作中的哪些职能？用什么指标进行衡量？具体的需求标准是怎样的？怎么去评价它？由谁来进行评价？

1. 战略绩效、流程绩效与职能绩效

传统企业的绩效指标主要有两个来源，即基于战略的战略关键绩效指标（Key Performance Indicators of Strategy，简称 KPIs）和基于职能的组织关键绩效指标（Key Performance Indicators of Organization，简称 KPIo），传统企业过于强调部门职能的有效运行，最终导致部门之间的壁垒越来越强；流程企业的绩效指标也主要有两个来源，即基于战略的 KPIs 和基于流程的流程关键绩效指标（Key Performance Indicators of Process，简称 KPIp），流程企业强调流程的实现，通过基于流程的 KPIp 考核，能够使部门之间的协调更畅顺，效率更高。

我们知道，KPIs 是用来衡量企业战略及经营目标是否顺利达成的，是企业经营的最终目的；KPIp 是用来衡量战略及经营目标实现过程是否高效、高质量、高客户满意度、低成本，是直接影响目标实现的关键；KPIo 是用来衡量组织内部分工及部门、岗位职责履行是否有效。

我们通常讲：先有战略，后有流程，最后才是组织。企业战略要想顺利实现，建立以客户为导向的流程中心型组织非常有必要，而流程落地及有效实施的前提是企业内部的组织职位体系健全、分工明确。可以这么讲，KPIs 衡量的是结果，而 KPIp 衡量的是结果产生的过程，KPIo 衡量的是确保结果实现的基础。

2. 基于集成研发的流程绩效体系设计

既然业务流程绩效指标非常重要，那么如何进行基于流程的 KPIp 设计呢？

首先，我们要清晰地知道，核心业务流程的目的在于创造价值，也就是增值，这种增值可能是效率提升、成本降低、销售增加、利润增长、质量提高，也可能是客户满意、员工满意，这与每个流程的目的（绩效目标）有关。

我们需要根据流程的目的，也就是流程的增值方向，分析清楚该流程的增值方式是什么，是效率提升？是客户满意？还是成本降低？抑或销量增加？

其次，确定 KPIp 的承接部门。在每个业务流程当中，我们都会看到有多个部门参与，那么这些部门都需要对 KPIp 的最终结果负责。

最后，对业务流程指标进行定义。流程指标定义包括指标名称、指标编号、指标来源、相关部门、指标目的、计算公式、特殊说明、计量单位、统计周期、指标极性、数据输出部门、数据输出时间、指标考核周期、指标考核方法、指标性质等。

【案例 6-3】肯德科技集成研发 KPIp 规划

以下是我们结合肯德科技集成研发业务流程优化结果，提炼的肯德科技集成研发 KPIp，具体见表 6-2。

表 6-2　肯德科技集成研发 KPIp 规划

集成研发业务流程	KPIp 名称	KPIp 归口部门	KPIp 相关部门
产品开发规划流程	年度产品开发计划输出时间	产品委员会	研发部、销售部、市场部
客户需求评审流程	客户需求评审及时率	研发部	销售部、生产部、工艺部、生产部
产品调研及需求管理流程	产品定义书（V0.1）输出时间	市场部	开发部、生产技术部、采购部、产品委员会
新产品开发流程	新产品开发计划达成率、新产品销售收入、新产品质量合格率	研发部	销售部、品质部、生产部、工艺部、采购部
产品生命周期管理流程	产品销售周期	开发部	产品委员会、销售部、工艺部、生产部、采购部

六、基于集成研发业务流程的激励体系

集成研发业务流程往往涉及多个部门，为了能够充分调动相关人员工作积极性，企业可以建立相应的激励体系。

（一）产品全生命周期激励模式

产品全生命周期激励模式涉及产品从市场调研、需求管理、研发任务书到产品退市管理等全生命周期，激励对象包括产品经理、产品研发项目经理、产品研发项目组等参与产品从定义到实现，以及上市后管理的所有人员。

【案例6-4】肯德科技产品全生命周期激励方案

1. 目的

为了鼓励从产品端多出精品，保证公司销量与利润，充分调动产品部门争创精品的积极性，特制定本办法。

2. 适用范围

本办法适用于2022年内正式立项的产品。

3. 优秀产品定义

根据公司2022年经营目标及产品策略，不同价位段产品出货量及毛利目标，具体内容见表6-3。

表6-3　肯德科技不同价位段产品出货量及毛利目标

价位段	出货量目标（万台）	税前毛利目标（万元）	税前单台毛利（元/台）
略	略	略	略

4. 优秀产品奖金计算

4.1 优秀产品奖金＝（基准奖金×50%×出货量目标达成率）+（基准奖金×50%×毛利目标达成率）。

4.2 基准奖金为200 000元。

4.3 出货量目标达成考核。

4.3.1 出货量以财务数据为准。

4.3.2 出货量目标达成率＜80%，出货量对应奖金否决；出货量目标达成率≥80%，按实际完成率计算，最大为150%。

4.4 毛利目标达成考核。

4.4.1 毛利以财务数据为准。

4.4.2 毛利目标达成率＜100%，毛利对应奖金否决；毛利目标达成率≥100%，按实际完成率计算，最大为150%。

5. 奖金分配

5.1 奖金发放时间：奖金核算及发放以公司停止出货供货时间为准。

5.2 优秀产品奖金分配权归产品经理，由产品经理根据产品团队成员在项目中的表现提出分配意见，经产品总监批准后发放。

5.3 产品团队奖金分配比例参考，具体内容见表6-4。

表6-4　产品团队奖金分配比例参考

产品团队成员	分配比例	产品团队成员	分配比例
产品经理	30%	销售团队	25%
研发团队	40%	产品团队基金	5%

备注：上表分配比例仅为参考比例，产品经理可以根据项目特点及各团队成员的贡献与表现适当进行调整，调整幅度不应超过 20%。

6. 其他说明

6.1 奖金发放之日前离职的员工不得享受优秀产品奖金，离职员工应得部分纳入产品团队基金。

6.2 产品团队基金使用。

6.2.1 使用范围：

（1）团队活动；

（2）团队学习资料购买；

（3）用于团队能力提升的团队外出考察、学习。

6.2.2 使用审批：

产品团队基金使用由产品经理提出需求申请，经产品中心总监审批，总裁批准后使用。

7. 附则

7.1 本办法自 2022 年 1 月 1 日正式实行。

7.2 本办法由人事行政部起草，并负责监督实施。

7.3 本办法最终解释权属人事行政部。

（二）产品研发项目激励模式

同样，按照前面图 6-1 所示，这类激励模式是比较狭义的，仅适用对于产品研发过程的激励，激励对象仅包括产品研发项目经理、产品研发项目组。

【案例 6-5】肯德科技产品研发项目团队激励方案

1. 目的

1.1 规范公司项目管理，提升项目管理效率，体现项目在公司的价值和作用。

1.2 让公司管理层参与公司项目运作，推动项目高效运行。

1.3 鼓励员工积极参与项目管理，培养员工项目管理技能。

2. 适用范围

本办法适用于项目成员的选择、考核与激励。

3. 支持文件

公司项目管理流程

4. 项目管理

4.1 项目管理机制：

公司实行项目执行总监——项目经理——专业项目经理三级负责制。

4.2 项目组成员来源及职责：

4.2.1 项目执行总监由公司管理层担当，负责项目整体把控、重大及异常问题推动解决与决策。

4.2.2 项目经理由项目部人员担当，负责项目日常计划安排、跟踪与督导，项目会议的组织，项目异常跟踪解决，专业项目经理考核，项目组成员项目奖金的计发。

4.2.3 专业项目经理由各相关部门内部竞聘或推荐人选担当，负责推动所在部门承接项目任务的落实、部门工作异常的反馈与解决、部门内部参与项目人员的考核与评价。

4.2.4 根据项目情况，参与项目的部门包括（但不限）以下部门硬件，结构，多媒体，用户体验设计（User Experience Design，简称 UED），全程质量检测认证（Process Quality Assurance，简称 PQA），供应商质量工程师（Supplier Quality Engineer，简称 SQE），软件，硬件测试，软件测试，可靠性测试，工程，采购，客服，颜色、材料、表面处理（Color-Material-Finishing，简称 CMF），生产与物料控制（Production Material Control，简称 PMC），市场，财务。

4.3 专业项目经理选拔要求：

4.3.1 参与项目的部门其部门经理、部门主管、高工、专业经理原则上年内至少做一次专业项目经理。

4.3.2 参与项目的部门其他员工采用内部竞聘方式参与项目。

4.3.3 原则上入职满 6 个月及以上的员工才能够担当专业项目经理。

5. 项目类别及周期

项目类别及周期规划，具体内容见表 6-5。

表 6-5　项目类别及周期规划

项目类别	A 类项目	B 类项目	C 类项目
项目定义	定制主板	公板	主板硬件升级
项目周期	150 天	120 天	90 天

备注：如遇特殊项目，项目类别由项目总监另行确定。

6. 项目组成员项目奖金

6.1 项目组成员奖金标准，见表 6-6。

表 6-6　项目组成员奖金标准

项目类型		自　研	外　研
A 类（定制主板）	准时量产	60 000	40 000
	6 个月返修率	40 000	30 000
	10 个月返修率	40 000	30 000
B 类（公板）	准时量产	50 000	30 000
	6 个月返修率	30 000	20 000
	10 个月返修率	30 000	20 000

6.2 项目组成员奖金考核。

6.2.1 准时量产考核如下：

（1）准时量产考核：以完成 5K 量产的时间为准。

（2）准时量产奖惩：延迟 ≥ 8 天，奖金为 0；延迟 0 ～ 7 天，每天扣标准奖金数的 5%；提前奖励同比，最大奖励为标准奖金数的 35%。

（3）准时量产对应奖金在准时量产后第 7 个月发放。

6.2.2 6 个月返修率考核如下：

（1）返修率从首单正式发货计算。

（2）如 6 个月返修率达到目标，则两个指标计算奖金（准时量产、6 个月返修率）全额发放。

（3）如 6 个月返修率未达到目标，则准时量产计算奖金按照 50% 发放。

（4）如准时量产无奖金，但 6 个月返修率目标达到，则全额计发 6 个月返修率计算奖金。

（5）6 个月返修率在第 7 个月发放。

6.2.3 10 个月返修率考核如下：

（1）如 6 个月返修率目标未达成，但 10 个月返修率达到目标，则补发 6 个月返修率对应奖金。

（2）10 个月返修率在第 11 个月发放。

6.3 项目组成员奖金分配。

6.3.1 第一次分配如下：

（1）项目经理根据各专业项目经理在项目中的绩效表现，参考各部门绩效奖金指导分配比例（见附件 1），进行奖金第一次分配（项目奖金分配到各专业项目经理）。

（2）项目经理有权根据项目特点，对各部门绩效奖金指导分配比例进行调整。

6.3.2 第二次分配如下：

（1）各专业项目经理根据本部门参与项目人员的绩效表现在部门内部进行第二次分配。

（2）专业项目经理对本部门奖金二次分配拥有决定权。

7. 品质事故考核

如发生 A 类品质事故，取消项目经理、项目组成员所有奖金，并对执行项目总监、项目经理、品质总监、直接责任人进行处罚，处罚参考"品质事故管理制度"。

8. 项目团队奖金分配参考系数

项目团队奖金分配参考系数，具体内容见表 6-7。

表 6-7　项目团队奖金分配参考系数

项目团队角色	准时上市				返修率（含 6 个月返修率 /10 个月返修率）	
	A 类项目		B 类项目			
	自 研	外 研	自 研	外 研	自 研	外 研
结构项目经理	15%	17%	15%	17%	14%	15%
硬件项目经理	15%	17%	15%	17%	14%	15%
软件项目经理	15%	5%	15%	5%	14%	5%
品质项目经理	16%	18%	16%	18%	22%	24%

项目团队角色	准时上市				返修率（含6个月返修率/10个月返修率）	
	A 类项目		B 类项目			
	自 研	外 研	自 研	外 研	自 研	外 研
制造项目经理	13%	14%	13%	14%	10%	12%
测试项目经理	15%	17%	15%	17%	14%	15%
采购项目经理	8%	9%	8%	9%	6%	7%
CMF 项目经理	2%	2%	2%	2%	0%	0%
客服项目经理	0%	0%	0%	0%	6%	7%
认证项目经理	1%	1%	1%	1%	0%	0%
UED 项目经理	0%	0%	0%	0%	0%	0%
市场项目经理	0%	0%	0%	0%	0%	0%
财务项目经理	0%	0%	0%	0%	0%	0%
合　计	100%	100%	100%	100%	100%	100%

9. 附加说明

9.1　本办法自 2022 年 1 月 1 日正式实施。

9.2　本办法由公司人力资源部起草，并负责解释。

（三）新产品销售激励模式

　　新产品销售激励模式也是一种狭义的模式，激励对象仅限于产品上市后对于营销端的人员，包括市场推广人员、产品销售人员的激励。

第七章
集成研发业务流程信息化

业务流程信息化是业务流程再造五步法的最后一个步骤，随着信息化在企业管理过程中扮演的角色越来越重要，业务流程再造完成后，为了确保业务流程固化与落实，企业有必要科学规划业务流程信息化需求。

集成研发业务流程信息化的手段有很多，最常见的有 OA、PLM 等。

一、业务流程信息化规划

可以这么说，企业资源计划（ERP）是企业信息化建设的最高境界，而从物料需求计划（Material Requirement Planning，简称 MRP）开始，再到制造资源计划（Manufacture Resource Planning，简称 MRP Ⅱ）、分销资源计划（Distribution Resource Planning，简称 DRP）、CRM、SCM、PLM、OA，最后才是 ERP。企业信息系统生态示意如图 7-1 所示。

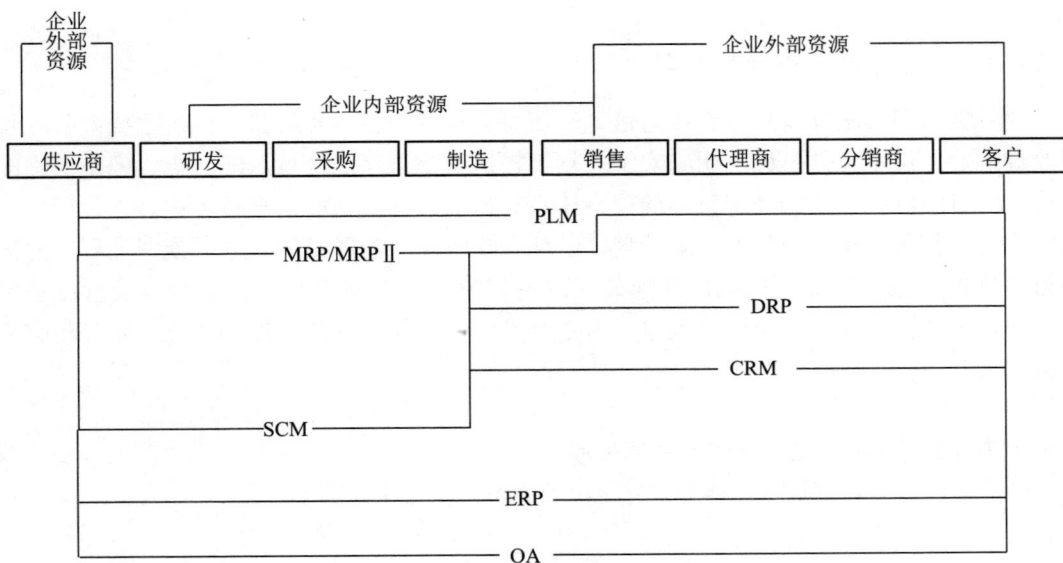

图 7-1　企业信息系统生态图（示意）

业务流程信息化规划是指根据企业发展战略及业务需要，在对企业业务流程全面优化与再造的基础上，结合行业信息化实践经验及企业实际、信息技术发展趋势等，提出符合企业实际需求的信息化建设目标及实施计划。

业务流程信息化规划的核心工作包括企业业务蓝图绘制、企业业务逻辑关系分析、流程信息化需求识别、信息系统架构设计、信息系统选型、信息系统实施策略规划、信息系统实施预算、信息系统实施人员准备等。总之，企业业务流程信息化规划必须立足企业实际，支撑企业业务高效运营与发展战略实现。

业务信息化规划一般分为现状调研与需求分析、愿景制定与架构设计、项目规划与实施计划三大步骤：

1. 现状调研与需求分析阶段

现状调研与需求分析阶段旨在调查、分析企业业务战略、目标、需求和信息技术应用情况，通过对企业业务及信息化现状进行分析，并根据行业最佳实践和技术发展趋势，总结行业业务与信息化发展规律，为愿景制定与架构设计阶段提供基础和依据。

2. 愿景制定和架构设计阶段

愿景制定和架构设计阶段旨在根据企业业务及信息化现状，结合行业最佳实践和技术发展趋势，对企业信息系统建设进行规划，指明企业在应用和管理信息技术方面的发展方向，指导信息技术结构和功能的设计，确定应该实施的技术解决方案和建议，回答企业未来应该如何应用信息技术的问题，使企业对信息化建设的未来蓝图有一个较确切的认识和理解。

3. 项目规划和实施计划阶段

项目规划和实施计划阶段旨在通过比较信息化现状与信息化愿景，分析主要差距、找出改进机会、设定总体目标、明确实施计划、提出变革策略、进行风险分析、确定面临的挑战，项目组以此为基础确定整体的项目体系，提出建议实施的信息技术项目，设计信息系统项目工作包，制订项目的实施计划，设计主要的系统功能架构，进行投资估算，分析项目实施的效果、存在的风险以及建议采取的保障措施，明确主要数据及其信息流动关系，并提出项目进度安排及优先次序，为企业实现信息化建设蓝图提出明确的任务和完成方法。

【案例 7-1】肯德科技信息化建设总体规划

以下是我们为肯德科技规划的信息化建设总图，如图 7-2 所示。

分析系统	企业门户（Portal）						
	商业智能（BI）						
业务系统	供应链管理（SCM）	供应链计划					客户关系管理（CRM）
	供应商开发	采购管理	库存管理	订单管理	生产管理	仓储管理	客户开发
	供应商管理	核心ERP系统					客户管理
	供应商门户						客户门户
	招标管理						报价管理
	采购合同管理	应付管理	资产管理	费用管理	预算管理	总账管理	销售合同管理
	人力资源系统（HRM）	组织管理	人事管理	薪酬管理	培训管理	招聘管理	绩效管理
	办公自动化系统（OA）						
	金税系统	产品生命周期管理（PLM）		专业质量管理系统		关务系统	
自动化系统 支持平台	数据采集系统、自控系统、设备控制系统						
	基础网络	网络安全	数据中心	系统管理	系统集成	服务器	操作系统	网络硬件

图 7-2　肯德科技信息化建设总体规划（示意）

从图 7-2 中可以看到，该企业信息系统分为四个层面，分别为分析系统、业务系统、自动化系统及支持平台，其中分析系统中的商业智能（BI）是完全基于业务系统（SCM、CRM、ERP、OA、金税系统、PLM、质量管理系统、关务系统、人力资源系统）的，商业智能可以实时反映经营数据，同时也为企业决策层决策提供支持。另外，该企业的业务系统几乎涵盖了企业核心业务的各个方面，而自动化系统中的数据采集系统、自控系统、设备控制系统又为业务系统的正常运营提供了基础数据抓取和传递的功能。

二、PLM 与研发流程信息化

PLM 即产品生命周期管理，是基于 IT 技术对产品从设计—开发—试产—测试—量产—售后服务这一系列流程信息进行一元化管理的系统，如图 7-3 所示。可见，PLM 系统涵盖了从产品研发、制造到售后服务的所有流程。

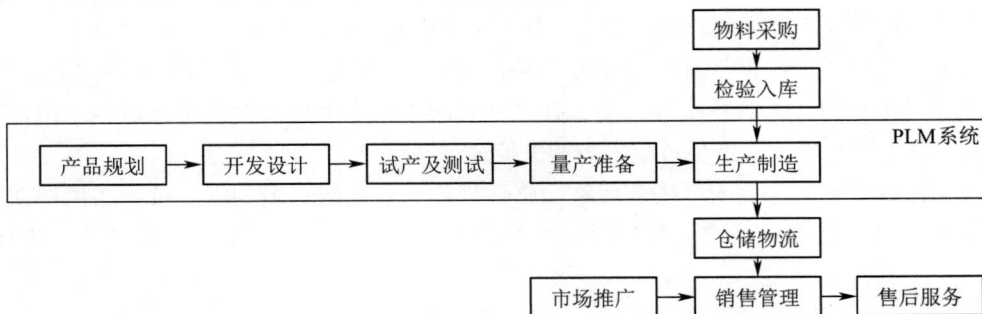

图 7-3　PLM 系统（示意）

久次昌彦在《PLM 产品生命周期管理》一书中将企业实施 PLM 分为 10 个步骤[①]，具体内容见表 7-1。

表 7-1　PLM 系统实施步骤及核心工作

实施步骤	核心工作
PLM 构建准备	PLM 导入目标、组建团队、改善目标
业务流程分析	业务流、课题一览、管理数据
PLM 解决方案定义	PLM 功能概要、系统化计划书
PLM 系统设计	PLM 设计书
PLM 系统构建	PLM 开发设计书、功能说明书
系统质量管理	质量检查要点、流程评价、变更管理
转移及发布管理	转移计划书
项目管理	开发日程、发布管理
系统基础设施建设	系统基础设施清单、系统基础设施设计书
系统运行	系统使用报告、使用改善计划

从上表中可以看得出来，PLM 贯穿产品规划、开发到交付的全过程，因此与 PLM 相关的业务流程也很多，包括产品规划流程、客户需求分析流程、新产品开发流程、新产品试制流程、新产品验证流程、新产品生产流程、产品交付流程等。

三、OA 与研发流程信息化

前面讲到，企业可以通过 ERP、SCM、CRM，甚至 DRP、PLM 等系统对相关流程进行固化，但这些系统绝大多数都是以业务流程的固化为主，而且这些系统基本都是围绕物流、信息流和资金流展开的。那么有什么办法可以使企业的管理流程进行全面固化，同时有没有系统是建立在以岗位和人为基础上的呢？

这就是我们要提到的协同管理平台，协同管理平台就是基于企业管理流程的固化，同时以岗位和人为核心的企业管理系统，通常称之为 OA 系统。

为了确保流程实现有效固化，企业流程 OA 化需要把握以下几个原则：

（1）风险控制。在企业内部，可能存在很多的风险控制点，诸如授权不当、滥用职权、评审点设置不合理、人员变动等，那么在这种状况下，企业就需要思考将这些关键控制点在协同平台上进行固化，避免造成人为的失控。

（2）知识传承。企业内部还会经常面临这样的一些问题，诸如因为员工的离职或职位变动造成该岗位之前沉淀的一些知识和经验的丢失，员工大脑当中的优秀经验无法复制，

---

① 久次昌彦 . PLM 产品生命周期管理 [M]. 王思怡，译 . 北京：东方出版社，2017：205.

员工办公电脑当中的数据、文档无法进行汇总分析和传递等，企业要想解决类似这样的问题，可以思考将与这些知识相关的流程在协同平台上进行固化，然后通过协同平台协助企业实现知识传承的目的。

（3）效率提升。企业进行流程再造最终的目的就是提升流程效率，企业可以利用 OA 强大的审批功能压缩审批环节，确保新产品研发效率提升。

（4）系统集成。很多企业最难协同和解决的就是不同系统之间的集成问题，系统之间数据不兼容、数据不能共享，造成大量的人力浪费，同时也增加了数据分析的差错风险。在这种情况下，企业可以思考通过协同平台将这些数据进行统一整合，由协同平台统一到不同的系统中抓取数据，然后在协同平台统一生成报表系统和管理驾驶舱，方便领导查询和决策。

【案例 7-2】肯德科技集成研发 OA 流程规划表

具体内容见表 7-2。

表 7-2　肯德科技集成研发 OA 流程规划表（部分）

一级流程	二级流程	OA 流程
年度产品研发规划流程		年度产品研发规划评审流程
年度研发预算编制及控制流程		年度研发预算编制审批流程
		年度研发预算调整申请流程
		年度研发超预算及预算外项目报销申请流程
老品迭代项目管理流程		年度老品迭代计划审批流程
		年度老品迭代立项流程
		年度老品上市评审流程
新品研发项目管理流程		
	新品市场调研流程	新品市场调研计划审批流程
		新品市场调研计划实施流程
		新品市场调研报告审批及发布流程
	新产品定义流程	新产品定义审批流程
		新产品定义变更审批流程
	ID 设计及评审流程	ID 设计结果审批流程
		ID 设计需求变更审批流程
	结构设计流程	结构设计结果审批流程
		结构设计需求变更审批流程
	软件开发流程	软件开发结果审批流程
		软件开发需求变更审批流程
	硬件开发流程	硬件开发结果审批流程
		硬件开发需求变更审批流程

续上表

一级流程	二级流程	OA 流程
	UI 设计流程	UI 设计结果审批流程
		UI 设计需求变更审批流程
	包装开发流程	包装设计结果审批流程
		包装设计需求变更审批流程
	产品试产流程	产品第一次试产计划评审流程
		产品第二次试产计划评审流程
		产品中批计划评审流程
产品线上上市流程		产品线上上市策划方案审批流程
产品线下上市流程		产品线下上市策划方案审批流程
产品生命周期管理流程		
	产品退市管理流程	产品退市方案评审流程
		产品生命周期盈利能力分析流程
知识产权管理流程		产品知识产权策划审批流程

第三篇
集成研发业务
流程再造实践篇

　　一切以用户价值为依归，将社会责任融入产品及服务之中；推动科技创新与文化传承，助力各行各业升级，促进社会的可持续发展。

——腾讯

　　全世界的企业都在参与一场前所未有的新产品战，而且战场遍及全世界的每个角落，战争的最终结局是那些在新产品上取得成功的企业，必将获得持续的竞争优势，从而获得客户，获得市场。

——罗伯特·G.库珀

　　传统企业以单一功能或组合功能交付的产品模式在互联网时代受到了巨大的挑战，在互联网时代企业一定要按照简约化、极致化和一体化进行优化和升级自己的产品，同时必须将以我为中心的产品开发模式升级为以消费者需求为中心的产品开发模式，洞察消费者核心需求。

——本书作者

　　不论时代如何变化，产品为王的定律始终不会被改变。

——本书作者

第八章
工业品集成研发业务流程再造

工业品是购买后用于加工生产或企业经营用的产品，工业品的消费者基本都是企业客户，企业购买工业品的目的是投入再生产过程中。因此，工业品的消费具有以下特性：企业客户消费、供方与购方双方合作关系紧密、目标客户群体相对比较明确、购买者数量少但购买量比较大。

工业品可以分为工业材料或部件、资本性项目、供应品和服务等，其中：

（1）工业材料或部件是指直接用于生产过程，其价值全部转移到最终产品的物品，包括原材料及半成品、部件等。

（2）资本性项目是指用于辅助生产，其实体不形成最终产品，而是为生产提供间接帮助，其价值通过折旧、摊销的方式部分转移到最终产品，包括直接设备、附属设备等。

（3）供应品和服务是指不形成最终产品，价值较低、消耗较快的物品。

本章以【案例3-4】、【案例3-10】、【案例3-14】的工业材料为例，重点介绍工业品集成研发核心业务流程全过程。

一、年度产品研发规划流程

年度产品研发规划流程的输入为公司产品战略及年度新目标，输出为年度产品规划，增值方式为明确产品研发方向与目标。图8-1、表8-1至表8-3为年度产品研发规划全过程。

1. 流程图

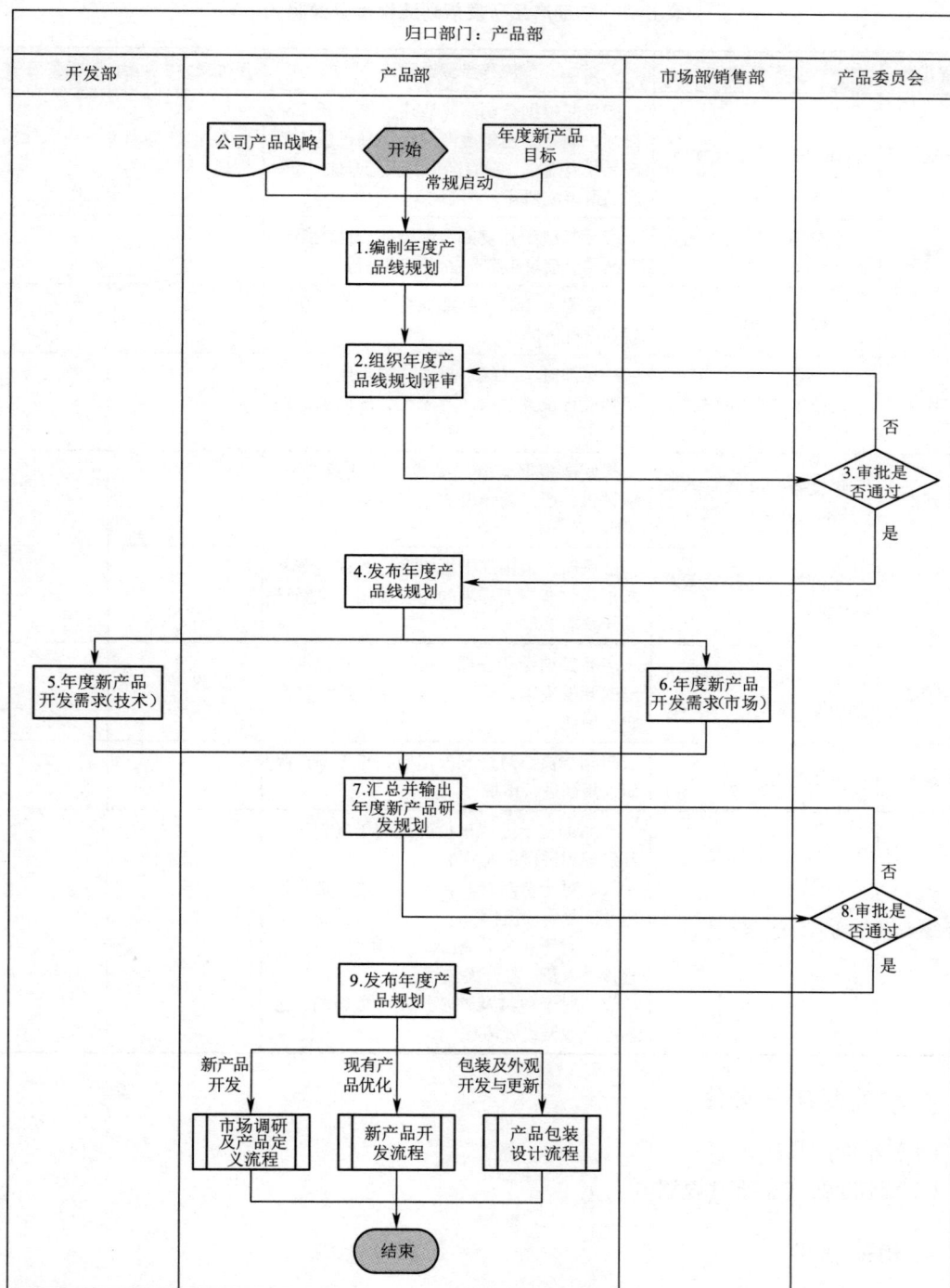

图 8-1 年度产品研发规划流程图

2. 流程步骤说明

表 8-1 年度产品研发规划流程步骤说明

流程步骤	步骤名称	流程步骤说明	相关文件 / 制度	相关表单
步骤 1	编制年度产品线规划	产品部根据公司产品战略及年度新产品目标，编制公司年度产品线规划，包括新产品开发需求、现有产品迭代与升级计划、产品退市规划等	年度产品线规划	
步骤 2	组织年度产品线规划评审	产品部组织开发部、市场部、销售部及产品委员会对年度产品线规划进行评审		
步骤 3	审批是否通过	产品委员会对产品部提交的年度产品线规划进行审批		
步骤 4	发布年度产品线规划	产品部对于已经审批通过的年度产品线规划进行正式发布，要求相关部门做好保密工作		
步骤 5	年度新产品开发需求（技术）	开发部根据年度产品线规划从新技术、新材料、新工艺角度提出年度新产品开发需求		
步骤 6	年度新产品开发需求（市场）	市场部、销售部根据年度产品线规划从新市场、客户新需求的角度提出年度新产品开发需求		
步骤 7	汇总并输出年度新产品研发规划	产品部结合开发部、市场部、销售部提出的开发需求，汇总形成公司年度新产品研发规划	年度新产品研发规划	
步骤 8	审批是否通过	产品委员会对产品部提交的年度新产品研发规划进行审批		
步骤 9	发布年度产品规划	产品部对于已经审批通过的年度新产品开发规划进行正式发布： （1）对于全新产品开发的，进入市场调研及产品定义流程 （2）对于现有产品迭代与升级计划的，直接进入新产品开发流程 （3）对于包装及外观开发与更新的，进入产品包装设计流程		

3. 相关制度与文件

（1）年度产品线规划。

（2）年度新产品研发规划。

4. 相关表单

无。

5.流程授权表

表 8-2 年度产品研发规划流程授权表

流程步骤	流程业务授权内容	提报	审核	二级审核	审批	知会
步骤 3	年度产品线规划	产品经理	产品部负责人		产品委员会	开发部、市场部、销售部
步骤 8	年度新产品研发规划	产品经理	产品部负责人		产品委员会	开发部、市场部、销售部

6.流程风险点

表 8-3 年度产品研发规划流程风险点

流程步骤	风险描述	控制类型	控制方式	控制频率	控制文档	相关部门
步骤 1 至步骤 3	（1）年度产品线规划不全或不准确，导致产品战略无法落地执行（2）年度产品线规划时间滞后，导致年度新品不能按时上市，影响企业年度经营业绩（3）年度产品线规划不准确、评审把关不严，造成研发资源浪费	预防型	人工	年度	年度产品线规划	产品部
步骤 5 至步骤 9	（1）年度新产品规划方向不准确，导致开发失败、开发成本增加、开发周期延长、上市时间延迟	预防型	人工	年度	年度产品开发规划报告	产品部、产品委员会
	（2）年度产品规划信息泄密	发现型	人工	随时	档案管理制度	产品部、文控中心

二、市场调研与新产品定义流程

市场调研与新产品定义流程的输入为年度新产品研发规划，输出为产品定义书，增值方式为充分理解市场、准确定义产品。图 8-2、表 8-4 至表 8-6 为市场调研与新产品定义流程全过程。

1. 流程图

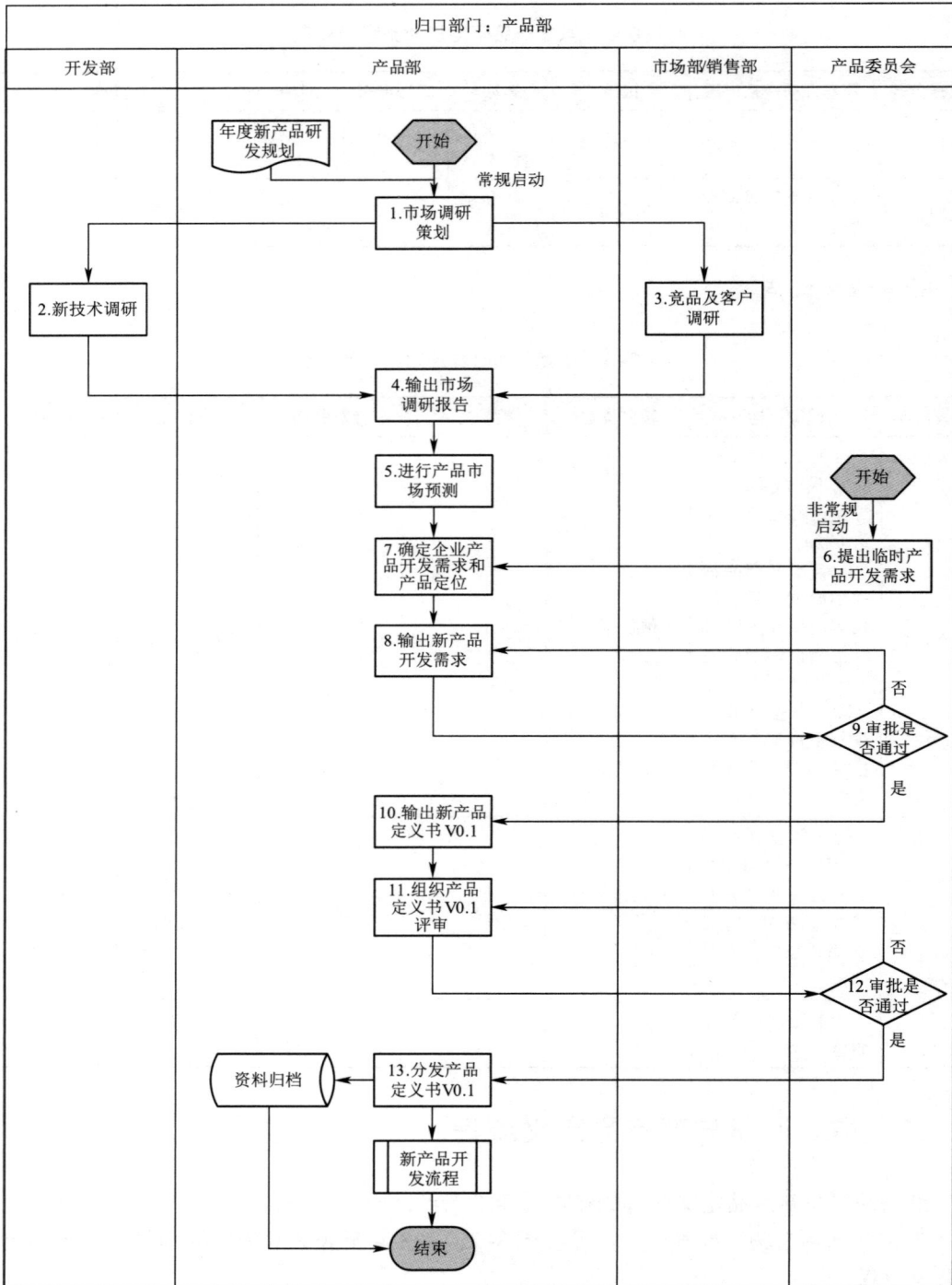

图 8-2　市场调研及新产品定义流程图

2. 流程步骤说明

表 8-4　市场调研及新产品定义流程步骤说明

流程步骤	步骤名称	流程步骤说明	相关文件/制度	相关表单
步骤 1	市场调研策划	产品部根据产品委员会审批通过的年度新产品研发规划，进行新产品调研策划，包括调研方式、调研对象、调研范围、时间安排等	年度新产品研发规划	
步骤 2	新技术调研	开发部负责新技术、新材料、新工艺调研		
步骤 3	竞品及客户调研	（1）市场部负责竞品市场调研，包括市场区域、竞争品牌、竞争产品、竞争手段等 （2）销售部负责现有及潜在客户市场调研，包括客户新需求、客户痛点、购买方式、价格承受力等		
步骤 4	输出市场调研报告	产品部根据开发部、市场部、销售部提供的相关调研信息，输出公司年度市场分析报告	市场分析报告	
步骤 5	进行产品市场预测	产品部根据市场分析报告对拟规划的产品进行市场预测，包括目标市场、目标客户、市场容量、市场占有率等		
步骤 6	提出临时产品开发需求	产品委员会根据经营需要提出临时性产品开发需求		产品开发需求表
步骤 7	确定企业产品研发需求和产品定位	产品部根据市场调研结果及产品委员会提出的临时性产品开发需求，明确公司产品开发需求及定位		
步骤 8	输出新产品开发需求	产品部输出书面的新产品开发需求		
步骤 9	审批是否通过	产品委员会对产品部提出的新产品开发需求进行审批		
步骤 10	输出新产品定义书 V0.1	经产品委员会审批同意之后，产品部输出产品定义书 V1.0，包括产品名称、型号、特点、目标客户、目标市场、目标成本、目标销量等		产品定义书
步骤 11	组织新产品定义书 V0.1 评审	产品部组织相关部门进行产品定义评审： （1）开发部参与技术可行性评审 （2）生产部负责可生产性评审 （3）市场部、销售部负责产品概念评审 （4）财务部负责产品盈利能力评审		
步骤 12	审批是否通过	产品委员会负责对产品部提交的产品定义书 V1.0 进行评审。如评审通过则直接进入步骤 13；评审不通过则进入步骤 11		
步骤 13	分发产品定义书 V0.1	（1）根据需要，产品部负责产品定义书 V0.1 的宣导和分发 （2）产品部负责做好新产品相关文件归档工作		

3. 相关制度与文件

（1）年度新产品研发规划。

（2）市场分析报告。

4. 相关表单

（1）产品开发需求表。

（2）产品定义书。

5. 流程授权表

表 8-5　市场调研及新产品定义流程授权表

流程步骤	流程业务授权内容	提　报	审　核	二级审核	审　批	知　会
步骤 9	新产品开发需求	产品部	产品部负责人		经营委员会	开发部、生产部、采购部
步骤 12	产品定义书 V1.0	产品部	产品部负责人		经营委员会	开发部、生产部、采购部、财务部

6. 流程风险点

表 8-6　市场调研及新产品定义流程风险点

流程步骤	风险描述	控制类型	控制方式	控制频率	控制文档	相关部门
步骤 1 至步骤 4	市场调研渠道不完善、调研方法不对，导致调研报告可信度降低，误导产品定义	预防型	人工	年度	市场分析报告	开发部、市场部、销售部
步骤 11 至步骤 13	（1）产品定义不准确，造成研发资源浪费（2）产品定义信息泄露	发现型	人工	随时	新产品定义书	开发部、销售部、产品委员会

三、新产品开发流程

新产品开发流程的输入为产品定义书，输出为产品研发资料，增值方式为提升产品开发成功率。图 8-3、表 8-7 至表 8-9 为新产品开发流程全过程。

1. 流程图

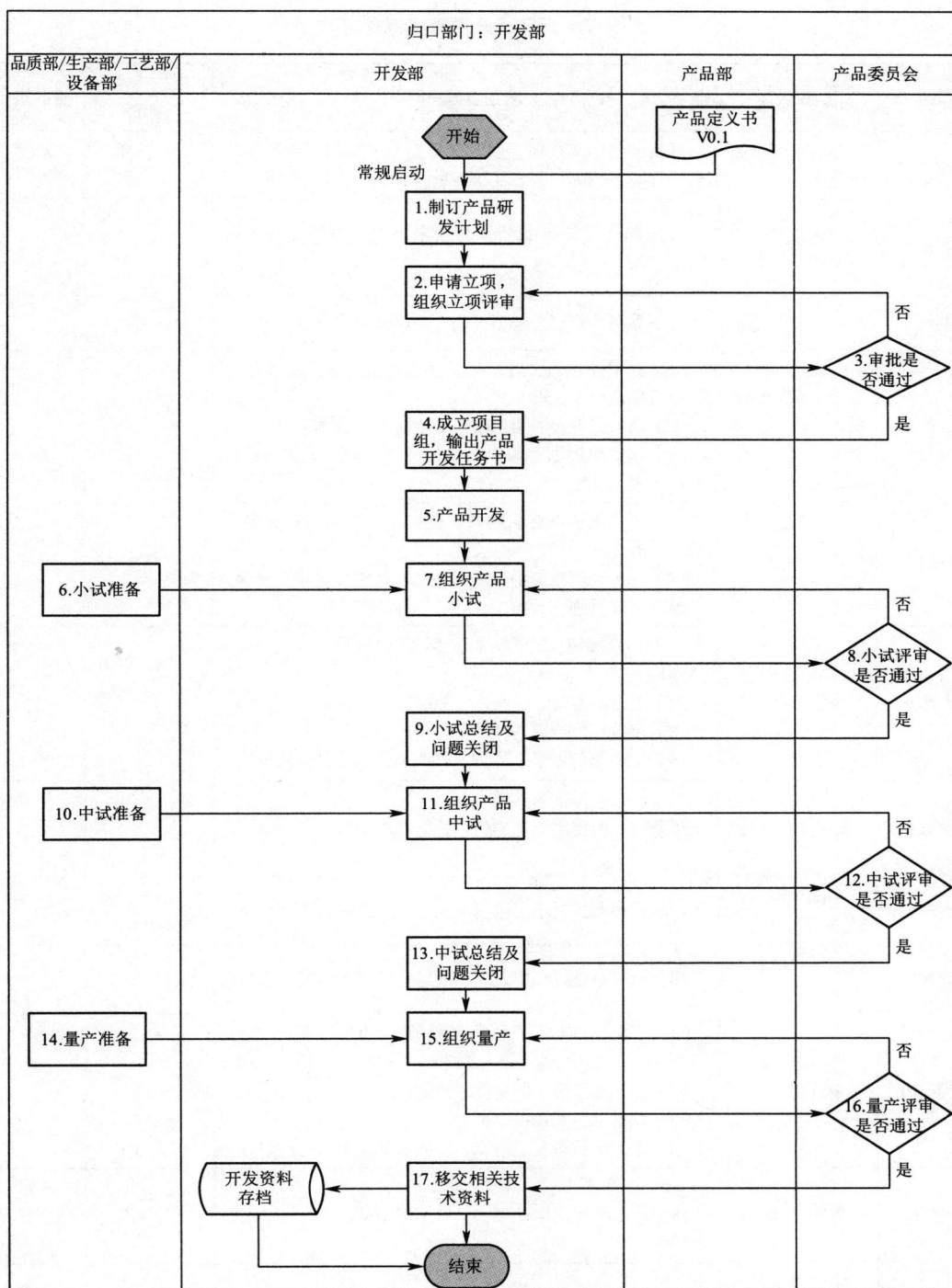

图 8-3　新产品开发流程图

2. 流程步骤说明

表 8-7　新产品开发流程步骤说明

流程步骤	步骤名称	流程步骤说明	相关文件 / 制度	相关表单
步骤 1	制订产品研发计划	开发部根据审批通过后的产品定义书 V0.1，编制产品开发计划，明确责任方及研发里程碑		新产品开发计划
步骤 2	申请立项，组织立项评审	开发部提出新产品开发立项申请，并组织立项评审会议		新产品开发立项申请
步骤 3	审批是否通过	产品委员会对开发部提出的立项申请进行审批		
步骤 4	成立项目组，输出产品开发任务书	（1）立项评审通过后，开发部负责组建新产品开发项目组，任命项目经理 （2）项目经理组织项目组成员细化项目计划 （3）项目组根据立项申请及产品定义书，编制产品开发任务书	产品开发任务书	
步骤 5	产品开发	（1）项目组根据各自的研发任务在计划期内完成各自研发任务 （2）项目经理每周组织项目例会，及时发现研发异常，并提出处理措施	项目周例会纪要	
步骤 6	小试准备	（1）品质部准备产品质量标准（V0.1）、检验方法（V0.1） （2）工艺部准备工艺文件（V0.1） （3）设备部负责设备调试 （4）生产部负责员工培训、产线准备、小试物料申领	产品质量标准、产品检验方法、产品工艺文件	
步骤 7	组织产品小试	研发项目组提出小试申请，并组织小试		产品试产 / 量产申请
步骤 8	小试评审是否通过	产品委员会根据项目组提交的小试总结进行小试评审	试产 / 量产总结	
步骤 9	小试总结及问题关闭	项目组对小试过程中发现的问题需要提出改善对策		
步骤 10	中试准备	（1）品质部准备产品质量标准（V0.2）、检验方法（V0.2） （2）工艺部准备工艺文件（V0.2） （3）设备部负责设备调试 （4）生产部负责员工培训、产线准备、中试物料申领		
步骤 11	组织产品中试	研发项目组提出中试申请，并组织中试	试产 / 量产总结	产品试产 / 量产申请
步骤 12	中试评审是否通过	产品委员会根据项目组提交的中试总结进行中试评审		

续上表

流程步骤	步骤名称	流程步骤说明	相关文件／制度	相关表单
步骤 13	中试总结及问题关闭	项目组对中试过程中发现的问题提出改善对策		
步骤 14	量产准备	（1）品质部准备产品质量标准（V1.0）、检验方法（V1.0） （2）工艺部准备工艺文件（V1.0） （3）设备部负责设备调试 （4）生产部负责员工培训、产线准备、量产物料申领		
步骤 15	组织量产	研发项目组提出量产申请，并组织量产	试产／量产总结	产品试产／量产申请
步骤 16	量产评审是否通过	产品委员会根据项目组提交的量产总结进行量产评审		
步骤 17	移交相关技术资料	量产评估结束后，开发部负责将相关技术资料移交公司文控中心归档	技术资料清单	

3. 相关制度与文件

（1）产品开发任务书。
（2）项目周例会纪要。
（3）产品质量标准。
（4）产品检验方法。
（5）产品工艺文件。
（6）试产／量产总结。
（7）技术资料清单。

4. 相关表单

（1）新产品开发计划。
（2）新产品开发立项申请。
（3）产品试产／量产申请。

5. 流程授权表

表 8-8　新产品开发流程授权表

流程步骤	流程业务授权内容	提报	审核	二级审核	审批	知会
步骤 3	新产品立项申请	开发部	产品部		产品委员会	品质部、生产部、工艺部、设备部

流程步骤	流程业务授权内容	提报	审核	二级审核	审批	知会
步骤 8	小试报告审批	开发部	产品部		产品委员会	品质部、生产部、工艺部、设备部
步骤 12	中试报告审批	开发部	产品部		产品委员会	品质部、生产部、工艺部、设备部
步骤 16	量产报告审批	开发部	产品部		产品委员会	品质部、生产部、工艺部、设备部

6. 流程风险点

表 8-9　新产品开发流程风险点

流程步骤	风险描述	控制类型	控制方式	控制频率	控制文档	相关部门
步骤 2	产品立项评审把关不严，造成研发资源浪费	发现型	人工	随时	项目开发立项申请	开发部、产品部
步骤 5	（1）项目开发计划把控不严，造成项目未按计划执行	发现型	系统	随时	新产品开发计划	开发部
	（2）项目开发过程质量把控不严，导致新产品质量稳定性波动大	发现型	人工	随时	试产质量检验记录	开发部
步骤 7 至步骤 15	（1）新产品试产验证不充分，项目带病运转（2）小试、中试过程中发现的问题未能及时关闭，导致产品在量产时问题持续放大	发现型	人工	随时	产品试产/量产申请、试产质量检验记录	开发部、品质部
步骤 17	新产品开发资料归档不及时，造成研发过程丢失或者泄密	预防型	系统	按项目	技术资料清单	各部门

四、产品包装设计流程

产品包装设计流程的输入为产品定义书，输出为包装开发资料，增值方式为提升产品包装开发成功率。图 8-4、表 8-10 至表 8-12 为产品包装设计流程全过程。

1. 流程图

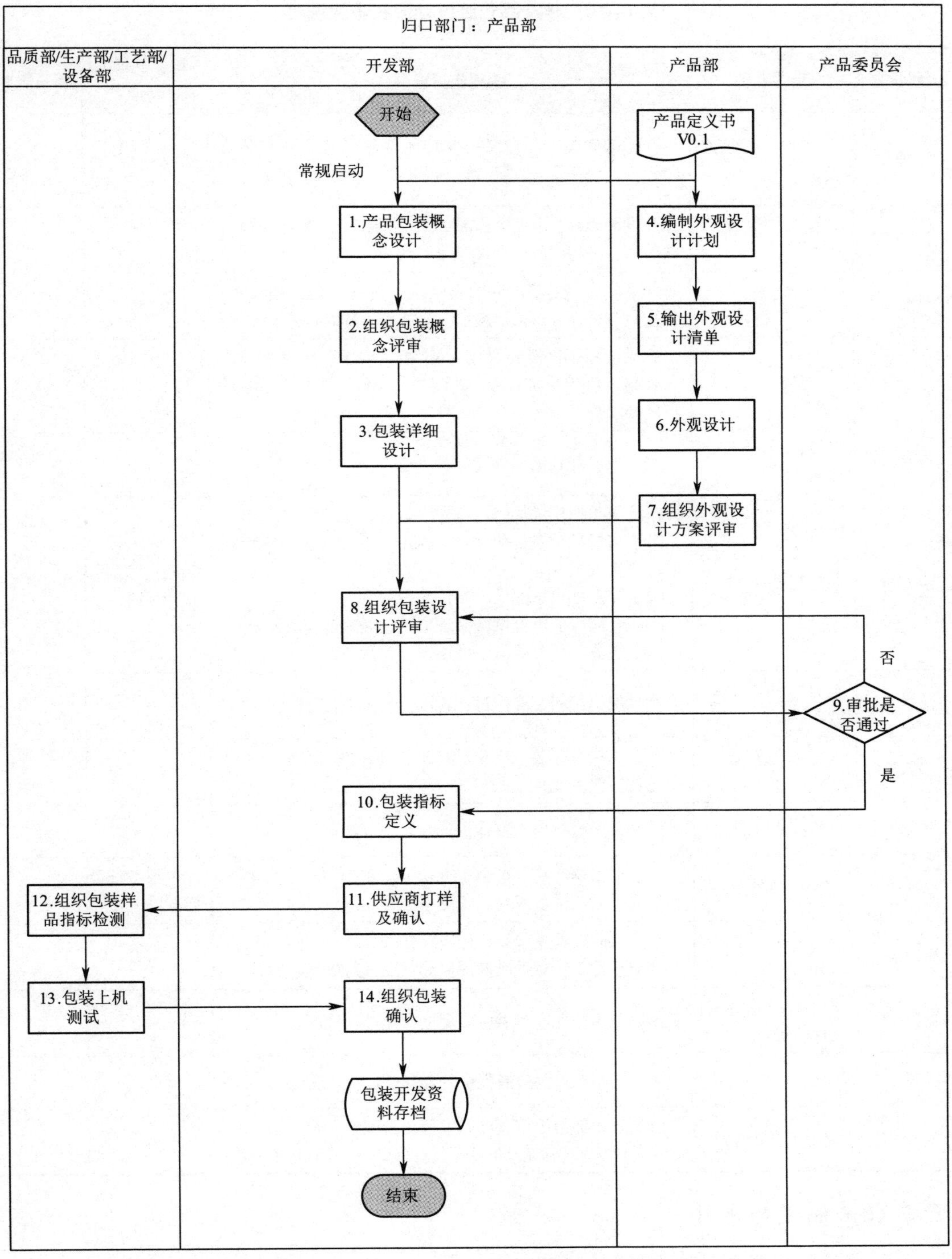

图 8-4　年产品包装设计流程图

2. 流程步骤说明

表 8-10　年产品包装设计流程步骤说明

流程步骤	步骤名称	流程步骤说明	相关文件／制度	相关表单
步骤 1	产品包装概念设计	开发部根据产品定义书 V0.1 相关要求，负责包装概念设计，包括尺寸、规则、包装材质、目标成本等	产品包装概念设计文件	
步骤 2	组织包装概念评审	开发部组织产品部、品质部、生产部、工艺部、设备部等部门进行产品包装概念设计评审		
步骤 3	包装详细设计	开发部在包装概念设计基础上，进行包装详细设计，包括包装可靠性、美观度、封装方式、BOM 成本等		
步骤 4	编制外观设计计划	产品部根据产品定义书 V0.1 相关要求，编制外观设计计划，包括外观图案、外观文字、引用法规、运输及存放要求等		
步骤 5	输出外观设计清单	产品部按计划输出外观设计清单		外观设计清单
步骤 6	外观设计	产品部组织相关部门进行外观设计： （1）市场部负责提供公司 LOGO、产品名称、宣传画面、代言人图片等 （2）开发部负责提供产品技术参数 （3）仓储部负责提供产品条形码、运输及存放要求等 （4）法务部负责提供引用法规、免责条款等	产品包装设计报告	
步骤 7	组织外观设计方案评审	产品部组织相关部门对外观设计方案进行评审		
步骤 8	组织包装设计评审	开发部结合包装细化设计结果、外观设计方案，形成产品包装整体设计方案		
步骤 9	审批是否通过	产品委员会对包装整体设计方案进行评审		
步骤 10	外包装指标定义	开发部根据产品委员会审批意见，输出产品包装指标，如规格、耐用性、成本、检测指标等	包装测试标准	
步骤 11	供应商打样及确认	（1）供应商根据包装指标进行打样 （2）开发部针对供应商提供的样品进行确认与封样		
步骤 12	组织包装样品指标检测	品质部根据标准对供应商提供样品进行检测		
步骤 13	包装上机测试	生产部组织对供应商提供的样品进行上机测试		
步骤 14	组织包装确认	（1）开发部组织相关部门进行包装确认 （2）开发部将包装开发相关资料移交公司文控中心归档		

3. 相关制度与文件

（1）产品包装概念设计文件。

（2）产品包装设计报告。

（3）包装测试标准。

4. 相关表单

外观设计清单。

5. 流程授权表

表 8–11　年产品包装设计流程授权表

流程步骤	流程业务授权内容	提 报	审 核	二级审核	审 批	知 会
步骤 9	包装设计评审	开发部	产品部		产品委员会	品质部、生产部、工艺部、设备部、法务部

6. 流程风险点

表 8–12　年产品包装设计流程风险点

流程步骤	风险描述	控制类型	控制方式	控制频率	控制文档	相关部门
步骤 1 至步骤 3	产品包装概念设计、详细设计评审把关不严，最终造成因包装引起的品质问题	发现型	人工	随时	产品包装概念设计文件	开发部
步骤 4 至步骤 6	外观图案、文字信息审核把关不严，导致法律纠纷	预防型	人工	随时	外观设计清单	产品部
步骤 10 至步骤 13	包装产线验证不充分，影响生产效率及质量问题	预防型	人工	随时	包装检验报告	开发部、生产部、品质部

五、面向订单的产品开发流程

面向订单的产品开发流程的输入为客户需求，输出为面向订单的产品开发资料，增值方式为满足客户需求。图 8–5、表 8–13 至表 8–15 为面向订单的产品开发流程全过程。

1. 流程图

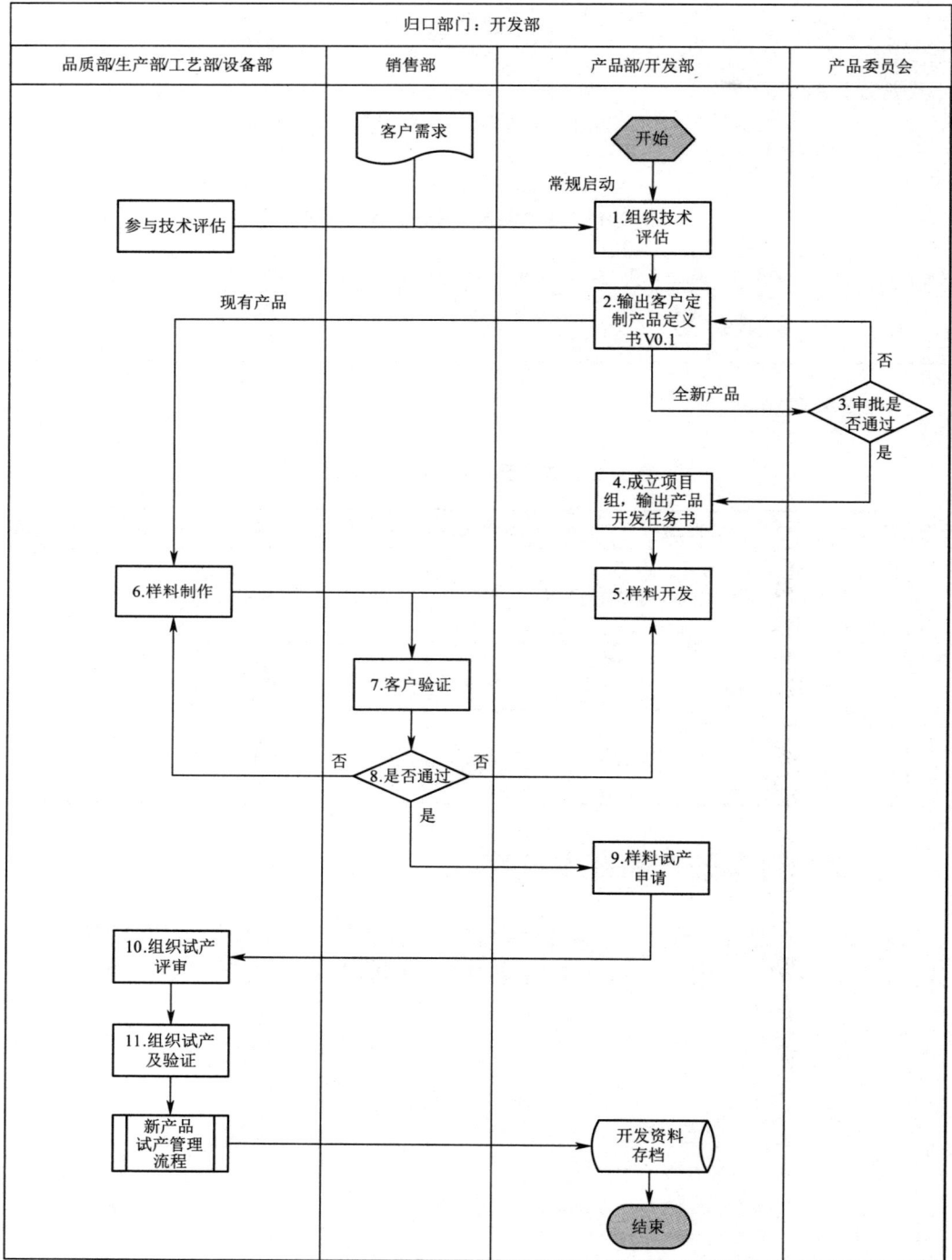

图 8-5　面向订单的产品开发流程图

2. 流程步骤说明

表 8-13　面向订单的产品开发流程步骤说明

流程步骤	步骤名称	流程步骤说明	相关文件/制度	相关表单
步骤 1	组织技术评估	（1）产品部根据客户需求提出面向订单的开发需求 （2）产品部组织相关部门进行技术评估		客户需求表
步骤 2	输出客户定制"产品定义书 V0.1"	根据评审结果，产品部输出产品定义书 V0.1		产品定义书
步骤 3	审批是否通过	产品委员会对产品部提出的产品定义书 V0.1 进行审批		
步骤 4	成立项目组，输出产品开发任务书	对于全新产品，开发部根据审批之后的产品定义书 V0.1 成立项目组，明确项目经理，并输出开发计划	产品开发任务书	
步骤 5	样料开发	开发部根据客户需求及产品定义书 V0.1 进行样料开发		
步骤 6	样料制作	对于现有产品，生产部组织样料制作		
步骤 7	客户验证	销售部将样料交由客户进行验证		
步骤 8	是否通过	（1）客户验证通过直接进入步骤 9 （2）客户验证未通过的，现有产品退回步骤 6，全新产品退回步骤 5		
步骤 9	样料试产申请	客户验证通过后开发部提出样料试产申请		产品试产/量产申请
步骤 10	组织试产评审	生产部组织相关部门进行试产评审		
步骤 11	组织试产及验证	（1）生产部按照新产品试产管理流程组织第一次试产、第二次试产 （2）相关部门准备试产所需资料及设备	试产/量产总结	

3. 相关制度与文件

（1）产品开发任务书。
（2）试产/量产总结。

4. 相关表单

（1）客户需求表。
（2）产品定义书。
（3）产品试产/量产申请。

5. 流程授权表

表 8-14　面向订单的产品开发流程授权表

流程步骤	流程业务授权内容	提报	审核	二级审核	审批	知会
步骤 3	客户定制产品定义书 V0.1	产品部			产品委员会	开发部、生产部、品质部、工艺部、设备部

6. 流程风险点

表 8-15　面向订单的产品开发流程风险点

流程步骤	风险描述	控制类型	控制方式	控制频率	控制文档	相关部门
步骤 1	客户需求把控不准，造成技术评审失效	发现型	人工	随时	客户需求表	产品部、销售部
步骤 4、步骤 5	产品开发过程把控不严，造成客户多次验证或客户验证不通过	预防型	人工	随时	产品定义书 V0.1	开发部
步骤 9 至步骤 11	试产验证不彻底，导致量产时品质问题被放大	预防型	人工	随时	试产报告	生产部、开发部、销售部

六、新产品试产流程

新产品试产流程的输入为新产品试产申请，输出为试产资料，增值方式为确保产品可生产性。图 8-6、表 8-16 至表 8-18 为新产品试产流程全过程。

1. 流程图

工艺部 /设备部	品质部	生产部 /计划部	开发部	产品委员会

归口部门　：开发部

开始

常规启动

1.提出新产品试产申请

2.审批是否通过　否 / 是

3.试产工单及设备、模具、工艺准备

6.试产品质控制方案

9.试产排程

10.试产物料领用

4.试产现场指导

7.试产品质控制监督

11.试产实施

5.提交可生产性报告

8.提交品质检测报告

12.提交试产报告

13.组织试产评审

14.是否量产　否 / 是

15.量产准备

16.输出工艺文件

17.输出品质标准

18.产线准备

试产资料存档

结束

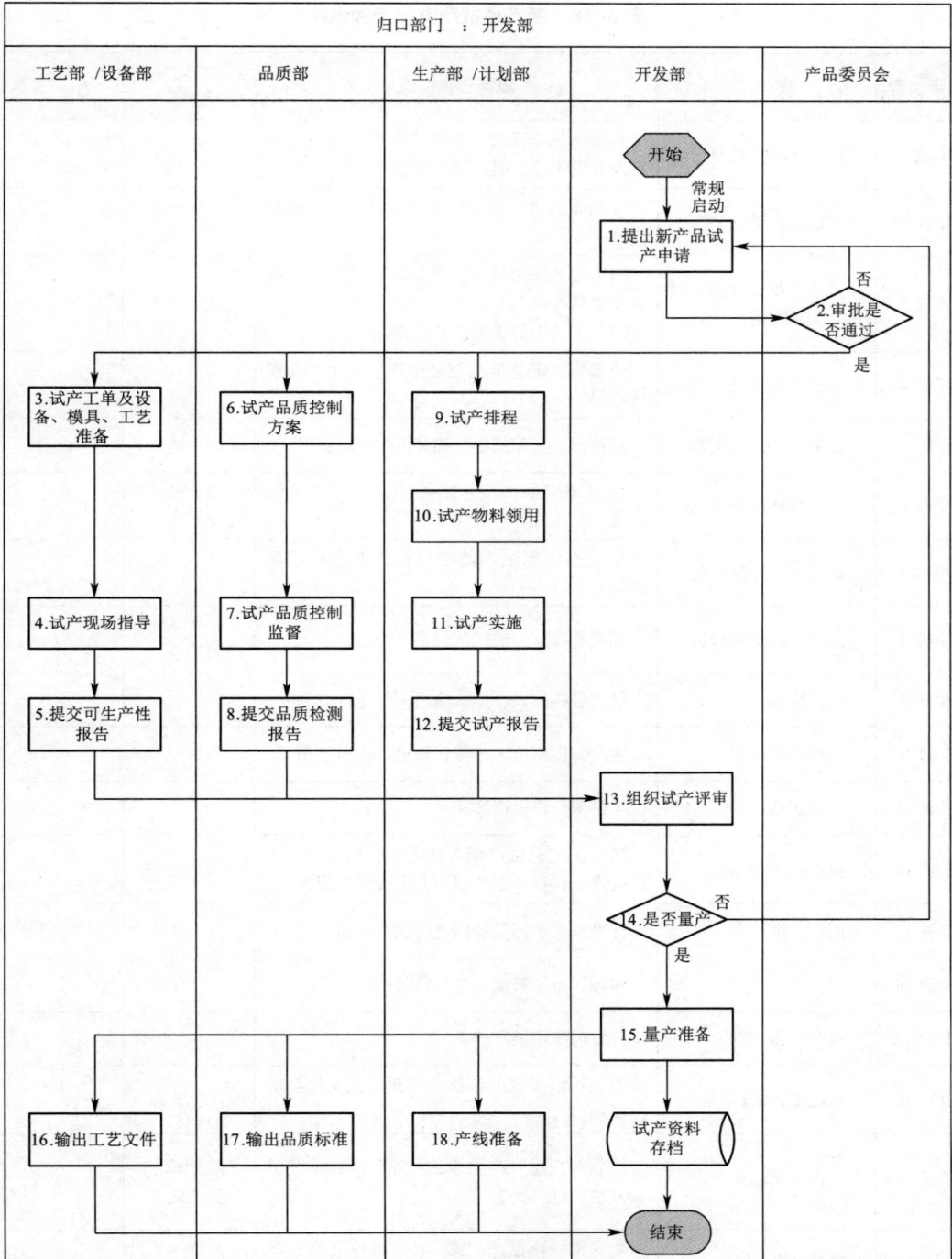

图 8-6　新产品试产流程图

2. 流程步骤说明

表 8-16　新产品试产流程步骤说明

流程步骤	步骤名称	流程步骤说明	相关文件 / 制度	相关表单
步骤 1	提出新产品试产申请	开发部根据面向订单的产品开发流程或新产品开发流程，提出新产品试产申请		产品试产 / 量产申请
步骤 2	审批是否通过	产品委员会对开发部提出的试产申请进行审批		
步骤 3	试产工单及设备、模具、工艺准备	（1）设备部根据试产申请需要进行生产设备及模具准备 （2）工艺部负责工艺文件准备	试产工单	
步骤 4	试产现场指导	设备部、工艺部根据试产需要负责作业现场指导		
步骤 5	提交可生产性报告	设备部、工艺部提交相关可生产性报告		
步骤 6	试产品质控制方案	品质部根据试产申请输出试产品质控制方案	试产品质控制方案	
步骤 7	试产品质控制监督	品质部根据试产需要负责作业现场品质指导		
步骤 8	提交品质检测报告	品质部提交品质检测报告	试产质量检验记录	
步骤 9	试产排程	计划部根据试产申请输出试产排程计划		
步骤 10	试产物料领用	生产部根据试产排程计划进行物料领用		
步骤 11	试产实施	生产部负责试产实施		
步骤 12	提交试产报告	生产部汇总试产相关数据，包括品质、生产效率、料耗、制造费用，生成试产报告	试产报告	
步骤 13	组织试产评审	开发部组织相关部门进行试产评审		试产评审单
步骤 14	是否量产	根据评审结果确定是否具备量产条件		
步骤 15	量产准备	开发部组织量产准备		
步骤 16	输出工艺文件	工艺部根据试产结果，更新工艺文件至量产状态	工艺文件	
步骤 17	输出品质标准	品质部根据试产结果，更新品质标准及检验方法至量产状态	品质标准、检验方法	
步骤 18	产线准备	生产部根据试产结果，将产线准备至量产状态		

3. 相关制度与文件

（1）试产工单。
（2）试产品质控制方案。
（3）试产质量检验记录。
（4）试产报告。
（5）工艺文件。
（6）品质标准。
（7）检验方法。

4. 相关表单

（1）产品试产 / 量产申请。
（2）试产评审单。

5. 流程授权表

表 8-17　新产品试产流程授权表

流程步骤	流程业务授权内容	提　报	审　核	二级审核	审　批	知　会
步骤3	新品试产申请	开发部			产品委员会	工艺部、设备部、品质部、生产部

6. 流程风险点

表 8-18　新产品试产流程风险点

流程步骤	风险描述	控制类型	控制方式	控制频率	控制文档	相关部门
步骤2至步骤15	新产品试产验证不充分，项目带病运转	发现型	人工	随时	产品试产/量产申请、试产质量检验记录	开发部、品质部
步骤3至步骤5	试产工艺及设备准备不充分，导致试产过程问题未被发现	发现型	人工	随时	工艺文件、试产报告	工艺部、设备部
步骤6至步骤8	试产品质控制措施失效，导致试产过程中品质验证不充分	发现型	人工	随时	试产品质控制方案、试产质量检验记录	开发部、品质部

七、产品生命周期管理流程

产品生命周期管理流程的输入为产品盈利状况分析，输出为产品全生命周期资料，增值方式为提升产品全生命周期运营能力。图 8-7、表 8-19 至表 8-21 为产品生命周期管理流程全过程。

1. 流程图

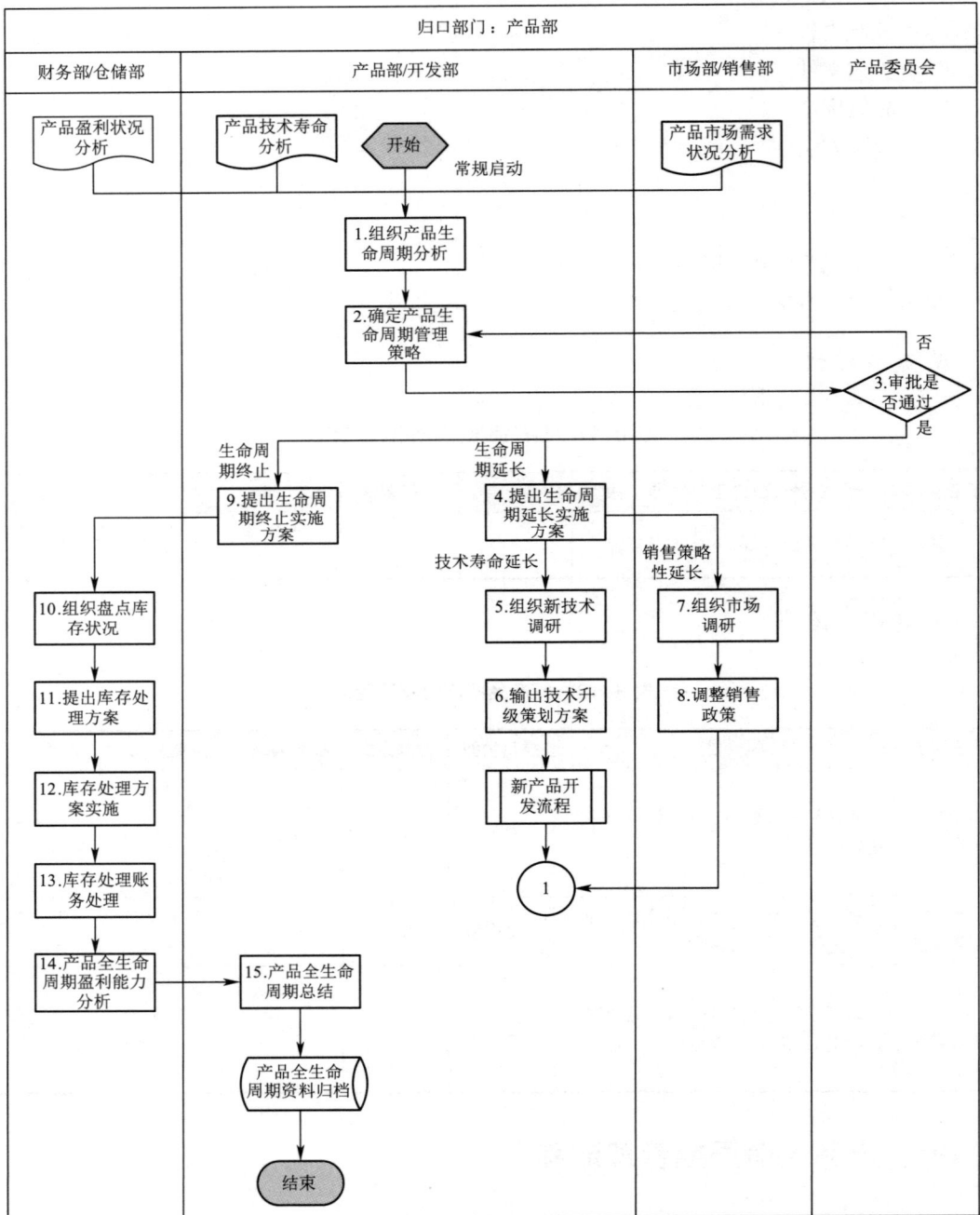

图 8-7　产品生命周期管理流程图

2. 流程步骤说明

表 8-19　产品生命周期管理流程步骤说明

流程步骤	步骤名称	流程步骤说明	相关文件/制度	相关表单
步骤 1	组织产品生命周期分析	产品部根据开发部提供的产品技术寿命分析报告、财务部提供的产品盈利状况分析报告及销售部提供的产品市场需求分析报告，定期进行产品生命周期分析	产品技术寿命分析报告、产品盈利状况分析报告、产品市场需求分析报告、产品生命周期分析报告	
步骤 2	确定产品生命周期管理策略	产品部根据产品生命周期分析结果提出产品生命周期管理策略，包括生命周期终止、生命周期延长		
步骤 3	审批是否通过	产品委员会对产品部提出的产品生命周期管理策略进行审批		
步骤 4	提出生命周期延长实施方案	对于需要延长生命周期的产品，产品部需要提出延长策略，策略分两类：技术寿命延长、销售策略性延长		
步骤 5	组织新技术调研	对于技术寿命延长的，由开发部负责组织技术调研		
步骤 6	输出技术升级策划方案	开发部提出技术升级策划方案，并进入新产品开发流程	新产品开发流程	
步骤 7	组织市场调研	对于销售策略性延长，由市场部、销售部组织市场调研		
步骤 8	调整销售政策	市场部、销售部进行相应销售政策调整方案		
步骤 9	提出生命周期终止实施方案	对于需要终止生命周期的，产品部需要提出终止实施方案		
步骤 10	组织盘点库存状况	仓储部组织库存盘点，包括原料、在制品、成品		库存盘点表
步骤 11	提出库存处理方案	仓储部组织采购部、生产部、销售部、产品部、技术部进行库存处理方案研讨，并提出库存处理方案		
步骤 12	库存处理方案实施	由各责任部门负责库存处理方案实施： （1）销售部负责成品处理 （2）生产部负责在制品处理 （3）仓储部负责在库原料处理 （4）采购部负责在途原料处理		
步骤 13	库存处理账务处理	财务部根据库存处理结果进行相应账务处理		

续上表

流程步骤	步骤名称	流程步骤说明	相关文件/制度	相关表单
步骤 14	产品全生命周期盈利能力分析	财务部进行产品全生命周期盈利能力分析，包括销量、毛利、净利、TOP10 客户贡献、获利能力曲线等	产品全生命周期盈利能力分析报告	
步骤 15	产品全生命周期总结	产品部进行产品全生命周期总结，包括盈利能力、生命周期、销量等		

3. 相关制度与文件

（1）产品技术寿命分析报告。

（2）产品盈利状况分析报告。

（3）产品市场需求分析报告。

（4）产品生命周期分析报告。

（5）新产品开发流程。

（6）产品全生命周期盈利能力分析报告。

4. 相关表单

库存盘点表。

5. 流程授权表

表 8-20　产品生命周期管理流程授权表

流程步骤	流程业务授权内容	提报	审核	二级审核	审批	知会
步骤 3	产品生命周期管理策略	产品部	产品部负责人		产品委员会	开发部、市场部、销售部、财务部

6. 流程风险点

表 8-21　产品生命周期管理流程风险点

流程步骤	风险描述	控制类型	控制方式	控制频率	控制文档	相关部门
步骤 1、步骤 2	缺乏产品生命周期分析，不清楚盈利状况，影响经营业绩	预防型	人工	每月	产品生命周期分析报告	产品部、财务部、市场部、销售部
步骤 9	产品退市方案实施不力，造成库存积压，形成利润黑洞	预防型	人工	每月	产品生命周期分析报告	产品部
步骤 14、步骤 15	产品全生命周期盈利未做全面分析，导致公司产品运营能力始终处于低水平状态	预防型	人工	定期	产品全生命周期盈利能力分析报告	财务部、产品部、开发部、销售部、市场部、产品委员会

第九章
消费品集成研发业务流程再造

消费品是用来满足人们物质和文化生活需要的社会产品，也可以称作"消费资料"或者"生活资料"。

消费品根据使用寿命的长短可分为快消品、耐用品，其中：

（1）快消品又称快速消费品，是指那些使用寿命比较短、消费速度快的产品。我们熟悉的包装食品、个人卫生用品、家庭护理产品、烟草、酒类及饮料等大都属于快消品范畴，这类产品主要依靠消费者高频次、重复的使用与消耗，通过规模的市场量获得利润和价值的实现。

（2）耐用品指能够多次使用、寿命较长的商品，如电视机、电冰箱、音响、电脑等，消费者购买这类产品时，决策较为慎重。生产这类商品的企业，要注重技术创新，提高产品质量，同时要做好售后服务，满足消费者的购后需求。

不论是快消品，还是耐用品，其目标客户都是终端消费者，这类产品具有流通渠道广，客户可选择性大，消费者对产品外观、包装、性能等关注度高，客户选择的随机性比较大等特征。

本章就以【案例3-8】、【案例3-12】、【案例3-16】快消品为例，重点介绍消费品研发业务流程再造的全过程。

一、年度产品开发规划与预算管理流程

年度产品开发规划与预算管理流程的输入为年度经营计划、中长期产品规划、基础研究总结报告以及临时研发需求，输出为年度研发预算、年度新品上市计划、月度产品开发总结报告，增值方式为提升新品开发计划性、提升开发成熟度。图9-1、表9-1至表9-3为年度产品开发规划与预算管理流程全过程。

1. 流程图

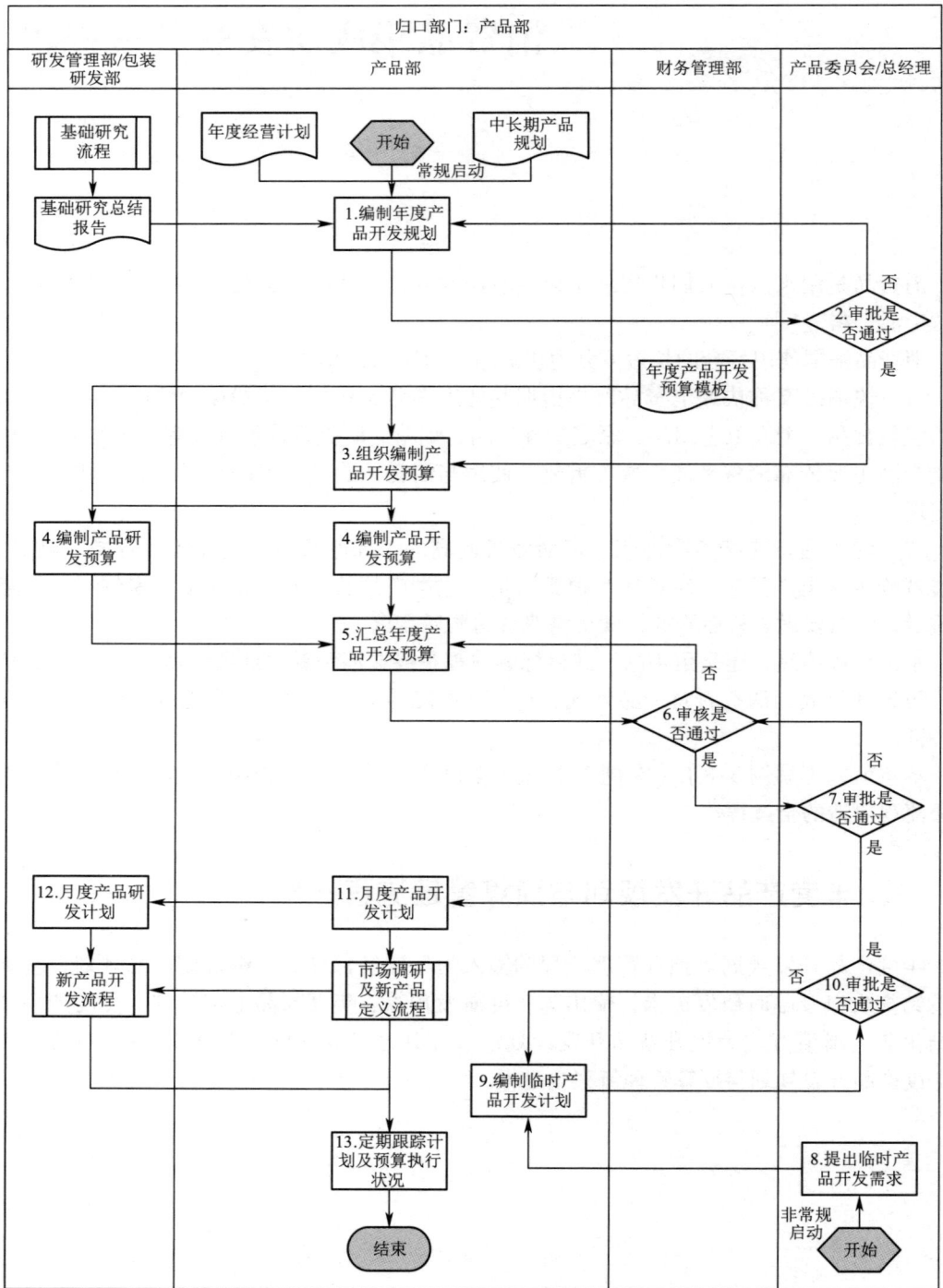

图 9-1　年度产品开发规划与预算管理流程图

2. 流程步骤说明

表 9-1　年度产品开发规划与预算管理流程步骤说明

流程步骤	步骤名称	流程步骤说明	相关文件 / 制度	相关表单
步骤 1	编制年度产品开发规划（新品开发、老品迭代）	产品部根据公司年度经营计划、中长期产品规划、基础研究总结报告编制年度产品开发规划报告	年度经营计划、中长期产品规划、基础研究总结报告	年度产品开发规划报告
步骤 2	审批	产品部将编制的年度产品开发规划报告提交产品委员会 / 总经理审批，审批通过进入步骤 3，审批不通过返回步骤 1		
步骤 3	组织编制产品开发预算	产品部根据年度产品开发规划报告、年度产品开发预算模板，组织研发管理部及包装研发部共同编制产品开发预算		年度产品开发预算模板
步骤 4	编制产品研发预算	（1）研发管理部及包装研发部编制产品研发预算，预算包含内容物、包装开发、人工等其他费用 （2）产品部编制产品开发预算，不含研发预算，包含打样费、样品费、包装设计费用等		年度产品开发预算表
步骤 5	汇总年度产品开发预算	产品部将研发管理部及包装研发部编制的产品研发预算及产品部编制的产品开发预算汇总，形成公司的年度产品开发预算		年度产品开发预算表
步骤 6	审核是否通过	将汇总的年度产品开发预算表递交财务管理部审核		
步骤 7	审批是否通过	财务管理部审核通过后递交产品委员会 / 总经理审批		
步骤 8	提出临时产品开发需求	由产品委员会提出临时产品开发需求		
步骤 9	编制临时产品开发计划	由产品部安排编制临时产品开发计划递交审批		临时产品开发计划表
步骤 10	审批是否通过	将编制的临时产品开发计划表提交产品委员会 / 总经理审批，审批通过后，进入步骤 11		
步骤 11	月度产品开发计划（新品开发、产品迭代与升级）	根据年度产品开发规划报告、年度产品开发预算、临时产品开发计划表制定月度产品开发计划（新品开发、产品迭代与升级），明确开发项目、负责人、成员、时间进度、开发目标、资源需求等，进入市场调研与新产品定义流程	市场调研与新产品定义流程	月度产品开发计划表
步骤 12	月度产品研发计划	研发管理部及包装研发部根据产品部的月度产品开发计划表制定月度产品研发计划，明确开发项目、负责人、成员、时间进度、开发目标、资源需求等，进入新产品开发流程	新产品开发流程	月度产品研发计划表

流程步骤	步骤名称	流程步骤说明	相关文件／制度	相关表单
步骤 13	定期跟踪计划及预算执行状况	产品部定期跟踪年度及月度产品开发计划及预算执行状况，根据需要调整产品开发计划并合理分配预算，每月组织产品月会，对当月的产品开发情况进行总结		月度产品开发总结报告

3. 相关制度与文件

（1）年度经营计划。
（2）中长期产品规划。
（3）基础研究总结报告。
（4）市场调研与新产品定义流程。
（5）新产品开发流程。

4. 相关表单

（1）年度产品开发规划报告。
（2）年度产品开发预算模板。
（3）年度产品开发预算表。
（4）临时产品开发计划表。
（5）月度产品开发计划表。
（6）月度产品研发计划表。
（7）月度产品开发总结报告。

5. 流程授权表规划

表 9-2　年度产品开发与预算管理流程授权表

流程步骤	流程业务授权内容	提报	审核	二级审核	审批	知会
步骤1、步骤2	年度产品开发规划报告	产品部	副总经理（产品中心）		产品委员会／总经理	研发管理部、包装研发部、产品研发部、生产管理部、营销中心
步骤5至步骤7	年度产品开发预算表	产品部	副总经理（产品中心）	财务管理部	产品委员会／总经理	研发管理部、包装研发部、产品研发部、财务管理部
步骤9、步骤10	临时产品开发计划表	产品部	副总经理（产品中心）		产品委员会／总经理	研发管理部、包装研发部、产品研发部、生产管理部、销售部

6. 流程风险点

表 9-3　年度产品开发规划与预算管理流程风险点

流程步骤	风险描述	控制类型	控制方式	控制频率	控制文档	相关部门
步骤1、步骤2	产品开发规划方向偏差，导致开发失败、开发成本增加、开发周期延长、上市时间延迟	预防型	人工	年度	年度产品开发规划报告、月度产品开发计划表	产品部、产品委员会/总经理
步骤3、步骤4	产品开发预算分配不合理，造成研发资源浪费/紧缺/超支等	发现型	人工	随时	年度产品开发预算表	产品部、财务管理部
步骤1至步骤13	年度产品开发规划、月度产品开发计划泄露	发现型	人工	随时	档案管理制度	产品部、研发管理部、包装研发部、产品研发部、生产管理部、销售部

二、市场调研与新产品定义流程

市场调研与新产品定义流程的输入为年度产品开发规划报告、月度产品开发计划，输出为产品定义书，增值方式为提升产品定义准确性、控制新品开发风险。图 9-2、表 9-4 至表 9-6 为市场调研与新产品定义流程全过程。

1. 流程图

归口部门：产品部				
研发管理部/包装研发部/产品研发部	产品部	销售部	副总经理（产品中心）	产品委员会/总经理

年度产品开发规划报告

开始

常规启动

1.编制调研方案

2.审批是否通过 — 否

3.新产品调研方案说明 — 是

4.新产品技术研究

4.新产品市场调研

4.区域/渠道产品市场调研

5.编制新产品调研报告

6.确定新产品开发方向 — 否

7.审批是否通过 — 是

8.新产品定义书V0.1

9.组织新产品定义书及可行性评审

10.输出新产品定义书V1.0

新产品开发流程

11.新产品定义书V1.0发布

12.是否新产品定义变更 — 否

13.审核是否通过 — 否

14.审批是否通过 — 否

⑪

新产品定义书归档

16.按照新产品定义书V1.X执行

15.新产品定义书V1.X发布

产品上市管理流程

结束

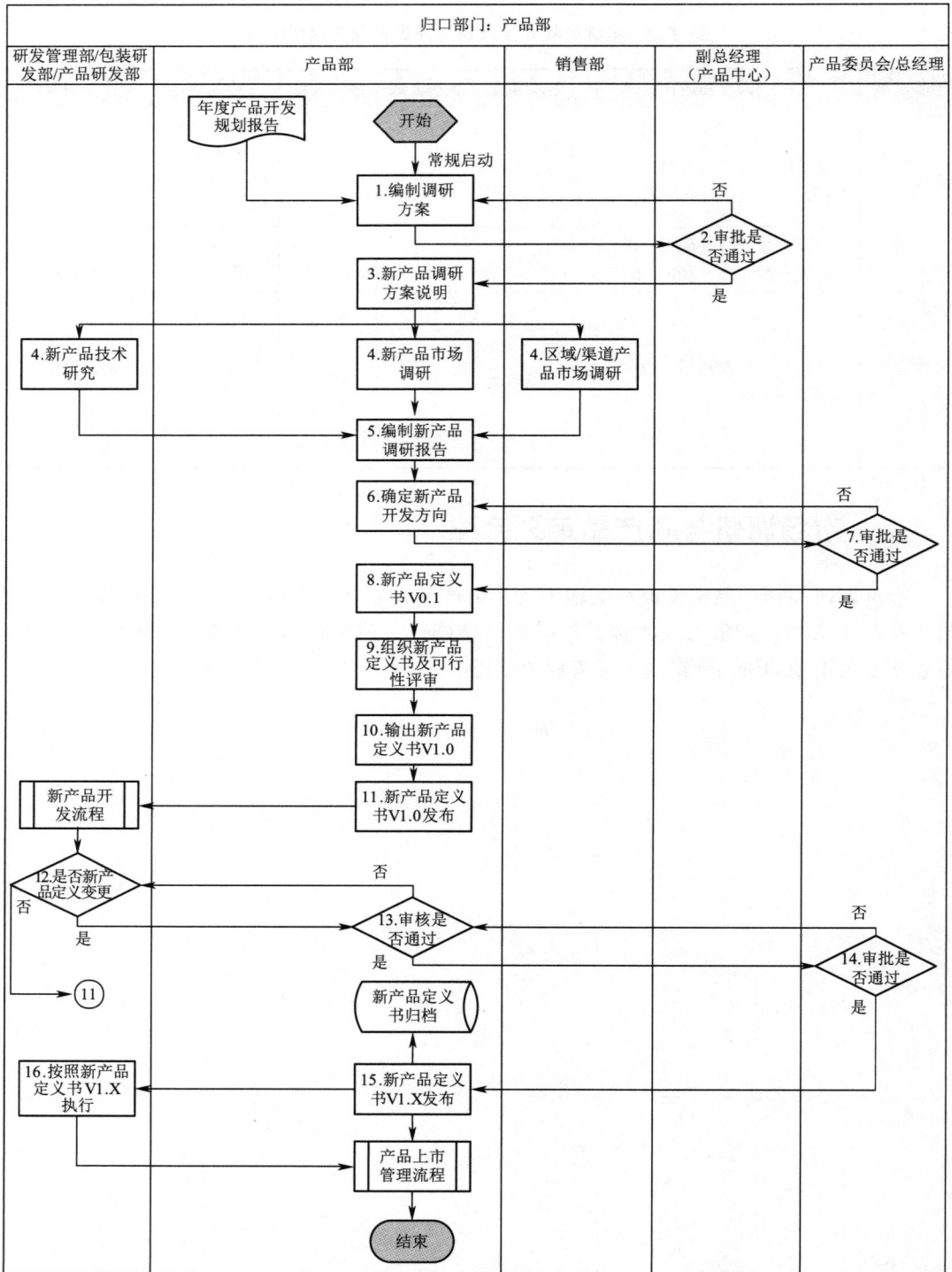

图 9-2　市场调研与新产品定义流程图

2. 流程步骤说明

表 9-4　市场调研与新产品定义流程步骤说明

流程步骤	步骤名称	流程步骤说明	相关文件 / 制度	相关表单
步骤 1	编制调研方案	产品部根据年度产品开发规划报告编制调研方案，明确调研目的、调研对象、调研范围、职责分工、责任人、时间进度、调研方式、调研预算	年度产品开发规划报告	新品调研方案
步骤 2	审批是否通过	产品部将编制的新品调研方案提交副总经理（产品中心）审批，审批通过的，进入步骤 3；审批不通过的，返回步骤 1		
步骤 3	新产品调研方案说明	产品部将审批通过后的新品调研方案知会研发管理部、包装研发部、产品研发部及销售部，并进行说明		
步骤 4	新产品市场调研	（1）产品部根据新品调研方案组织产品市场调研工作，包括行业、品类、消费者、竞品、价格、促销等研究 （2）研发管理部 / 包装研发部 / 产品研发部根据新品调研方案组织产品技术研究，包含产品配方、原料、工艺、包装等研究 （3）销售部根据新品调研方案组织区域 / 渠道产品市场调研，包括区域、渠道、消费者等研究		新品调研方案
步骤 5	编制新产品调研报告	产品部根据产品部、销售部的调研结果以及研发管理部、包装研发部、产品研发部的技术研究成果，汇总并编制新品调研报告		新品调研报告
步骤 6	确定新产品开发方向	产品部在新品调研报告结论中明确产品开发方向，提交产品委员会 / 总经理审批		
步骤 7	审批是否通过	产品委员会 / 总经理对新品调研报告进行审批，审批通过的，进入步骤 8；审批不通过的，返回步骤 6		
步骤 8	新产品定义书 V0.1	产品部根据审批通过的新品调研报告编写新产品定义书 V0.1，明确产品基本信息、知识产权、市场需求预测、时间进度、生产工艺、内容物、内包、外包等		新产品定义书 V0.1
步骤 9	组织新产品定义书及可行性评审	产品部组织研发管理部、包装研发部、产品研发部、销售部、设备部、采购部、财务管理部、产品委员会 / 总经理等对新产品定义书 V0.1 进行可行性评审，相关部门给出评审意见		
步骤 10	输出新产品定义书 V1.0	产品部根据评审意见对产品定义书进行修订，输出新产品定义书 V1.0		新产品定义书 V1.0
步骤 11	新产品定义书 V1.0 发布	产品部将修订后的新产品定义书 V1.0 发布给参与评审部门，进入新产品开发流程	新产品开发流程	

流程步骤	步骤名称	流程步骤说明	相关文件 / 制度	相关表单
步骤 12	是否新产品定义变更	研发管理部、包装研发部、产品研发部根据新产品开发流程确定是否需要进行产品定义变更，如需进行产品定义变更，则提交产品定义变更申请至产品部		新产品定义变更表
步骤 13	审核是否通过	产品部对研发管理部、包装研发部、产品研发部提交的新产品定义变更表进行审核		
步骤 14	审批是否通过	产品委员会 / 总经理对产品部审核后的产品定义变更表进行审批		
步骤 15	新产品定义书 V1.X 发布	产品部根据产品委员会 / 总经理审批通过后的新产品定义变更表对产品定义书进行修订，输出新产品定义书 V1.X 版本并发布，将产品定义书、产品定义变更表归档		新产品定义书 V1.X
步骤 16	按照新产品定义书 V1.X 执行	研发管理部、包装研发部、产品研发部按照新的新产品定义书 V1.X 进行产品研发，研发完成进入产品上市管理流程	产品上市管理流程	

3. 相关制度与文件

（1）年度产品开发规划报告。

（2）新产品开发流程。

（3）产品上市管理流程。

4. 相关表单

（1）新品调研方案。

（2）新品调研报告。

（3）新产品定义书。

（4）新产品定义变更表。

5. 流程授权表

表 9-5　市场调研与新产品定义流程授权表

流程步骤	流程业务授权内容	提 报	审 核	二级审核	审 批	知 会
步骤 2	新品调研方案	产品部			副总经理（产品中心）	研发管理部 / 包装研发部 / 产品研发部、销售部
步骤 7	产品调研报告	产品部			产品委员会 / 总经理	研发管理部 / 包装研发部 / 产品研发部
步骤 13、步骤 14	产品定义变更表	产品研发负责人	部门负责人	产品部	产品委员会 / 总经理	研发管理部 / 包装研发部 / 产品研发部、销售部

6.流程风险点

表 9-6　市场调研与新产品定义流程风险点

流程步骤	风险描述	控制类型	控制方式	控制频率	控制文档	相关部门
步骤 1、步骤 2	（1）产品调研问卷设计不合理，导致信息收集达不到预期 （2）产品调研方案有漏洞，导致调研资源的浪费	预防型	人工	随时	产品调研方案	产品部
步骤 6 至步骤 10	（1）产品定义书信息遗漏，导致项目延迟、资源浪费、返工 （2）产品定义书信息不精确，导致版本多次修订、项目延迟、资源浪费、返工	发现型	人工	随时	产品定义书	产品部、研发管理部、包装研发部、产品研发部、销售部、产品委员会 / 总经理

三、新产品开发流程

　　新产品开发流程的输入为产品定义书，输出为新产品研发总结报告，增值方式为提升产品品质、控制产品成本、确保按期上市。图 9-3、表 9-7 至表 9-9 为新产品开发流程全过程。

1. 流程图

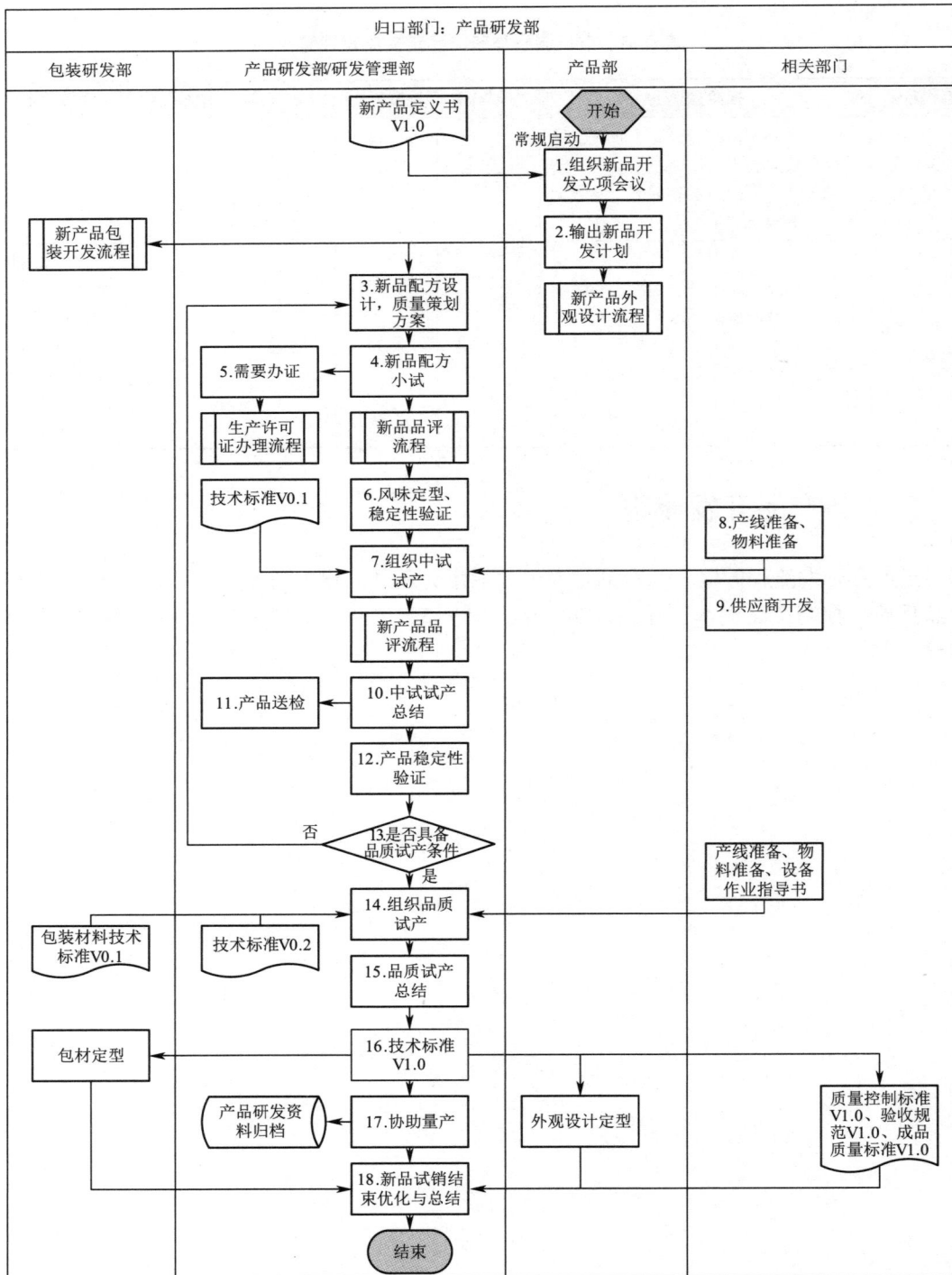

图 9-3 新产品开发流程图

2. 流程步骤说明

表 9-7　新产品开发流程步骤说明

流程步骤	步骤名称	流程步骤说明	相关文件 / 制度	相关表单
步骤 1	组织新品开发立项会议	产品部在新产品定义书 V1.0 发布后一个月内，组织研发管理部、包装研发部、产品研发部、生产管理部召开新品开发立项会议，产品部编制新品开发立项书	新品开发立项书	新产品定义书 V1.0
步骤 2	输出新品开发计划	产品部按照新品开发立项会议讨论确定的各部门分工、责任人、时间节点、里程碑等输出新品开发计划		新品开发计划表
步骤 3	新品配方设计，质量策划方案	产品研发部根据新产品定义书 V1.0，按照新品开发计划表时间节点进行新品配方设计，输出新品配方设计方案		新品配方设计方案
步骤 4	新品配方小试	（1）产品研发部根据新品配方设计方案进行新品配方小试，做好小试过程中的实验记录 （2）阶段性输出稳定性报告、工艺标准、研发配方表 （3）风味、稳定性、成本、工艺等经产品研发部、研发管理部、包装研发部、产品研发部负责人审批后进入新产品品评流程	研发原料管理制度、工艺标准、新产品品评流程、新品办证流程、稳定性报告	研发原料申请表、研发原料进出库台账、研发原料标识、实验记录、研发配方表、新品品评申请表
步骤 5	需要办证	研发管理部根据新品开发计划表、生产许可证明细表确定是否办证，需办证进入新品办证流程，如不需办证，则直接进入新品品评流程		
步骤 6	风味定型、稳定性验证	产品研发部对小试产品进行风味测评及稳定测试，输出风味测评报告、稳定性测试报告，最终输出产品配方表及 BOM V0.1	新产品品评流程、风味测评报告、稳定性测试报告	产品配方表、BOM V0.1
步骤 7	组织中试试产	（1）产品研发部组织中试试产，各相关部门在中试试产前分别做好以下准备： ①产品研发部输出产品工艺文件 V0.1、原辅料技术标准 V0.1，填报并提交试产申请表、原辅料清单 ②研发管理部审核并输出产品工艺文件 V0.1、原辅料技术标准 V0.1 （2）产品研发部确认各相关部门准备完毕后，组织中试试产 （3）产品研发部根据产品质量情况、试产过程情况及风味情况确定是否进入新品品评流程	产品工艺文件 V0.1、原辅料技术标准 V0.1、新品品评流程、中试试产质量报告	试产申请表、原辅料清单

流程步骤	步骤名称	流程步骤说明	相关文件/制度	相关表单
步骤8	产线准备、物料准备	（1）生产计划部根据产品配方表、试产申请表进行物料准备及中试试产计划 （2）质量管理部根据原辅料技术标准 V0.1 进行物料验收 （3）生产管理部、设备部根据中试试产计划进行产线排产及产线准备	原辅料技术标准 V0.1	
步骤9	供应商开发	采购部根据原辅料清单进行供应商开发		
步骤10	中试试产总结	产品研发部根据生产管理部提交的生产记录数据、质量管理部提交的中试试产质量报告等编制中试试产总结报告，提报产品委员会	中试试产总结报告	
步骤11	产品送检	研发管理部在中试试产结束后，将中试试产产品送至第三方检验机构进行检测，检测结果用于验证指标合理性		
步骤12	产品稳定性验证	（1）产品研发部对中试产品进行风味验证及稳定验证，输出风味验证报告、稳定性验证报告，最终输出产品配方表及 BOM V0.2 （2）研发管理部根据中试试产情况，输出工艺验证报告，最终输出产品工艺文件 V0.2	风味验证报告、稳定性验证报告、工艺验证报告、产品工艺文件 V0.2	产品配方表 V02、BOM V0.2
步骤13	是否具备品质试产条件	产品研发部根据扩大品评报告、风味验证报告、稳定性验证报告及工艺验证报告确定是否具备品质试产条件，具备品质试产条件，填写并提报试产申请表		
步骤14	组织品质试产	（1）研发部组织品质试产，各相关部门在品质试产前分别做好以下准备： ①产品研发部输出产品工艺文件 V0.2、原辅料技术标准 V0.2 ②包装研发部输出包装材料技术标准 V0.1 ③研发管理部审核并输出产品工艺文件 V0.2、原辅料技术标准 V0.2、包装材料技术标准 V0.1 ④生产计划部根据产品配方表、试产申请表进行物料准备及中试试产计划 ⑤采购部根据物料需求计划，进行采购下单 ⑥质量管理部根据原辅料技术标准 V0.2 进行物料验收 ⑦生产管理部、设备部根据品质试产计划进行产线排产及产线准备，并编制/修订设备作业指导书	产品验证方案、产品工艺文件 V0.2、原辅料技术标准 V0.2、包装材料技术标准 V0.1、设备作业指导书	

流程步骤	步骤名称	流程步骤说明	相关文件／制度	相关表单
步骤 14	组织品质试产	（2）产品研发部确认各相关部门准备完毕后，组织品质试产，品质试产过程中： ①生产管理部根据产品配方表、产品工艺文件 V0.2 进行物料领用、调配、生产及配合产线验证，做好生产过程中的数据记录及产品标识，提交生产记录给产品研发部 ②质量管理部根据产品工艺文件 V0.2 对生产过程进行制程巡检、产品检验及产线验证，根据试产申请表中的留样要求进行留样；收集生产过程中工艺相关数据，并输出品质试产质量报告及验证数据给产品研发部 ③仓储管理部将品质试产产品独立存放，并做好标识 ④品质试产过程中，产品研发部、研发管理部全程跟进指导生产	产品验证方案、产品工艺文件 V0.2、原辅料技术标准 V0.2、包装材料技术标准 V0.1、设备作业指导书	
步骤 15	品质试产总结	（1）产品研发部根据生产记录数据、品质试产质量报告，编制品质试产总结报告，提报产品委员会 （2）产品研发部召集设备部、生产管理部、质量管理部、产品部、包装研发部等部门召开品质试产评审会议，输出品质试产评审确认表	品质试产总结报告	品质试产评审确认表
步骤 16	技术标准 V1.0	（1）产品研发部根据品质试产总结报告及品质试产评审结果，输出原辅料技术标准 V1.0、产品配方 V1.0 （2）包装研发部输出包装材料技术标准 V1.0 （3）研发管理部输出产品工艺文件 V1.0 （4）质量管理部根据原辅料技术标准 V1.0、包装材料技术标准 V1.0、产品工艺文件 V1.0 编制原辅料验收规范 V1.0、包装材料验收规范 V1.0、质量控制标准 V1.0、成品质量标准 V1.0	原辅料技术标准 V1.0、产品配方 V1.0、包装材料技术标准 V1.0、产品工艺文件 V1.0、原辅料验收规范 V1.0、包装材料验收规范 V1.0、质量控制标准 V1.0、成品质量标准 V1.0	
步骤 17	协助量产	量产过程，产品研发部对质量管理部抽样的样品进行感官、理化、稳定性验证等，对产线反馈的量产过程品质异常情况协助处理		

流程步骤	步骤名称	流程步骤说明	相关文件/制度	相关表单
步骤18	新品试销结束优化与总结	（1）产品研发部对新品上市六个月内产线反馈的质量异常情况和销售人员、经销商、终端消费者、监管部门等反馈的质量异常情况进行收集、分析，并提出改进方案 （2）产品研发部跟进新品上市六个月内的产品流通情况、产线运行情况、库存产品质量稳定性等 （3）产品研发部在新品上市六个月结束时，编制新产品研发总结报告，并提报产品委员会	新产品研发总结报告	

3. 相关制度与文件

（1）新品研发立项书。

（2）研发原料管理制度。

（3）工艺标准。

（4）新产品品评流程。

（5）新品办证流程。

（6）稳定性报告。

（7）新产品品评流程。

（8）风味测评报告。

（9）稳定性测试报告。

（10）产品工艺文件。

（11）原辅料技术标准。

（12）中试试产质量报告。

（13）中试试产总结报告。

（14）风味验证报告。

（15）稳定性验证报告。

（16）工艺验证报告。

（17）产品验证方案。

（18）包装材料技术标准。

（19）设备作业指导书。

（20）品质试产总结报告。

（21）产品配方。

（22）原辅料验收规范。

（23）包装材料验收规范。

（24）质量控制标准。

（25）成品质量标准。

（26）新产品研发总结报告。

4. 相关表单

（1）新产品定义书 V1.0。

（2）新品开发计划表。

（3）新品配方设计方案。

（4）研发原料申请表。

（5）研发原料进出库台账。

（6）研发原料标识。

（7）实验记录。

（8）研发配方表。

（9）新品品评申请表。

（10）产品配方表。

（11）BOM。

（12）试产申请表。

（13）原辅料清单。

（14）品质试产评审确认表。

5. 流程授权表

表 9-8 新产品开发流程授权表

流程步骤	流程业务授权内容	提 报	审 核	二级审核	审 批	知 会
步骤6、步骤10	中试试产申请、品质试产申请	产品研发部项目组负责人	产品研发部负责人	研发管理部负责人	副总（产品中心）	生产管理部、质量管理部

6. 流程风险点

表 9-9 新产品开发流程风险点

流程步骤	风险描述	控制类型	控制方式	控制频率	控制文档	相关部门
步骤6	配方合规风险（食品添加剂、营养强化剂）	发现型	人工	随时	产品配方表	研发管理部
步骤6、步骤11、步骤13	配方、工艺泄漏	预防型	系统	随时	文档系统	信息管理中心、使用部门

四、新产品包装开发流程

新产品包装开发流程的输入为产品定义书，输出为包装开发资料，增值方式为提升产品形象、确保按期上市。图 9-4、表 9-10 至表 9-12 为新产品包装开发流程全过程。

1. 流程图

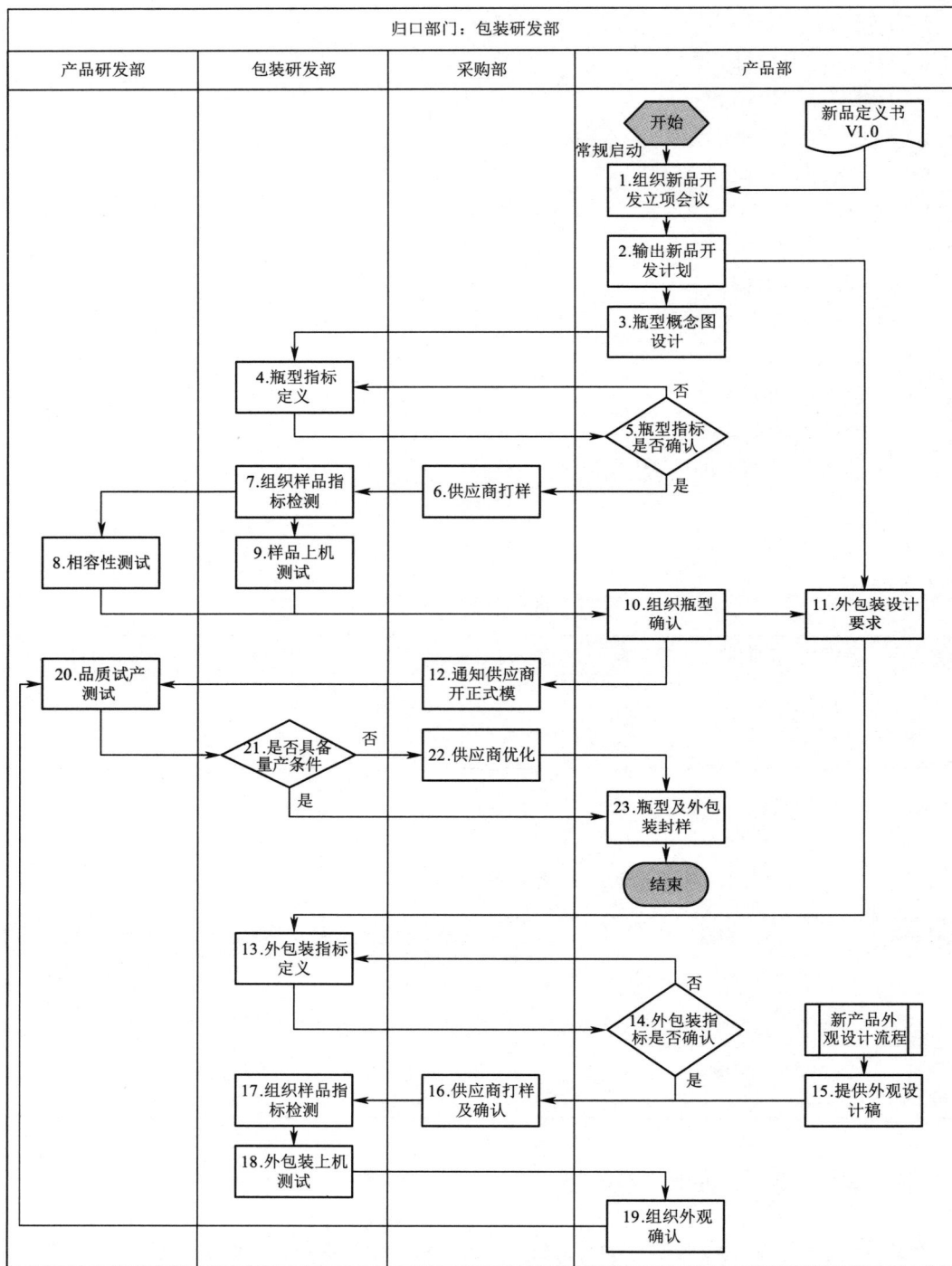

图 9-4　新产品包装开发流程图

2. 流程步骤说明

表 9-10 新产品包装开发流程步骤说明

流程步骤	步骤名称	流程步骤说明	相关文件/制度	相关表单
步骤 1	组织新品开发立项会议	产品部在新产品定义书 V1.0 发布后一个月内，组织研发管理部、包装研发部、产品研发部、生产管理部、质量管理部召开新品开发立项会议，产品部编制新品开发立项书	新品开发立项书	新产品定义书 V1.0
步骤 2	输出新品开发计划	（1）产品部按照新品开发立项会议讨论确定的各部门分工、责任人、时间节点、里程碑等输出新品开发计划 （2）包装研发部根据新品开发计划表编制包装研发计划		新品开发计划表、包装研发计划表
步骤 3	瓶型概念图设计	产品部按照新产品定义书 V1.0、根据新品开发计划表设计瓶型概念图（平面 +3D），输出包装开发需求表，明确瓶型概念图（平面 +3D）、包材种类、规格、颜色、造型等需求		新产品定义书 V1.0、包装开发需求表
步骤 4	瓶型指标定义	包装研发部按照包装开发需求表确定瓶型的尺寸、物理指标、化学指标、图纸（平面 +3D），输出包装开发规格表		包装开发需求表、包装开发规格表
步骤 5	瓶型指标是否确认	产品部按照包装开发需求表、包装开发规格表进行瓶型指标的确认，出具意见，确认通过的，进入步骤 6；确认不通过的，返回步骤 4		
步骤 6	供应商打样	采购部找供应商按照包装开发规格表进行打样，并对打出的白样进行标记		
步骤 7	组织样品指标检测	包装研发部按照包装开发规格表进行样品指标检测，验证尺寸、物理指标、化学指标，如需技术支持，则寻求质量管理部、生产管理部、设备部、采购部、供应商、第三方检验机构等的帮助，输出瓶型样品检测报告		新品研发计划、包装开发规格表、瓶型样品检测报告
步骤 8	相容性测试	产品研发部根据确认后的瓶型指标进行相容性测试： （1）包材对内容物的风味、稳定性、指标、色泽等的影响 （2）内容物对包材的腐蚀性等的影响 （3）不同的工艺对包材的净含量、内压、抗压强度等的影响 （4）产品研发部输出相容性测试报告至包装研发部	相容性测试方案	相容性测试记录、相容性测试报告

流程步骤	步骤名称	流程步骤说明	相关文件 /制度	相关表单
步骤 9	样品上机测试	包装研发部根据包装开发规格表，组织产品研发部、生产管理部、设备部、采购部、质量管理部等部门召开样品上机会议，制定瓶型试机方案，明确各部门职责、上机测试内容、时间节点等，测试结束后，各部门按照瓶型试机方案要求提交相应测试记录、报告、样品至包装研发部，包装研发部输出瓶型试机报告至产品研发部	瓶型试机方案	瓶型试机报告
步骤 10	组织瓶型确认	包装研发部将相容性测试报告、瓶型试机报告的结果告知产品部，产品部组织		
步骤 11	外包装设计要求	产品部明确外包装的尺寸、图形大小、位置、图纸（平面 +3D）等要求，输出包装开发需求表至包装研发部		包装开发需求表
步骤 12	通知供应商开正式模	产品部将确认后的实物白样、图纸（平面+3D）提交采购部，采购部通知供应商开正式模		
步骤 13	外包装指标定义	包装研发部按照包装开发需求表，输出包装开发规格表，明确外包装的尺寸、图形大小、位置、图纸（平面 +3D）		包装开发需求表、包装开发规格表
步骤 14	外包装指标是否确认	产品部按照包装开发需求表、包装开发规格表进行外包装指标确认，出具意见，确认通过的，进入步骤 16；确认不通过的，返回步骤 13		包装开发需求表、包装开发规格表
步骤 15	提供外观设计稿	外观设计流程输出外观设计稿，产品部将外观设计稿提供至采购部		
步骤 16	供应商打样及确认	采购部将外观设计稿提供至供应商打样，产品部、研发管理部、包装研发部进行样品的确认		
步骤 17	组织样品指标检测	包装研发部按照包装开发规格表进行样品指标检测，验证尺寸、物理指标，如需技术支持，则寻求质量管理部、生产管理部、设备部、采购部、供应商、第三方检验机构等的帮助，输出外包装样品检测报告		包装开发规格表、外包装样品检测报告
步骤 18	外包装上机测试	（1）包装研发部根据包装开发规格表，组织产品研发部、生产管理部、设备部、采购部、质量管理部等部门召开样品上机会议，制定外包装试机方案，明确各部门职责、上机测试内容、时间节点等 （2）测试结束后，各部门按照外包装试机方案要求提交相应测试记录、报告、样品至包装研发部，包装研发部输出外包装试机报告至产品研发部	外包装试机方案	外包装试机报告

流程步骤	步骤名称	流程步骤说明	相关文件／制度	相关表单
步骤19	组织外观确认	（1）包装研发部将外包装试机报告的结果告知产品部，产品部组织外观确认 （2）外观确认后，包装研发部输出包装材料技术标准 V0.1	包装材料技术标准 V0.1	
步骤20	品质试产测试	（1）包装研发部输出包装材料技术标准 V0.1 至研发管理部 （2）产品研发部按照新产品开发流程组织品质试产 （3）包装研发部按照新产品开发流程、工艺验证方案跟进品质试产	新产品开发流程、包装材料技术标准 V0.1、工艺验证方案	
步骤21	是否具备量产条件	包装研发部按照工艺验证报告的结果评估包装是否具备量产条件，确认具备的，进入步骤23；确认不具备的，进入步骤22		工艺验证报告
步骤22	供应商优化	包装研发部按照工艺验证报告中涉及包装的不符合项进行改善，通知采购部按照优化建议进行供应商优化		工艺验证报告
步骤23	瓶型及外包装封样	产品部进行瓶型及外包装的封样，由产品部、包装研发部、采购部签字确认后提交温控保管		

3. 相关制度与文件

（1）新品开发立项书。
（2）相容性测试方案。
（3）瓶型试机方案。
（4）外包装试机方案。
（5）包装材料技术标准 V0.1。
（6）新产品开发流程。
（7）工艺验证方案。

4. 相关表单

（1）新产品定义书 V1.0。
（2）新品开发计划表。
（3）包装研发计划表。
（4）包装开发需求表。
（5）新品研发计划表。
（6）包装开发规格表。
（7）瓶型样品检测报告。
（8）相容性测试记录。

（9）相容性测试报告。

（10）瓶型试机报告。

（11）外包装样品检测报告。

（12）外包装试机报告。

（13）工艺验证报告。

5. 流程授权表

表 9-11   新产品包装开发流程授权表

流程步骤	流程业务授权内容	提　报	审　核	二级审核	审　批	知　会
步骤 5	瓶型指标确认	包装研发负责人	包装研发部负责人		产品部	
步骤 14	外包装指标确认	包装研发负责人	包装研发部负责人		产品部	

6. 流程风险点

表 9-12   新产品包装开发流程风险点

流程步骤	风险描述	控制类型	控制方式	控制频率	控制文档	相关部门
步骤 4	瓶型指标定义不准确导致： （1）指标偏高。打样成本浪费或后期生产成本偏高 （2）指标偏低。产品质量存在隐患 （3）项目进度滞后	发现型	人工	随时	包装开发规格表	包装研发部
步骤 13	外包装指标定义不准确导致： （1）指标偏高。打样成本浪费或后期生产成本偏高 （2）指标偏低。产品质量存在隐患 （3）项目进度滞后	发现型	人工	随时	包装开发规格表	包装研发部
步骤 11	外包装设计丢失或泄露	发现型	人工	随时	技术档案管理制度	产品部、包装研发部
步骤 4、步骤 7 至步骤 9、步骤 13、步骤 17、步骤 18	技术文件丢失	预防型	人工	随时	技术档案管理制度	包装研发部、研发管理部

五、新产品外观设计流程

新产品外观设计流程的输入为产品定义书，输出为外观设计资料，增值方式为提升产品形象、确保按期上市。图 9-5、表 9-13 至表 9-15 为新产品外观设计流程全过程。

1. 流程图

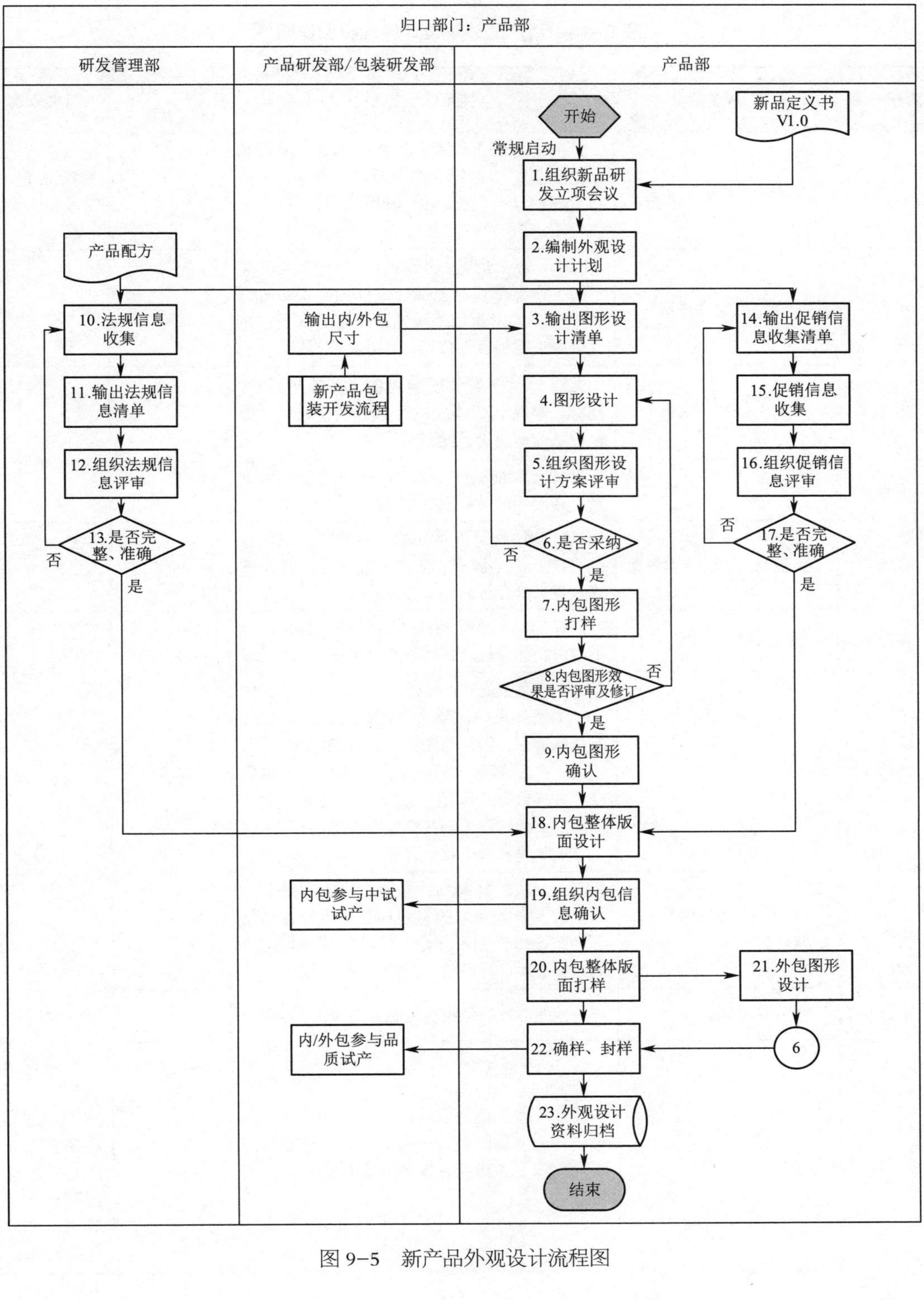

图 9-5　新产品外观设计流程图

2. 流程步骤说明

表 9-13 新产品外观设计流程步骤说明

流程步骤	步骤名称	流程步骤说明	相关文件/制度	相关表单
步骤1	组织新品研发立项会议	产品部根据市场调研与新产品定义流程制定的新品定义书V1.0召开会议对新品开发进行立项确认，以便转化为设计语言向设计公司提出需求	市场调研与新产品定义流程	新品定义书V1.0
步骤2	编制外观设计计划	（1）产品部负责委外设计公司的开发与管理 （2）产品部通过新品研发立项会议对所确认事项，编辑新品外观设计进度追踪表，按计划跟进委外设计公司设计进度及质量		新品外观设计进度追踪表
步骤3	输出图形设计清单	结合包装研发部所提供的内/外包尺寸、商标、产品名称等编成产品包装设计包，提供设计公司做设计使用		产品包装设计包
步骤4	图形设计	设计公司根据产品部产品包装设计包做创意，并确认设计初稿交付时间		
步骤5	组织图形设计方案评审	设计公司交付设计初稿，产品部组织审查是否符合产品概念、卖点、需求等，并反馈修改意见给设计公司调整		
步骤6	是否采纳	产品部如果评审通过进入下一步骤，评审不通过，让设计公司按修改意见进行再创意		
步骤7	内包图形打样	（1）产品部通知设计公司输出内包设计初稿 （2）通知采购部挑选供应商进行打样，如有特殊需求，由产品部指定供应商打样 （3）产品部期间尽量提供潘通色号给供应商做打样参考，并做好油墨和分版工作的确认 （4）采购管理协调打样供应商排期 （5）如果有多个稿件，则打多个样		
步骤8	内包图形效果是否评审及修订	产品部收到样品后，对所打样的效果进行确认，主要从色彩的呈现和版面设计评估是否满足要求，如不满足，要求设计公司重新对设计稿件进行调整，调整后进入重新打样		
步骤9	内包图形确认	内包图形效果评审通过后，内包图形确认		
步骤10	法规信息收集	研发管理部根据新品定义书V1.0、新品外观设计进度追踪表、产品配方表，按照新品研发立项书、新品开发计划表收集相关法规信息		新品定义书V1.0、新品外观设计进度追踪表、产品配方表、新品研发立项书、新品开发计划表

流程步骤	步骤名称	流程步骤说明	相关文件/制度	相关表单
步骤 11	输出法规信息清单	研发管理部将收集的法规信息如产品配方、营养成分表、生产信息、执行标准等形成标签文案		标签文案
步骤 12	组织法规信息评审	研发管理部组织召开内部对法规信息进行评审		
步骤 13	是否完整、准确	评审确定完整准确后，将标签文案提交产品部		
步骤 14	输出促销信息收集清单	产品部根据产品定义书 V1.0 编辑促销信息收集清单		促销信息收集清单
步骤 15	促销信息收集	销售部按照促销信息收集清单收集促销信息，如明确投放形式、投放数量、中奖比例、投放时间、投放区域等信息		
步骤 16	组织促销信息评审	产品部组织对促销信息进行评审，参与评审的有销售部负责人、销售部、财务管理部、公司总经理		
步骤 17	是否完整、准确	评审促销信息是否完整、准确，如有修改意见按修改意见修改，最终组织会签		
步骤 18	内包装整体版面设计	产品部根据签核的促销信息审核表、研发管理部签核的标签文案，给至设计公司，设计公司对整体进行设计填充，输出正式标签设计稿件		促销信息审核表、标签文案
步骤 19	组织内包信息确认	（1）产品部收到设计公司提供的正式标签设计稿件（2）组织研发管理部、生产计划部、质量管理部和法务部对法规信息进行确认（3）产品部和法务部对促销信息进行确认	外观设计制版文件	
步骤 20	内包整体版面打样	外观设计制版文件通过后，产品部通知打样，采购部通知供应商按确认的制版文件进行打样，实物样交给产品部		
步骤 21	外包图形设计	根据内包设计进行外包装设计打样，包括多连包膜和纸箱		
步骤 22	确样、封样	产品部组织研发管理部、生产计划部、质量管理部和法务部对最终的实物样进行确认		产品外观会签表
步骤 23	外观设计资料归档	根据最终封样样品，对电子版设计文件和实物样进行资料归档，由产品部保存		

3. 相关制度与文件

（1）市场调研与新产品定义流程。

（2）外观设计制版文件。

4. 相关表单

（1）新品定义书 V1.0。
（2）新品外观设计进度追踪表。
（3）产品包装设计包。
（4）产品配方表。
（5）新品研发立项书。
（6）新品开发计划表。
（7）标签文案。
（8）促销信息收集清单。
（9）促销信息审核表。
（10）产品外观会签表。

5. 流程授权表

表 9-14　新产品外观设计流程授权表

流程步骤	流程业务授权内容	提 报	审 核	二级审核	审 批	知 会
步骤 19	外观设计制版文件	产品部	产品部	研发管理部、法务部、质量管理部、生产计划部	副总经理（产品中心）	采购部、总经理

6. 流程风险点

表 9-15　新产品外观设计流程风险点

流程步骤	风险描述	控制类型	控制方式	控制频率	控制文档	相关部门
步骤 22	确样、封样过程出现信息不准确 / 错漏，导致项目推迟、包材报废、产品返工、市场投诉、监管处罚、品牌形象受损等	发现型	人工	随时	产品包装设计需求、促销信息审核表、标签文案、外观设计制版文件、产品外观会签表	产品部、研发管理部、包装研发部、产品研发部、采购部、生产计划部、销售部、法务部、质量管理部

六、新产品 BOM 管理流程

新产品 BOM 管理流程的输入为产品配方表，输出为量产 BOM，增值方式为确保 BOM 及时性、准确性。图 9-6、表 9-16 至表 9-18 为新产品 BOM 管理流程全过程。

1. 流程图

归口部门：研发管理部			
研发管理部	产品研发部	包装研发部	产品部

开始

常规启动

产品配方表 V0.1

1.新建料号

2.编制新品 BOM V0.1

包装研发流程

3.组织中试试产

内/外包物料清单

4.提供产品名称

5.BOM V0.2

产品配方表 V0.2

开始

非常规启动

6.ERP 系统更新 BOM

9.提出产品改版及改良需求

7.组织品质试产

新产品开发流程

包装研发流程

8.输出 BOM V1.0

产品配方表 V0.2

内/外包物料清单

11.ERP 系统更新量产BOM

10. 输出BOM V1.X

结束

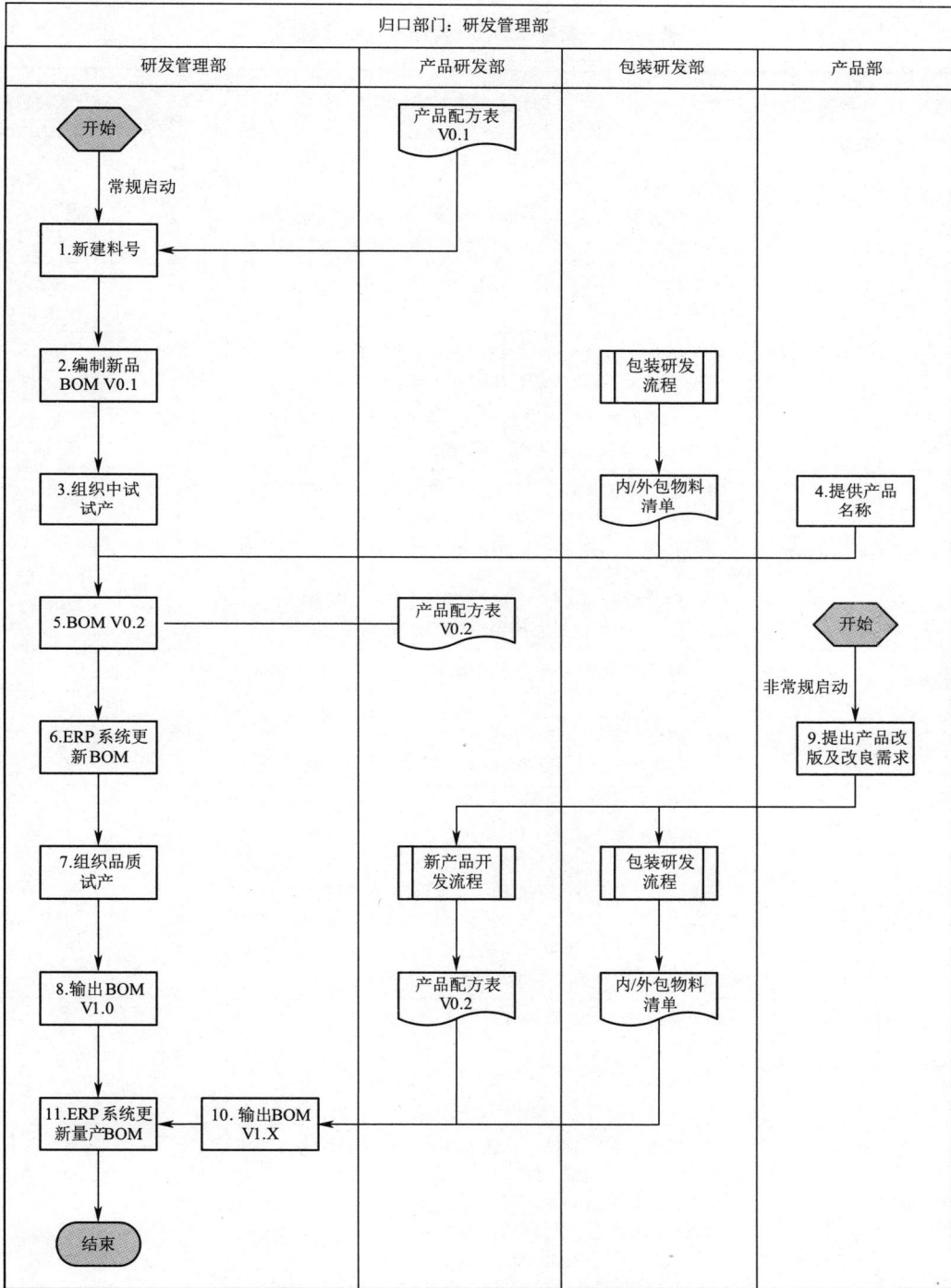

图 9-6　新产品 BOM 管理流程图

2. 流程步骤说明

表 9–16　新产品 BOM 管理流程步骤说明

流程步骤	步骤名称	流程步骤说明	相关文件/制度	相关表单
步骤 1	新建料号	（1）产品研发部根据风味、稳定性测试结果，输出产品配方表 V0.1 （2）研发管理部在收到产品配方表 V0.1 后 1 个工作日内，根据产品配方表 V0.1，新建新原辅料料号及内容物虚拟件料号		产品配方表 V0.1
步骤 2	编制新品 BOM V0.1	研发管理部根据产品配方表 V0.1 录入 ERP 系统，形成新品内容物 BOM V0.1		新品内容物 BOM V0.1
步骤 3	组织中试试产	（1）研发管理部录入完毕后，告知生产计划部 （2）按照新产品开发流程步骤 6 要求组织中试试产	新产品开发流程	
步骤 4	提供产品名称	产品部根据新产品定义书 V1.0，按产品命名规则在品质试产 20 个工作日前提供产品名称给包装研发部	产品命名规则	新产品定义书 1.0
步骤 5	BOM V0.2	（1）包装研发部根据包装研发流程在品质试产 15 个工作日前输出内/外包物料清单给研发管理部 （2）产品研发部根据产品验证结果，输出产品配方表 V0.2 给研发管理部 （3）研发管理部根据产品配方表 V0.2 更新内容物 BOM V0.2，根据内/外包物料清单编制成品 BOM V0.2		产品配方表 V0.2、内/外包物料清单
步骤 6	ERP 系统更新 BOM	在 ERP 系统审核并更新内容物 BOM V0.2 及成品 BOM V0.2		
步骤 7	组织品质试产	（1）研发管理部更新完毕后，告知生产计划部 （2）按照新产品开发流程步骤 11 要求组织品质试产		
步骤 8	输出 BOM V1.0	（1）产品研发部根据品质试产结果，在品质试产后 10 个工作日输出产品配方表 V1.0 给研发管理部 （2）包装研发部根据包装研发流程在品质试产后 5 个工作日前输出内/外包物料清单给研发管理部，内/外包物料清单需含以下内容：包装材料变更前后的内容及组成用量 （3）研发管理部根据产品配方表 V1.0 更新内容物 BOM V1.0，根据内/外包物料清单编制成品 BOM V1.0		
步骤 9	提出产品迭代与升级需求	产品部提出产品迭代与升级需求，并在产品迭代与升级定义书明确变更前后的内容： （1）涉及包装材料变更，进入包装研发流程 （2）涉及配方变更，进入新产品开发流程	包装研发流程、新产品开发流程	
步骤 10	输出 BOM V1.X	（1）产品研发部根据产品迭代与升级定义书，输出产品配方表 V1.X 给研发管理部 （2）包装研发部根据产品迭代与升级定义书，输出内/外包物料清单给研发管理部，内/外包物料清单需含以下内容：包装材料变更前后的内容及组成用量 （3）研发管理部根据产品配方表 V1.X 更新内容物 BOM V1.X，根据内/外包物料清单编制成品 BOM V1.X		

流程步骤	步骤名称	流程步骤说明	相关文件 / 制度	相关表单
步骤 11	ERP 系统更新量产 BOM	研发管理部根据 BOM V1.X 更新量产 BOM		

3. 相关制度与文件

（1）新产品开发流程。

（2）产品命名规则。

（3）包装研发流程。

4. 相关表单

（1）产品配方表。

（2）新品内容物 BOM。

（3）新产品定义书。

（4）内 / 外包物料清单。

5. 流程授权表

表 9-17　新产品 BOM 管理流程授权表

流程步骤	流程业务授权内容	提　报	审　核	二级审核	审　批	知　会

6. 流程风险点

表 9-18　新产品 BOM 管理流程风险点

流程步骤	风险描述	控制类型	控制方式	控制频率	控制文档	相关部门
步骤 2、步骤 5、步骤 8、步骤 10	BOM 表出错影响领料进度及财务成本核算准确性	发现型	人工	随时	BOM	研发管理部、使用部门
步骤 1、步骤 2、步骤 5、步骤 8、步骤 10	BOM 更新不及时： （1）可能导致无法领料或领错料 （2）可能影响物料采购及中试试产进度	发现型	人工	随时	BOM	研发管理部、使用部门

七、新产品品评流程

新产品品评流程的输入为产品开发计划，输出为品评报告，增值方式为确保产品品质。

图 9-7、表 9-19 至表 9-21 为新产品品质流程全过程。

1. 流程图

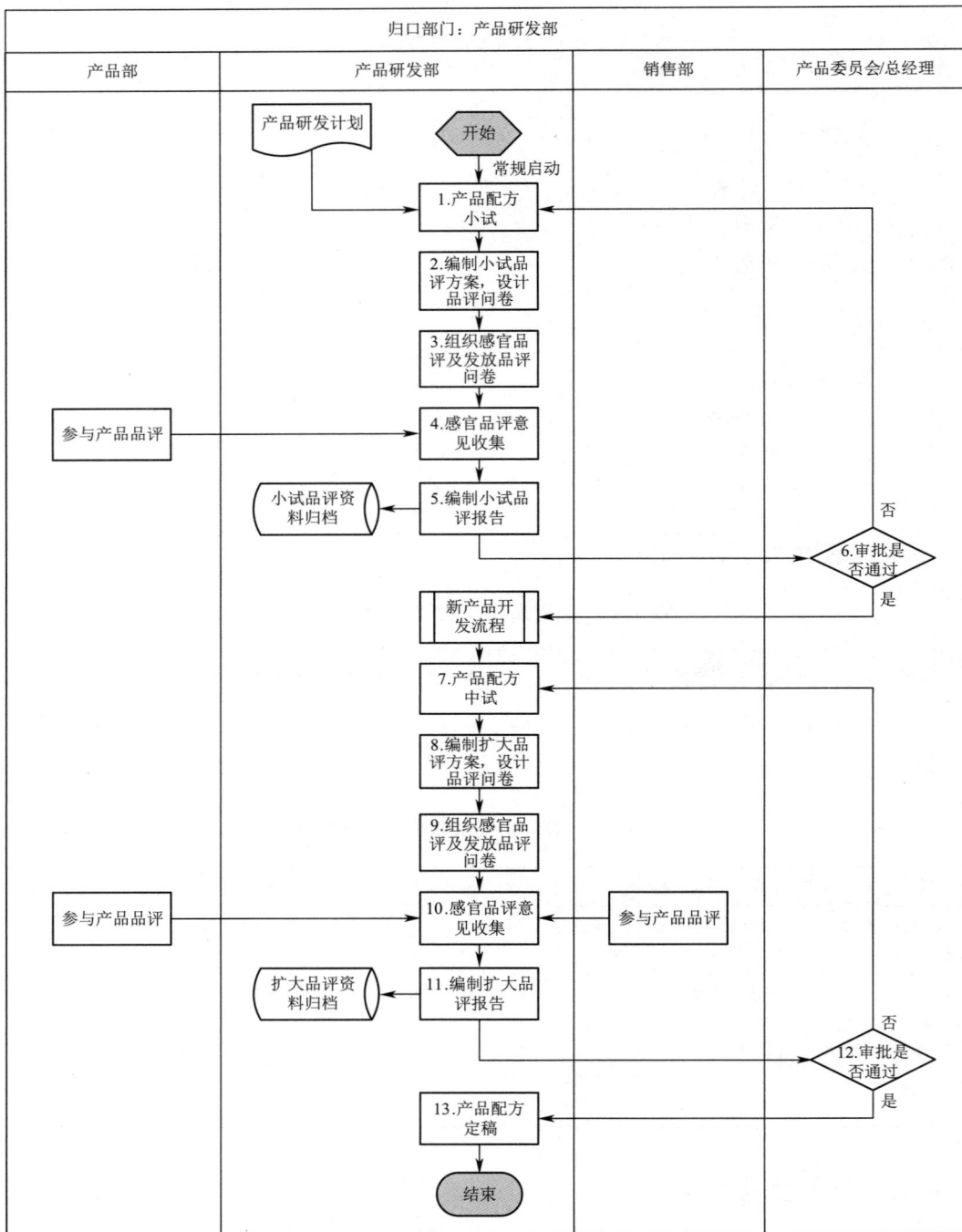

图 9-7　新产品品评流程图

2. 流程步骤说明

表 9-19　新产品品评流程步骤说明

流程步骤	步骤名称	流程步骤说明	相关文件 / 制度	相关表单
步骤 1	产品配方小试	按照新产品开发流程步骤 4 进行新品配方小试	新产品开发流程	
步骤 2	编制小试品评方案，设计品评问卷	小试产品的感官符合新产品定义书 V1.0 要求后，产品研发部编制小试品评方案，包括：样品准备、小试品评白名单、品评问卷、品评时间、品评说明、协助部门等内容	小试品评方案	
步骤 3	组织感官品评及发放品评问卷	按照小试品评方案组织感官品评及发放品评问卷		
步骤 4	感官品评意见收集	（1）品评完毕后，收集品评问卷，并对品评问卷进行统计、分析 （2）产品部参与产品品评		
步骤 5	编制小试品评报告	编制小试品评报告： （1）小试品评结果不理想的，按照品评意见改进配方，重新组织小试品评 （2）小试品评结果达到预期的，将小试品评报告提交产品委员会审批 （3）将小试品评报告及小试过程资料进行归档		小试品评报告
步骤 6	审批是否通过	产品委员会对小试品评报告从风味、稳定性、小试配方、成本预测等角度进行审批，审批通过的，进入新产品开发流程；审批不通过的，进入步骤 1		
步骤 7	产品配方中试	按照步骤 6 组织中试试产	新产品开发流程	
步骤 8	编制扩大品评方案，设计品评问卷	中试试产完成后，产品研发部编制扩大品评方案，包括：样品准备、扩大品评白名单、品评问卷、品评时间、品评说明、协助部门等内容		
步骤 9	组织感官品评及发放品评问卷	按照扩大品评方案组织感官品评及发放品评问卷	扩大品评方案	
步骤 10	感官品评意见收集	（1）品评完毕后，收集品评问卷，并对品评问卷进行统计、分析 （2）产品部、销售部参与产品品评		
步骤 11	编制扩大品评报告	（1）编制扩大品评报告提交产品委员会审批 （2）将扩大品评报告及中试试产过程资料进行归档		扩大品评报告
步骤 12	审批是否通过	产品委员会对扩大品评报告从风味、稳定性、中试配方、成本等角度进行审批，确定是否需要调整配方重新中试或产品配方定稿进入品质试产		
步骤 13	产品配方定稿	产品研发部输出产品配方 V1.0		产品配方表 V1.0

3. 相关制度与文件

（1）新产品开发流程。
（2）小试品评方案。
（3）扩大品评方案。

4. 相关表单

（1）小试品评报告。
（2）扩大品评报告。
（3）产品配方表。

5. 流程授权表

表 9-20　新产品品评流程授权表

流程步骤	流程业务授权内容	提　报	审　核	二级审核	审　批	知　会
步骤 6	小试品评报告	产品研发负责人	研发管理部负责人		产品委员会	产品部
步骤 12	扩大品评报告	产品研发负责人	研发管理部负责人		产品委员会	产品部

6. 流程风险点

表 9-21　新产品品评流程风险点

流程步骤	风险描述	控制类型	控制方式	控制频率	控制文档	相关部门
步骤 1、步骤 5、步骤 11、步骤 13	产品配方泄密	发现型	人工	随时	技术档案管理制度	产品研发部、研发管理部、使用部门

八、新产品试销流程

新产品试销流程的输入为年度新品上市计划、品质试产总结，输出为产品试销总结报告，增值方式为验证市场接受度、品质稳定性。图 9-8、表 9-22 至表 9-24 为新产品试销流程全过程。

1. 流程图

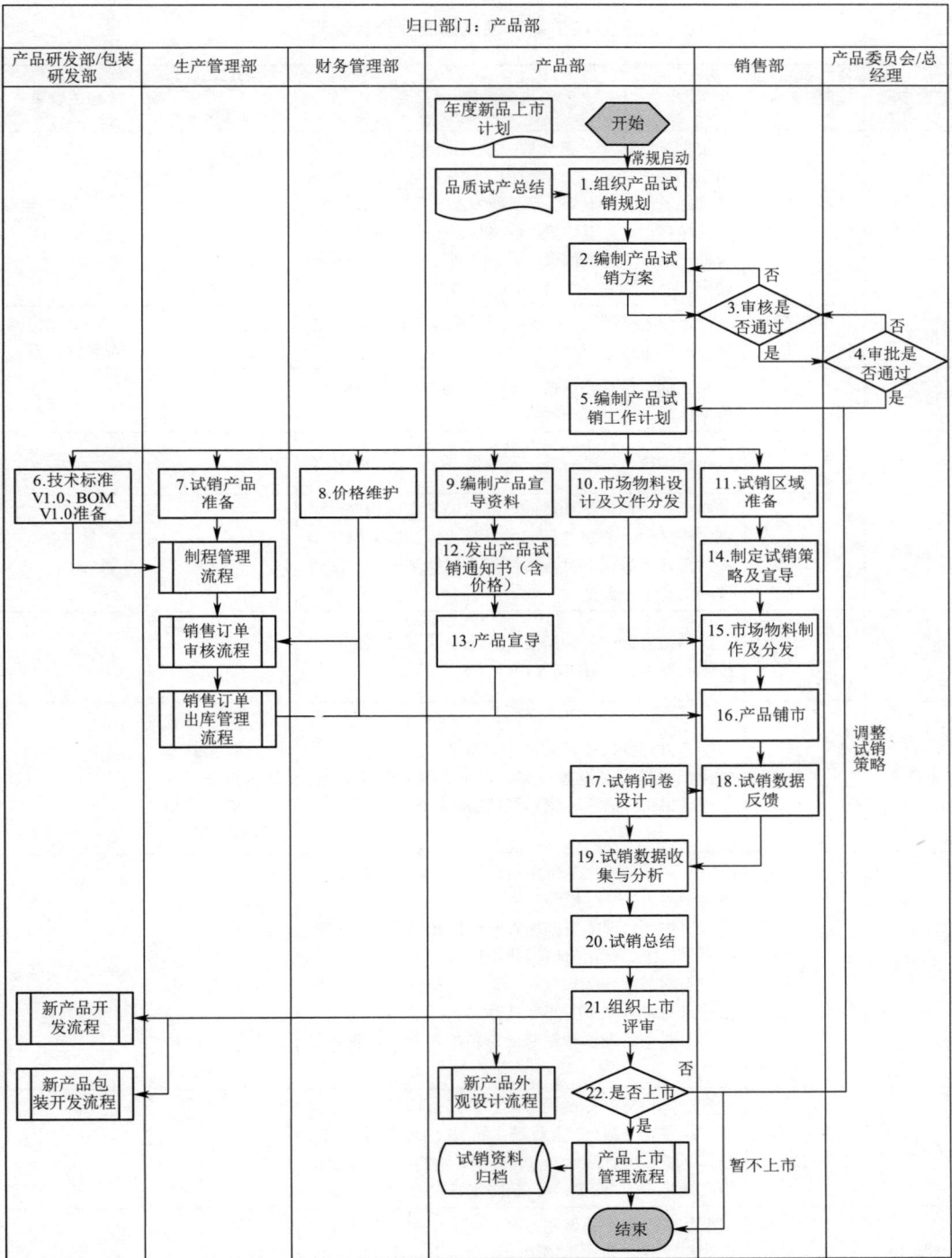

图 9-8 新产品试销流程图

2. 流程步骤说明

表 9-22　新产品试销流程步骤说明

流程步骤	步骤名称	流程步骤说明	相关文件/制度	相关表单
步骤 1	组织产品试销规划	根据年度新品上市计划、品质试产总结，产品部组织产品试销会议，与销售部、生产管理部、研发管理部、包装研发部、产品研发部、质量管理部等，对区域规划、渠道政策、价格体系、正式量产时间、首批上市量、全年预算、试销时间周期等讨论确认，输出产品试销会议纪要		产品试销会议纪要
步骤 2	编制产品试销方案	产品部根据产品试销会议纪要编制产品试销方案，递交审核、审批		产品试销方案、产品价格体系
步骤 3	审核是否通过	销售部审核产品试销方案中试销区域、渠道政策、价格体系、首批试销量等		
步骤 4	审批是否通过	销售部审核通过后递交产品委员会/总经理审批		
步骤 5	编制产品试销工作计划	产品部根据审批通过的产品试销方案编辑产品试销工作计划，明确各部门的具体事项、完成时间节点、责任人等，产品部按照产品试销工作计划跟进各部门的工作进度		产品试销工作计划
步骤 6	技术标准V1.0、BOMV1.0准备	产品研发部/包装研发部根据品质试产总结输出技术标准V1.0、BOMV1.0		
步骤 7	试销产品准备	生产管理部按照产品试销方案和产品试销工作计划组织试销产品准备，完成后进入制程管理流程、销售订单审核流程、销售订单出库管理流程	制程管理流程、销售订单审核流程、销售订单出库管理流程	
步骤 8	价格维护	（1）产品部提供基础资料：产品名称、价格体系、产品规格、销售区域等 （2）生产管理部根据基础资料在ERP系统新建产品料号，维护销售价格、费用价格 （3）财务管理部根据生产管理部提供的生产管理部信息及料号维护内部交易价 （4）财务管理部根据基础资料维护营收系数和费用系数		产品价格体系
步骤 9	编制产品宣导资料	产品部根据产品试销方案、产品试销工作计划编制产品宣导资料：上市背景、品牌故事、产品卖点、品牌视觉、沟通话术、包装设计、消费者促销策略、推广策略、传播策略等，制作宣导视频、宣传单页		
步骤 10	市场物料设计及文件分发	产品部根据产品试销方案、产品试销工作计划进行物料设计，完成正稿输出给市场部，由市场部分发至销售部		

流程步骤	步骤名称	流程步骤说明	相关文件/制度	相关表单
步骤 11	试销区域准备	销售部根据产品试销方案、产品试销工作计划组织各试销区域就试销策略初步沟通，收集试销区域反馈意见		
步骤 12	发出产品试销通知书（含价格）	各部门完成工作后，产品部发出产品试销通知书：产品基础信息、试销规划时间等，发给生产管理部、销售部、财务管理部		产品试销通知书
步骤 13	产品宣导	产品部在产品铺市前针对一线销售业务员通过线上视频、线下手册等方式进行产品培训，内容包括上市背景、品牌故事、产品卖点、品牌视觉、沟通话术、包装设计、消费者促销策略、推广策略、传播策略		
步骤 14	制定试销策略及宣导	（1）销售部根据试销区域所收集的反馈意见，制定行销计划：区域布局、渠道策略、推广策略、搭赠政策、人员激励、产品供应等 （2）组织试销区域宣导会：销售团队、经销商		新品上市宣导报告—销售部
步骤 15	市场物料制作及分发	销售部收到市场部的设计文件，进行市场物料的制作		物料发放进度表
步骤 16	产品铺市	销售人员根据搭赠政策进行网点铺市		新品上市追踪表
步骤 17	试销问卷设计	产品部根据产品试销方案的试销目的设计消费者、渠道、团队的调研问卷，借助内部团队、线上平台、外部供应商开展问卷调研工作		
步骤 18	试销数据反馈	销售部每周向产品部反馈试销及市场反馈： （1）产品铺货、陈列、返单件数、销量及照片 （2）终端市场反馈的信息（口味、包装、价格、质量等） （3）根据产品部要求的试销调查问卷统计数据		新品上市追踪表
步骤 19	试销数据收集与分析	（1）产品部根据内部团队、线上平台、外部供应商提供的数据进行数据清洗、数据分析 （2）产品部根据销售部反馈的试销数据进行销售数据的整理分析		
步骤 20	试销总结	（1）产品部根据市场调研数据分析及销售数据分析整理试销总结报告 （2）进入新产品开发流程、包装研发流程、外观设计流程	新产品开发流程、包装研发流程、外观设计流程	
步骤 21	组织上市评审	产品部组织研发管理部、包装研发部、产品研发部、生产管理部、财务管理部、销售部、产品委员会/总经理进行上市评审会，针对产品试销过程中的销售数据、消费者反馈、渠道反馈，评估产品是否正式上市		上市评审会议纪要
步骤 22	是否上市	按照上市评审会议纪要确定产品是否上市，确定上市进入产品上市管理流程 试销结束后，试销资料归档	产品上市管理流程	

3. 相关制度与文件

（1）制程管理流程。

（2）销售订单审核流程。

（3）销售订单出库管理流程。

（4）新产品开发流程。

（5）包装研发流程。

（6）外观设计流程。

（7）产品上市管理流程。

4. 相关表单

（1）产品试销会议纪要。

（2）产品试销方案。

（3）产品价格体系。

（4）产品试销工作计划。

（5）产品试销通知书。

（6）新品上市宣导报告。

（7）物料发放进度表。

（8）新品上市追踪表。

（9）上市评审会议纪要。

5. 流程授权表

表 9-23　新产品试销流程授权表

流程步骤	流程业务授权内容	提 报	审 核	二级审核	审 批	知 会
步骤2 至步骤4	产品试销方案	品牌负责人	副总经理（产品中心）	销售部	产品委员会 / 总经理	生产管理部、财务管理部、研发管理部、包装研发部、产品研发部、质量管理部

6. 流程风险点

表 9-24　新产品试销流程风险点

流程步骤	风险描述	控制类型	控制方式	控制频率	控制文档	相关部门
步骤2	产品试销方案：（1）上市首批量预测 / 全年预算量偏差过大，造成产成品 / 物料呆滞或紧缺	发现型	人工	随时	产品试销方案	产品部、销售部、财务部、研发管理部、包装研发部、产品研发部、生产管理部、产品委员会 / 总经理

流程步骤	风险描述	控制类型	控制方式	控制频率	控制文档	相关部门
步骤2	（2）试销区域选择不准确，无法真实反映市场接受情况，影响公司新品上市决策 （3）产品价格体系设置不合理，导致市场接受度降低／公司利润空间受挤压	发现型	人工	随时	产品试销方案	产品部、销售部、财务部、研发管理部、包装研发部、产品研发部、生产管理部、产品委员会／总经理
步骤8	价格维护： （1）基础信息维护不及时导致终端无法下单，延误试销 （2）产品价格维护出错，如订单价格、营收系数、费用系数，造成负面影响	发现型	人工	随时	产品价格体系、ERP系统	产品部、生产管理部、营销会计部、财务管理部、销售部
步骤21	新品上市评审的销售数据是否真实、准确，终端市场反馈的信息是否可靠，影响新品上市决策的正确性	发现型	人工	阶段		产品部、研发管理部、包装研发部、产品研发部、生产管理部、财务管理部、销售部、产品委员会／总经理

九、产品上市管理流程

产品上市管理流程的输入为年度新品上市计划、产品试销总结报告，输出为产品上市总结报告，增值方式为提升上市成功率。图9-9、表9-25至表9-27为产品上市管理流程全过程。

1. 流程图

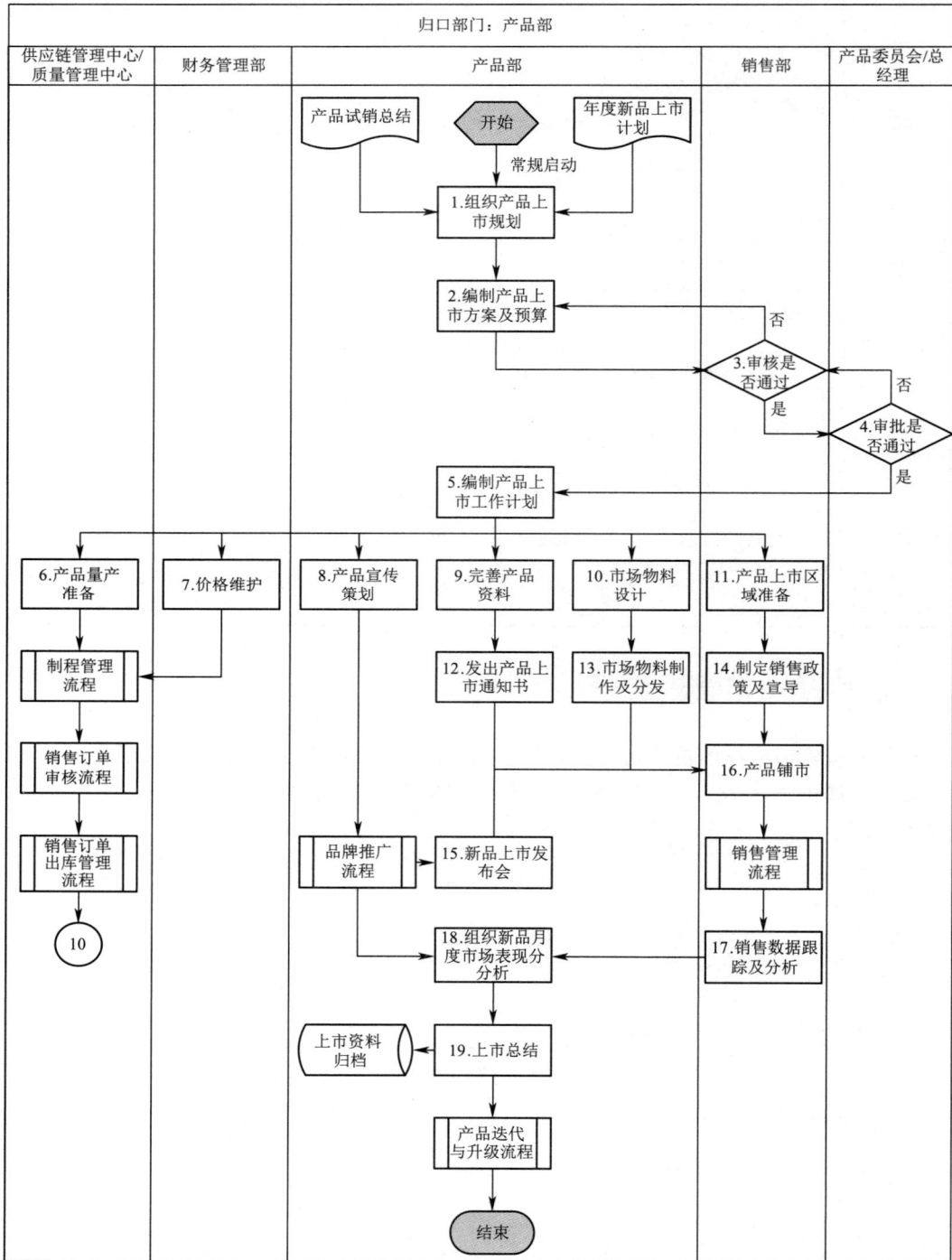

图 9-9　产品上市管理流程图

2. 流程步骤说明

表 9-25　产品上市管理流程步骤说明

流程步骤	步骤名称	流程步骤说明	相关文件/制度	相关表单
步骤 1	组织产品上市规划	根据产品年度新品上市计划产品试销总结产品部组织产品上市会议，与销售部、生产管理部、研发管理部、包装研发部、产品研发部、质量管理部等，对销量目标、费用预算、区域规划、渠道政策、价格体系等讨论确认，输出产品上市会议纪要		产品上市会议纪要
步骤 2	编制产品上市方案及预算	产品部根据产品上市会议纪要编制产品上市方案及预算，递交审核、审批		产品上市方案及预算
步骤 3	审核是否通过	销售部审核产品上市方案中上市区域、渠道政策、费用预算、销量目标等		
步骤 4	审批是否通过	销售部审核通过后递交产品委员会 / 总经理审批		
步骤 5	编制产品上市工作计划	产品部根据审批通过的产品上市方案编辑产品上市工作计划，明确各部门具体事项、完成时间节点、责任人等，产品部按照产品上市工作计划跟进各部门的工作进度		产品上市工作计划
步骤 6	产品量产准备	生产管理部按照产品上市方案和产品上市工作计划组织上市产品准备，完成后进入制程管理流程、销售订单审核流程、销售订单出库管理流程	制程管理流程、销售订单审核流程、销售订单出库管理流程	
步骤 7	价格维护	销售部根据价格维护结果和产品上市方案对经销商及价格维护结果进行绑定	供应链系统、ERP	产品价格体系
步骤 8	产品宣传策划	产品部根据产品上市方案及产品上市工作计划制定产品宣传策划：品牌 TVC（商业电视广告）、品牌推广传播策略、消费者人群等，并进入品牌推广流程	品牌推广流程	
步骤 9	完善产品资料	根据产品试销总结完善产品资料，包括：品牌故事、产品卖点、品牌视觉、沟通话术、包装设计等		
步骤 10	市场物料设计	产品部根据产品上市方案、产品上市工作计划完善物料设计，输出正稿给市场部		
步骤 11	产品上市区域准备	销售部根据产品上市方案、产品上市工作计划组织各上市区域就上市策略初步沟通，收集区域反馈意见		
步骤 12	发出产品上市通知书	各部门按照产品上市工作计划进度完成准备工作后，产品部发出产品上市通知书		产品上市通知书
步骤 13	市场物料制作及分发	市场部统筹市场物料的数量提报、物料打样、下单制作，制作完分发至销售部		

续上表

流程步骤	步骤名称	流程步骤说明	相关文件/制度	相关表单
步骤14	制定销售政策及宣导	（1）销售部根据销售区域所收集的反馈意见，制定行销计划：区域布局、渠道策略、推广策略、搭赠政策、人员激励、产品供应等 （2）组织销售区域宣导会：销售团队、经销商		新品上市宣导报告
步骤15	新品上市发布会	产品部策划新品上市发布会：时间、地点、规模、参与对象、议程、布建方案等相关内容，并组织实施		新品上市发布会方案
步骤16	产品铺市	销售人员根据销售政策进行网点铺市	销售管理流程	新品上市追踪表
步骤17	销售数据跟踪及分析	销售部每月向产品部反馈上市及市场反馈		新品上市追踪表
步骤18	组织新品月度市场表现分析	（1）产品部根据销售部反馈的销售数据进行整理分析 （2）定期收集整理市场反馈 （3）在公司月度经营分析会将新品市场表现情况进行复盘		
步骤19	上市总结	上市满六个月后，产品部组织研发管理部、包装研发部、产品研发部、生产管理部、财务管理部、销售部、产品委员会／总经理，针对产品上市过程中的销售数据、消费者反馈、渠道反馈等，进行上市总结，输出上市总结报告	产品迭代与升级流程	上市总结报告

3. 相关制度与文件

（1）制程管理流程。
（2）销售订单审核流程。
（3）销售订单出库管理流程。
（4）品牌推广流程。
（5）销售管理流程。
（6）产品迭代与升级流程。

4. 相关表单

（1）产品上市会议纪要。
（2）产品上市方案及预算。
（3）产品上市工作计划。
（4）产品价格体系。
（5）产品上市通知书。

（6）新品上市宣导报告。

（7）新品上市发布会方案。

（8）新品上市追踪表。

（9）上市总结报告。

5. 流程授权表

表 9-26 产品上市管理流程授权表

流程步骤	流程业务授权内容	提 报	审 核	二级审核	审 批	知 会
步骤 2 至步骤 4	产品上市方案	品牌负责人	副总经理（产品中心）	销售部	产品委员会／总经理	生产管理部、财务管理部、研发管理部、包装研发部、产品研发部、质量管理部

6. 流程风险点

表 9-27 产品上市管理流程风险点

流程步骤	风险描述	控制类型	控制方式	控制频率	控制文档	相关部门
步骤 2	产品上市方案： （1）上市首批量预测／全年预算量偏差过大，造成产成品／物料呆滞或紧缺 （2）销售区域选择不准确，无法真实反映市场接受情况，影响公司经营策略决策 （3）产品价格体系设置不合理，导致市场接受度降低／公司利润空间受挤压	发现型	人工	随时	产品上市方案	产品部、销售部、财务部、研发管理部、包装研发部、产品研发部、生产管理部、产品委员会／总经理

十、产品迭代与升级流程

产品迭代与升级流程的输入为年度产品开发规划报告、临时迭代与升级需求，输出为产品改版及改良计划表，增值方式为提升产品品质、控制产品成本、确保按期上市。图 9-10、表 9-28 至表 9-30 为产品迭代与升级流程全过程。

1. 流程图

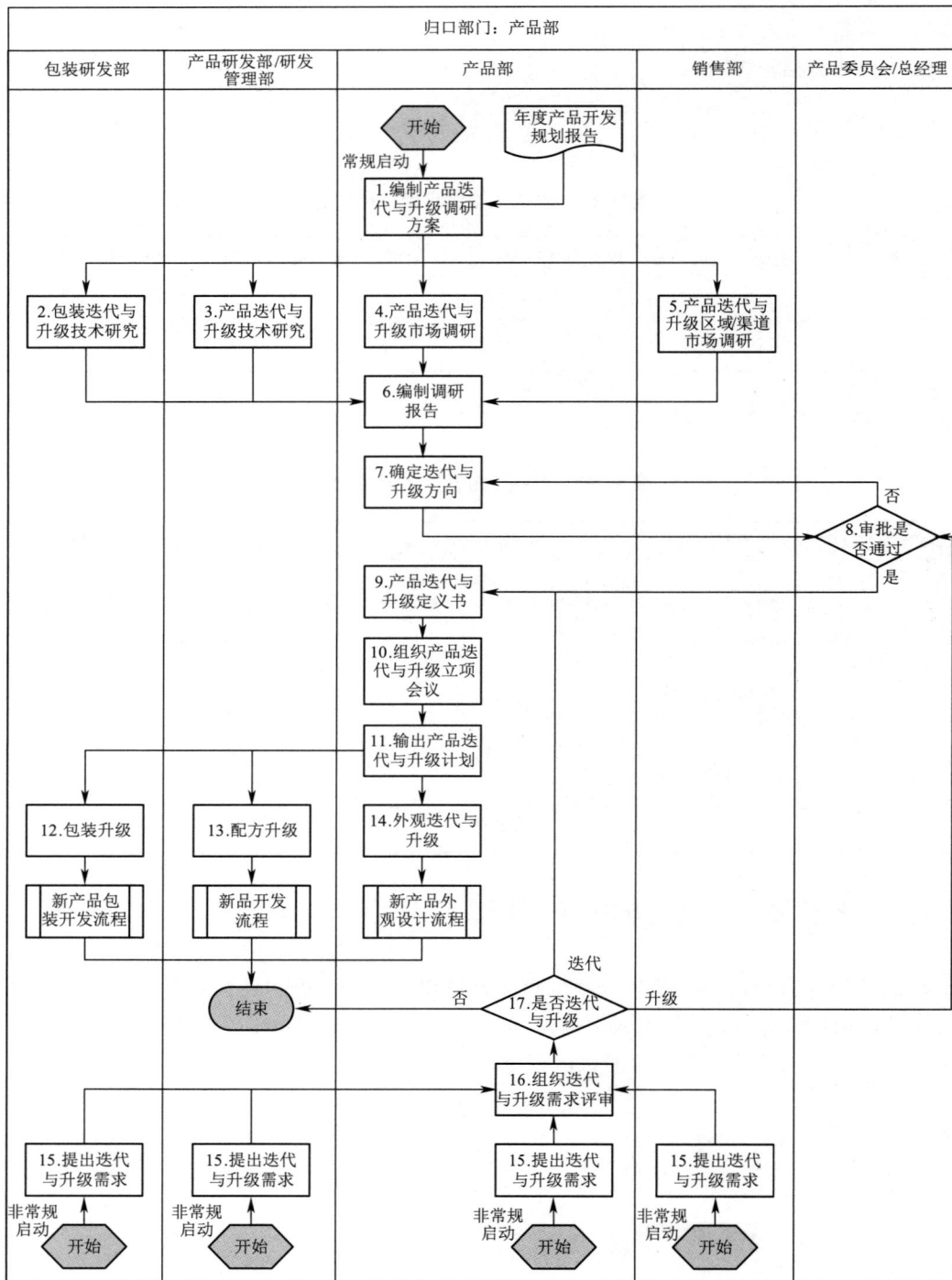

图 9-10　产品迭代与升级流程图

2. 流程步骤说明

表 9-28　产品迭代与升级流程步骤说明

流程步骤	步骤名称	流程步骤说明	相关文件 / 制度	相关表单
步骤 1	编制产品迭代 与升级调研方案	产品部根据年度产品开发规划报告和月度产品开发计划编制产品迭代与升级调研方案，明确调研目的、调研对象、调研范围、职责分工、责任人、时间进度、调研方式（线上 / 线下 / 电话等）、调研模式、调研预算	年度产品开发规划报告、月度产品开发计划、产品迭代与升级调研方案	
步骤 2	包装迭代与升级技术研究	包装研发部根据产品迭代与升级调研方案组织产品包装研究，包括新型材料、新型包装形式、品质提升、成本优化等		
步骤 3	产品迭代与升级技术研究	产品研发部 / 研发管理部根据产品迭代与升级调研方案组织产品技术研究，包含产品改良配方、新型应用原料、工艺优化 / 改良、质量提升、成本优化等		
步骤 4	产品迭代与升级市场研究	产品部根据产品迭代与升级调研方案组织产品市场调研工作，包括行业、品类、消费者、竞品、价格、促销等研究		
步骤 5	产品迭代与升级区域 / 渠道市场调研	销售部根据产品迭代与升级调研方案组织区域 / 渠道产品市场调研，包括区域、渠道（经销商、邮差 / 二批、终端商户）、消费者等研究		
步骤 6	编制调研报告	产品部根据产品部、销售部调研结果以及研发管理部 / 包装研发部 / 产品研发部的技术研究成果，汇总并编制产品调研报告		产品迭代与升级调研报告
步骤 7	确定改版及改良方向	产品部在产品迭代与升级调研报告结论中明确产品开发方向，提交产品委员会 / 总经理审批		
步骤 8	审批是否通过	产品委员会 / 总经理对产品迭代与升级调研报告进行审批，审批通过的进入步骤 9，审批不通过的返回步骤 7		
步骤 9	产品迭代与升级定义书	产品部根据审批通过的产品迭代与升级调研报告编写产品迭代与升级定义书 V0.1，明确产品迭代与升级的基本信息、知识产权、市场需求预测、时间进度、生产工艺、内容物、内包、外包等		产品迭代与升级定义书 V0.1
步骤 10	组织产品迭代与升级立项会议	（1）产品部组织研发管理部、包装研发部、产品研发部、销售部、设备部、采购部、财务管理部、产品委员会 / 总经理等对产品迭代与升级定义书 V0.1 进行可行性沟通确认，相关部门给出修改意见 （2）产品部根据修改意见对产品定义书进行修订，输出产品迭代与升级定义书 V1.0，并对项目进行立项		

流程步骤	步骤名称	流程步骤说明	相关文件/制度	相关表单
步骤11	输出产品迭代与升级计划	产品部根据产品迭代与升级定义书编辑产品迭代与升级计划表明确各部门分工、责任人、里程碑、时间节点等，按照计划表跟踪进度		产品迭代与升级计划表
步骤12	包装升级	包装研发部根据产品迭代与升级计划表、产品迭代与升级定义书V1.0进入包装研发流程进行包装改良		
步骤13	配方升级	产品研发部根据产品迭代与升级计划表、产品迭代与升级定义书V1.0进入产品开发流程进行配方改良		
步骤14	外观迭代与升级	产品部根据产品迭代与升级计划表、产品迭代与升级定义书V1.0进入外观设计流程进行外观改版及改良		
步骤15	提出迭代与升级需求	（1）包装研发部提出包装改良/精进临时改版及改良需求 （2）产品研发部/研发管理部提出配方/工艺优化/法规信息修改等临时改版及改良需求 （3）品牌管理提出促销信息/设计版面优化/画面替换等临时改版及改良需求 （4）销售部提出渠道促销/渠道产品定制等临时改版及改良需求		
步骤16	组织迭代与升级需求评审	产品部组织研发管理部、包装研发部、产品研发部、生产管理部、营销本部、产品委员会参与评审，各相关部门从专业角度提出评审意见，产品部汇总评审意见		产品迭代与升级变更表
步骤17	是否迭代与升级	评审通过，改版进入步骤9对产品迭代与升级定义书进行修订，改良进入步骤8；评审不通过，流程结束		

3. 相关制度与文件

（1）年度产品开发规划报告。

（2）月度产品开发计划。

（3）产品迭代与升级调研方案。

4. 相关表单

（1）产品迭代与升级调研报告。

（2）产品迭代与升级定义书。

（3）产品迭代与升级计划表。

（4）产品迭代与升级变更表。

5. 流程授权表

表 9-29　产品迭代与升级流程授权表

流程步骤	流程业务授权内容	提　报	审　核	二级审核	审　批	知　会
步骤 8	产品迭代与升级调研报告	产品部			产品委员会 /总经理	研发管理部、包装研发部、产品研发部
步骤 16	产品迭代与升级变更表	产品部			产品委员会 /总经理	研发管理部、包装研发部、产品研发部、销售部

6. 流程风险点

表 9-30　产品迭代与升级流程风险点

流程步骤	风险描述	控制类型	控制方式	控制频率	控制文档	相关部门
步骤 1	（1）产品调研问卷设计不合理，导致信息收集达不到预期（2）产品调研方案有漏洞，导致调研资源的浪费	预防型	人工	随时	产品调研方案	产品部
步骤 9 至步骤 14	（1）产品迭代与升级定义书信息遗漏，导致项目延迟、资源浪费、返工（2）产品迭代与升级定义书信息不精确，导致版本多次修订、项目延迟、资源浪费、返工	发现型	人工	随时	产品迭代与升级定义书	产品部、研发管理部、包装研发部、产品研发部、销售部、产品委员会 /总经理

十一、产品退市管理流程

产品退市管理流程的输入为产品盈利能力报告、产品销量分析报告、成品库存分析报告、输出为产品档案，增值方式为降低退市损失。图 9-11、表 9-31 至表 9-33 为产品退市管理流程全过程。

1. 流程图

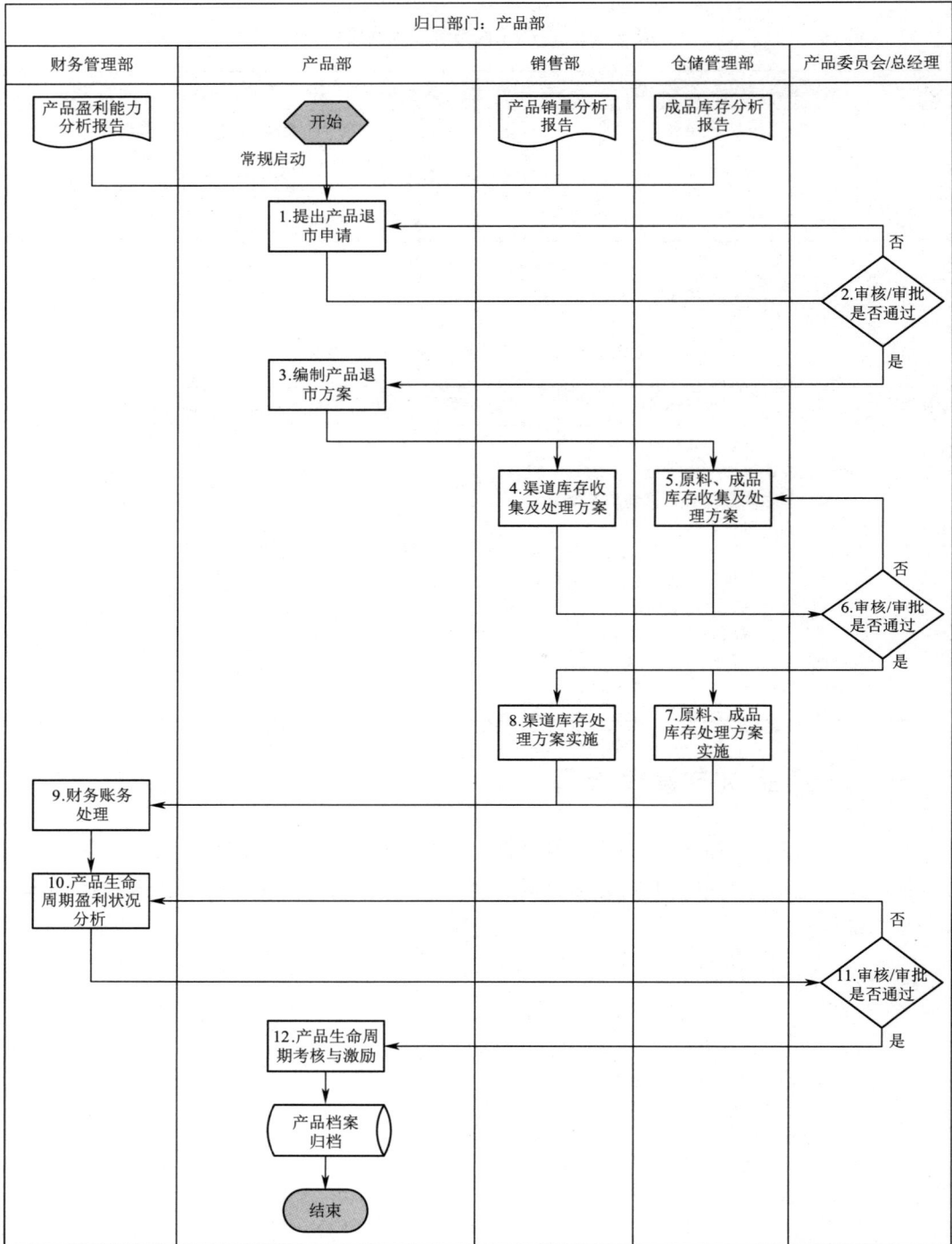

图 9-11　产品退市管理流程图

2. 流程步骤说明

表 9-31 产品退市管理流程步骤说明

流程步骤	步骤名称	流程步骤说明	相关文件/制度	相关表单
步骤 1	提出产品退市申请	产品部根据相关部门提供的信息提出产品退市申请： （1）财务管理部按月输出产品盈利能力分析报告 （2）销售部按月输出产品销售分析报告 （3）仓储管理部按月输出成品库存分析报告	产品盈利能力分析报告、产品销售分析报告、成品库存分析报告	产品退市申请表
步骤 2	审核/审批是否通过	产品委员会审核后，报总经理审批		
步骤 3	编制产品退市方案	产品部根据产品委员会、总经理的审批意见，编制产品退市处理方案，方案应包括： （1）渠道库存处理方案 （2）公司仓库原料、成品库存处理方案		
步骤 4	渠道库存收集及处理方案	销售部根据产品部提出的渠道库存处理方案，统计渠道库存，并输出渠道储存具体处理方案		
步骤 5	原料、成品库存收集及处理方案	仓储管理部根据产品部提出的公司仓库原料、成品处理方案，提出具体实施处理方案： （1）已下单原料、在途原料、在库原料处理方案 （2）在制品、在库成品处理方案		
步骤 6	审核/审批是否通过	产品委员会、总经理就步骤4、步骤5提出的处理方案进行审核及审批		
步骤 7	原料、成品库存处理方案实施	（1）仓储管理部协同生产部、财务管理部对在库原料进行处理 （2）仓储管理部协同采购部、财务管理部对已下单原料、在途原料进行处理		
步骤 8	渠道库存处理方案实施	销售部组织相关部门根据审批的结果进行渠道库存处理方案实施		
步骤 9	财务账务处理	财务管理部对成品、半成品、原料库存处理进行相应账务处理		
步骤 10	产品生命周期盈利状况分析	（1）财务管理部需要建立产品生命周期盈利分析模型 （2）财务管理部在退市当月输出产品生命周期盈利状况分析报告 （3）财务管理部将产品生命周期盈利状况分析报告输出给产品部，并报产品委员会审核、总经理审批	产品生命周期盈利状况分析报告	产品生命周期盈利分析模型
步骤 11	审核/审批是否通过	产品委员会审核后，报总经理审批		
步骤 12	产品生命周期考核与激励	产品部根据产品销售激励方案进行考核与激励	产品销售激励方案	

3. 相关制度与文件

（1）产品盈利能力分析报告。
（2）产品销售分析报告。
（3）成品库存分析报告。
（4）产品生命周期盈利状况分析报告。
（5）产品销售激励方案。

4. 相关表单

（1）产品退市申请表。
（2）产品生命周期盈利分析模型。

5. 流程授权表

表 9-32　产品退市管理流程授权表

流程步骤	流程业务授权内容	提报	审核	二级审核	审批	知会
步骤 2	产品退市申请	产品经理	产品中心负责人	产品委员会	总裁	销售部、仓储管理部、财务管理部
步骤 6	渠道库存处理方案	销售经理	销售部经理	产品委员会	总裁	财务管理部
步骤 6	公司仓库原料、成品处理方案	仓管员	仓储管理部经理	产品委员会	总裁	财务管理部、采购部经理
步骤 11	产品生命周期盈利状况分析	财务主管	财务管理部经理	产品委员会	总裁	人力资源部、产品部

6. 流程风险点

表 9-33　产品退市管理流程风险点

流程步骤	风险描述	控制类型	控制方式	控制频率	控制文档	相关部门
步骤 1	产品经理对产品信息掌握不及时、不全面，导致库存过大或产品盈利能力下降	预防型	人工	定期	产品盈利能力分析报告、产品销售分析报告、成品库存分析报告	财务管理部、销售部、仓储管理部
步骤 5、步骤 7	在库原料、在制品、成品安全库存标准不确实，信息不准确、统计不及时，导致产品退市时，库存资产大量贬值，影响产品盈利能力	发现型	系统	定期	成品库存信息、原料库存信息	销售部、仓储管理部、财务管理部
步骤 4、步骤 8	（1）成品渠道库存过大，造成产品退市时，退市周期过长，同时伤害渠道利润 （2）由于退市时间太长，导致替代品上市周期延后	预防型	系统	定期	渠道库存信息	销售部、仓储管理部、财务管理部

十二、基础研究流程

基础研究流程的输入为中长期产品规划，输出为基础研究资料，增值方式为提升产品竞争力。图 9-12、表 9-34 至表 9-36 为基础研究流程全过程。

1. 流程图

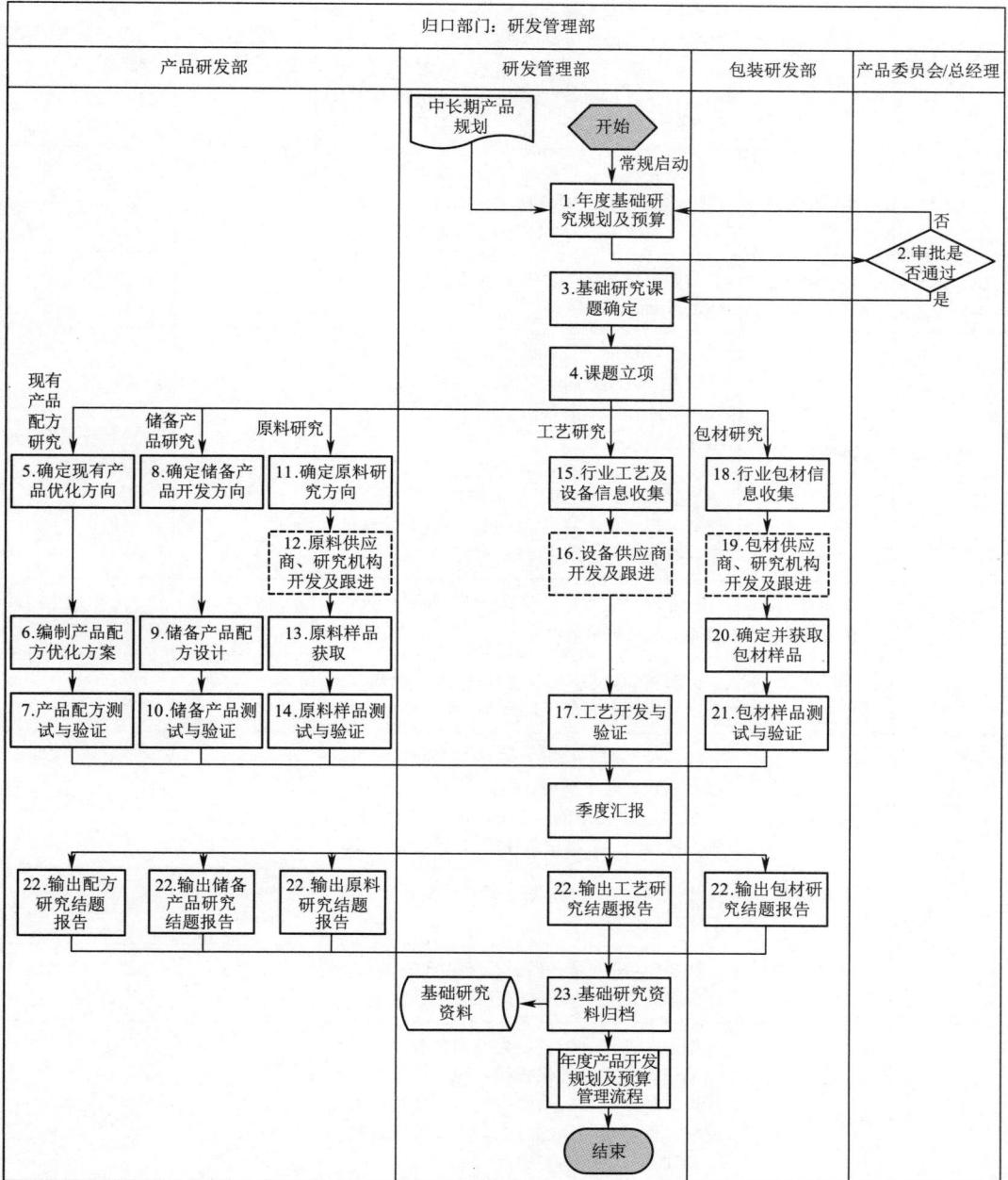

图 9-12　基础研究流程图

2. 流程步骤说明

表 9-34　基础研究流程步骤说明

流程步骤	步骤名称	流程步骤说明	相关文件 / 制度	相关表单
步骤 1	年度基础研究规划及预算	根据中长期产品规划对产品开发方向、产品定位、产品品类等的规划，以及根据行业前沿研究动态，对新技术、新包材、新工艺、新原料、法规动态等进行分析，对配方、原料、工艺、包材、储备产品进行基础研究规划及预算确定	中长期产品规划	年度基础研究规划及预算
步骤 2	审批是否通过	产品委员会 / 总经理对提交的年度基础研究规划及预算进行审批，出具意见：审批通过则进入步骤 3，审批不通过则返回步骤 1		
步骤 3	基础研究课题确定	根据审批通过的年度基础研究规划及预算确定基础研究课题		
步骤 4	课题立项	（1）对基础研究课题进行立项，编制项目立项书，确定课题研究成员，明确立项背景、技术目标、项目里程碑、人员安排、研发预算、项目预期成果等 （2）组织课题立项启动会，对项目立项书进行评审，按照评审意见修订项目立项书，填写项目立项申请书，一起提交研发管理部、包装研发部、产品研发部负责人审批		项目立项书、项目立项申请书
步骤 5	确定现有产品优化方向	按照项目立项书，确定现有产品配方研究方向，制定项目进度表		项目进度表
步骤 6	编制产品优化方案	按照项目进度表，对产品配方的研究方案进行具体化，编制产品配方研究方案		产品配方研究方案
步骤 7	产品配方测试与验证	按照产品配方研究方案调制产品，对产品进行感官、理化指标、稳定性等测试及验证，与项目立项书中的技术目标进行对比分析，做好过程中的数据记录及技术资料档案管理		实验记录
步骤 8	确定储备产品开发方向	按照项目立项书，确定储备产品开发方向，制定项目进度表		项目进度表
步骤 9	储备产品配方设计	按照项目进度表，对储备产品配方的研究方案进行具体化，编制储备产品配方研究方案		储备产品配方研究方案
步骤 10	储备产品测试与验证	按照储备产品配方研究方案调制产品，对产品进行感官、理化指标、稳定性等测试及验证，与项目立项书中的技术目标进行对比分析，做好过程中的数据记录及技术资料档案管理		实验记录

续上表

流程步骤	步骤名称	流程步骤说明	相关文件/制度	相关表单
步骤 11	确定原料研究方向	通过专业文献检索、行业学术论坛、科研院所交流、第三方等对行业原料信息进行收集，根据需要编制原料研究方案		
步骤 12	原料供应商、研究机构开发及跟进	根据项目研究需要，联系高校、科研单位、第三方研究机构，沟通、明确研究合作方式、合作内容、成果归属、保密义务等合作方案，进行合同签订，项目负责人负责跟进委外合作的研发进度及完成情况，并对研究成果进行验收		
步骤 13	原料样品获取	根据原料研究方案的需求，通过供应商获取原料（部分需采购部提供供应商信息），为原料研究准备实验样品		原料研究方案
步骤 14	原料样品测试与验证	按照原料研究方案开展原料样品的测试与验证，与项目立项书中的技术目标进行对比分析，做好过程中的数据记录及技术资料档案管理		实验记录
步骤 15	行业工艺及设备信息收集	通过设备供应商、行业论坛、行业展会等对行业工艺及设备信息进行收集，根据需要编制工艺研究方案，如需委外研究，则进入步骤 22		工艺研究方案
步骤 16	设备供应商开发及跟进	根据项目研究需要，寻找、开发设备供应商（部分需采购部提供设备供应商信息），与供应商沟通、明确研究合作方式、合作内容、成果归属、保密义务等合作方案，进行合同签订，项目负责人负责跟进委外合作的开发进度及完成情况，并对研究成果进行验收		
步骤 17	工艺开发与验证	按照工艺研究方案开展工艺开发与验证，与项目立项书中的技术目标进行对比分析，做好过程中的数据记录及技术资料档案管理		
步骤 18	行业包材信息收集	通过专业文献检索、行业学术论坛、科研院所交流、第三方、市场调查等对行业包材信息进行收集，根据需要编制包材研究方案，如需委外研究，则进入步骤 27		包材研究方案
步骤 19	包材供应商、研究机构开发及跟进	根据项目研究需要，联系高校、科研单位、第三方研究机构，沟通、明确研究合作方式、合作内容、成果归属、保密义务等合作方案，进行合同签订，项目负责人负责跟进委外合作的研发进度及完成情况，并对研究成果进行验收		

流程步骤	步骤名称	流程步骤说明	相关文件 / 制度	相关表单
步骤 20	确定并获取包材样品	根据包材研究方案的需求，与供应商沟通、确定包材样品，提供包材研究实验样品		
步骤 21	包材样品测试与验证	按照包材研究方案开展包材样品的尺寸、物理性能、化学性能、稳定性、破坏性、成型效果等测试与验证，与项目立项书中的技术目标进行对比分析，做好过程中的数据记录及技术资料档案管理		包材测试记录表
步骤 22	输出研究结题报告	根据评审意见，修订研究结题报告并输出定稿		产品配方研究结题报告、储备产品研究结题报告、原料样品研究结题报告、工艺研究结题报告、包材研究结题报告
步骤 23	基础研究资料归档	基础研究资料按照技术档案管理制度要求定期归档	技术档案管理制度	

3. 相关制度与文件

（1）中长期产品规划。

（2）技术档案管理制度。

4. 相关表单

（1）年度基础研究规划及预算。

（2）项目立项书。

（3）项目立项申请书。

（4）项目进度表。

（5）产品配方研究方案。

（6）实验记录。

（7）原料研究方案。

（8）工艺研究方案。

（9）包材研究方案。

（10）包材测试记录表。

（11）储备产品配方研究方案。

（12）产品配方研究结题报告。

（13）储备产品研究结题报告。

（14）原料样品研究结题报告。

（15）工艺研究结题报告。

（16）包材研究结题报告。

5. 流程授权表

表 9-35　基础研究流程授权表

流程步骤	流程业务授权内容	提　报	审　核	二级审核	审　批	知　会
步骤 2	年度基础研究规划及预算	研发管理部负责人	研发管理部、包装研发部、产品研发部负责人		产品委员会/总经理	产品研发部、包装研发部

6. 流程风险点

表 9-36　基础研究流程风险点

流程步骤	风险描述	控制类型	控制方式	控制频率	控制文档	相关部门
步骤 3、步骤 4	基础研究课题可行性分析不足导致基础研究方向偏差过大或基础研究失败	发现型	人工	定期	项目立项书、项目进度表	研发管理部、产品研发部、包装研发部
步骤 16、步骤 22、步骤 27	基础研究课题委外机构/设备供应商开发进度、项目交付结果与预期目标偏差过大，造成基础研究失败或研发资源浪费	发现型	人工	定期	项目进度表、合同	研发管理部、产品研发部、包装研发部、采购部
步骤 5 至步骤 31	基础研究技术文件泄露	发现型	人工	随时	技术档案管理制度	研发管理部、产品研发部、包装研发部、采购部
步骤 5 至步骤 31	基础研究技术文件丢失	预防型	人工	随时	技术档案管理制度	研发管理部、产品研发部、包装研发部、采购部

十三、研发费用管理流程

研发费用管理流程的输入为年度产品开发预算、月度产品开发计划及研发费用科目、支出范围、归集标准，输出为研发项目财务资料，增值方式为控制研发费用，提升研发费用使用效率。图 9-13、表 9-37 至表 9-39 为研发费用管理流程全过程。

1. 流程图

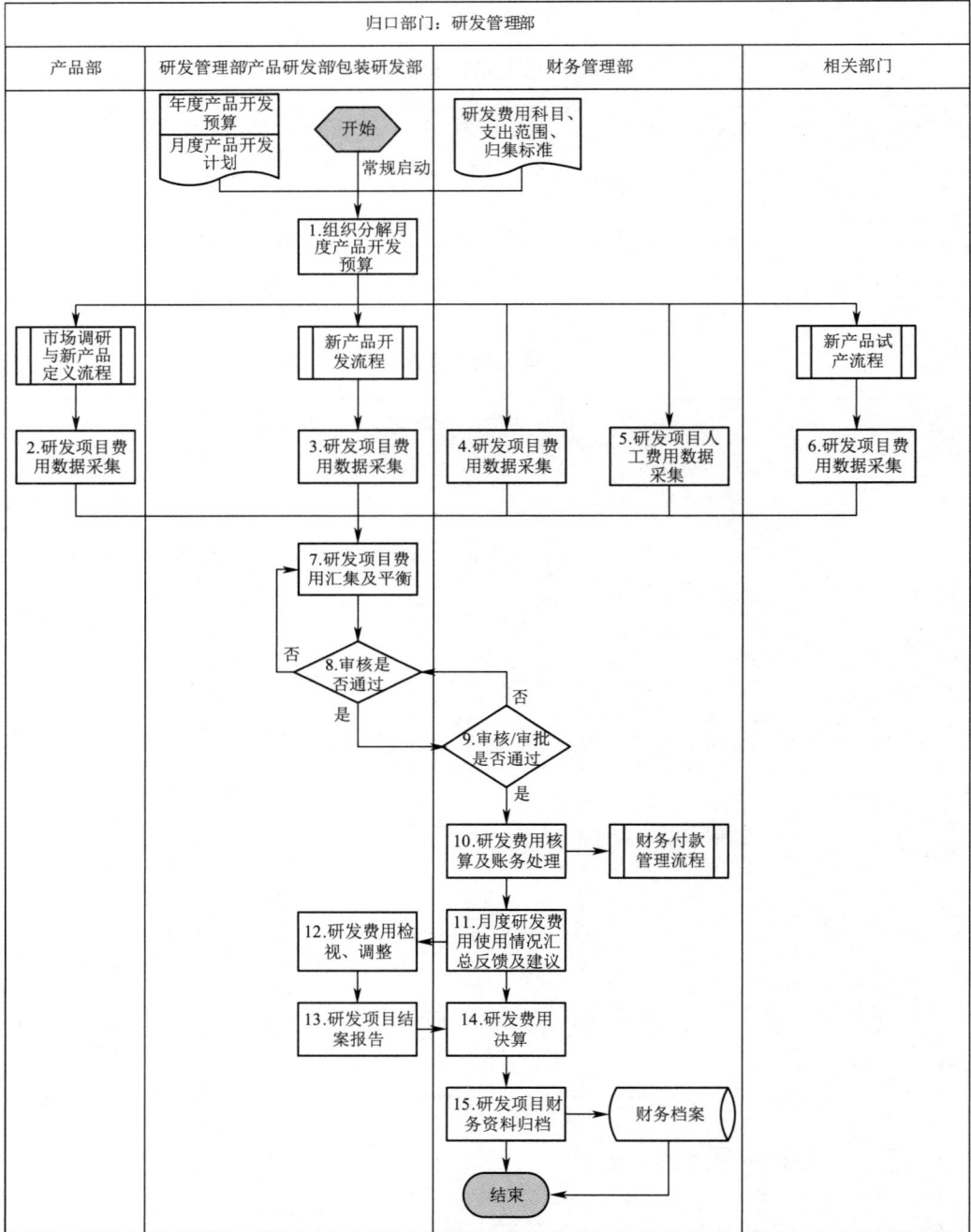

图 9-13 研发费用管理流程图

2. 流程步骤说明

表 9-37　研发费用管理流程步骤说明

流程步骤	步骤名称	流程步骤说明	相关文件/制度	相关表单
步骤 1	组织编制产品开发预算	（1）研发管理部根据财务管理部提供的年度产品开发预算模板（规定研发费用科目、支出范围、归集标准等），组织编制年度产品开发预算 （2）研发管理部根据年度产品开发预算、月度产品开发计划组织相关部门分解月度产品开发预算，分项目、分科目，编制本部门产品开发预算 （3）分别进入市场调研与新产品定义流程、外观设计流程、新产品开发流程、包装研发流程、产品试产管理流程	市场调研与新产品定义流程、外观设计流程、新产品开发流程、包装研发流程、产品试产管理流程	年度产品开发预算模板、年度产品开发预算、月度产品开发计划
步骤 2	研发项目费用数据采集（产品部）	产品部根据月度产品开发预算申请市场调研费、打样费、样品费、包装设计费用等		
步骤 3	研发项目费用数据采集（产品研发部、包装研发部）	产品研发部/包装研发部根据月度产品开发预算申请内容物、包装开发、人工、仪器、委外技术服务费等		月度产品开发预算
步骤 4	研发项目费用数据采集（财务管理部）	（1）财务管理部根据月度产品开发预算对研发固定资产进行折旧，以及专利知识产权、研发场地费用摊销 （2）财务管理部根据研发人员名单、薪资标准、项目工时分配等核算各项目研发人工费用		
步骤 5	研发项目费用数据采集	生产 BP 每月统计研发项目参与人员月度考勤、核算工资		
步骤 6	研发项目费用数据采集	（1）采购部根据月度产品开发预算以及产品试产需求，进行物料备料费用申请 （2）生产管理部根据月度产品开发预算以及产品试产结果，编制试产费用、包括水电气以及参与试产人工等生产费用 （3）设备部根据月度产品开发预算以及技改需求，进行设备新增、技改、维修等设备费用申请 （4）质量管理部根据月度产品开发预算以及试产需求，进行送检费、材料费、仪器设备费、认证费等费用申请 （5）生产计划部、物流部、仓储管理部根据月度产品开发预算以及试产需求进行运输、物流、仓储费用申请		

流程步骤	步骤名称	流程步骤说明	相关文件／制度	相关表单
步骤7	研发项目费用汇集及平衡	研发管理部负责人根据年度产品开发预算、月度产品开发预算，对费用申请进行归集，即确认项目费用申请单中的项目归属和费用科目是否正确、费用是否超出预算等，如发生费用归属错误或超出预算情况，需告知费用申请部门进行调整		
步骤8	审核是否通过	研发管理部、包装研发部、产品研发部负责人审核		
步骤9	审核／审批是否通过	（1）财务管理部审核 （2）按照财务权限进行审批		
步骤10	研发费用核算及账务处理	财务管理部根据会计准则进行研发费用核算及账务处理		
步骤11	月度研发费用使用情况汇总反馈及建议	财务管理部统计月度研发费用实际发生，进行分析、跟踪，形成月度研发费用执行表和建议，反馈至研发管理部		月度研发费用执行表
步骤12	研发费用检视、调整	研发管理部根据月度产品开发预算、月度研发费用执行表，检视研发费用执行效果，对执行过程中偏差较大的研发费用预算进行调整		
步骤13	研发项目结案报告	产品项目完成研发，产品研发部／包装研发部组织项目评审或验收，收集汇总所有项目资料	新产品定义书V1.0、新品开发立项书、新品研发设计方案、小试总结报告、中试试产总结报告、品质试产总结报告、新产品研发总结报告、研发项目结案报告	新品开发立项会议记录、新品开发计划表
步骤14	研发费用决算	财务管理部收到研发管理部的研发项目结案报告后，项目周期进行研发费用决算		
步骤15	研发项目财务资料归档	财务管理部对研发项目财务资料以及相关研发项目资料进行归档		

3. 相关制度与文件

（1）市场调研与新产品定义流程。

（2）外观设计流程。

（3）新产品开发流程。

（4）包装研发流程。

（5）产品试产管理流程。

（6）新产品定义书 V1.0。

（7）新品开发立项书。

（8）新品研发设计方案。

（9）小试总结报告。

（10）中试试产总结报告。

（11）品质试产总结报告。

（12）新产品研发总结报告。

（13）研发项目结案报告。

4. 相关表单

（1）年度产品开发预算模板。

（2）年度产品开发预算。

（3）月度产品开发计划。

（4）月度产品开发预算。

（5）月度研发费用执行表。

（6）新品开发立项会议记录。

（7）新品开发计划表。

5. 流程授权表

表 9-38　研发费用管理流程授权表

流程步骤	流程业务授权内容	提　报	审　核	二级审核	审　批	知　会

6. 流程风险点

表 9-39　研发费用管理流程风险点

流程步骤	风险描述	控制类型	控制方式	控制频率	控制文档	相关部门
步骤2至步骤7	（1）研发项目费用发生部门未按归集标准进行采集，导致研发项目费用分配错误、不规范，存在涉税风险 （2）研发项目费用超支、预算失控，导致研发成本大幅增加	发现型	人工	随时	月度产品开发预算、研发费用科目、归集内容对照表	研发管理部、产品研发部、包装研发部、产品部、财务管理部等
步骤15	研发项目财务档案归档不完整、缺失，监管部门／第三方查核时出现违规风险	预防型	人工	随时	研发项目结案报告	研发管理部、产品研发部、包装研发部、财务管理部等

参考文献

［1］ 沃泽尔．什么是业务流程管理 [M]．姜胜，译．北京：电子工业出版社，2017.

［2］ 科比．流程思维：企业可持续改进实践指南 [M]．肖舒芸，译．北京：人民邮电出版社，2018.

［3］ 库珀．新产品开发流程管理：以市场为驱动（第 5 版）[M]．刘立，师津锦，于兆鹏，译．北京：电子工业出版社，2019.

［4］ 波特．竞争优势 [M]．陈小悦，译．北京：华夏出版社，2005.

［5］ 海姆．重新定义流程管理：打造客户至上的创新流程 [M]．楚建伟，译．北京：中国人民大学出版社，2017.

［6］ 久次昌彦．PLM 产品生命周期管理 [M]．王思怡，译．北京：东方出版社，2017.

［7］ 库珀，埃迪特．服务创新架构：优化新服务开发流程 [M]．陈劲，于飞，方珊珊，译．北京：企业管理出版社，2017.

［8］ 库珀，埃迪特．创新流程架构：产品创新战略 [M]．陈劲，于飞，译．北京：企业管理出版社，2017.

［9］ 库珀．新产品开发流程管理：以市场为驱动（第 3 版）[M]．青铜器软件公司，译．北京：电子工业出版社，2010.

［10］ 贝克利，帕雷德斯，罗派得卡拉特．产品经理创新手册 [M]．吴彤，王竹，译．北京：人民邮电出版社，2017.

［11］ 哈默，钱皮．企业再造 [M]．王珊珊，译．上海：上海译文出版社，2007.

［12］ 布拉干扎．全面流程再造 [M]．爱丁文化，译．北京：中华工商联合出版社，2004.

［13］ 佩帕德，罗兰．业务流程再造精要 [M]．高俊山，译．北京：中信出版社，2002.

［14］ 水藏玺．业务流程再造 [M]．5 版．北京：中国经济出版社，2019.

［15］ 水藏玺．不懂流程再造，怎么做管理 [M]．北京：中国纺织出版社，2019.

［16］ 水藏玺．互联网时代业务流程再造 [M]．4 版．北京：中国经济出版社，2015.

［17］ 水藏玺，吴平新，刘志坚．流程优化与再造 [M]．3 版．北京：中国经济出版社，2013.

［18］ 水藏玺．流程优化与再造：实践·实务·实例 [M]．2 版．北京：中国经济出版社，2011.

［19］ 水藏玺，昝鹏．企业流程优化与再造实例解读 [M]．北京：中国经济出版社，2008.

［20］施炜. 管理架构师：如何构建企业管理体系 [M]. 北京：中国人民大学出版社，2019.

［21］刘选鹏. IPD: 华为研发之道 [M]. 深圳：海天出版社，2018.

［22］任彭枞. 产品开发管理：方法·流程·工具 [M]. 北京：中华工商联合出版社，2018.

［23］谭勖晖，金国华. 营销·研发·供应链：业务架构与流程管理 [M]. 北京：中华工商联合出版社，2020.

［24］胡伟，郑超，韩茹. 华为流程变革：责权利梳理与流程体系建设 [M]. 北京：电子工业出版社，2018.

［25］崔剑，陈月艳. PLM 集成产品模型及其应用：基于信息化背景 [M]. 北京：机械工业出版社，2014.

［26］黎万强. 参与感：小米口碑营销内部手册 [M]. 北京：中信出版社，2014.

［27］于海澜. 企业架构：价值网络时代企业成功的运营模式 [M]. 北京：东方出版社，2009.

［28］修文群，张蓬. ERP/CRM/SCM/BI 协同商务建设指南 [M]. 北京：科学出版社，2004.

水藏玺作品集

序　号	书　　名	出　版　社	出版时间
1	吹口哨的黄牛：以薪酬留住人才	京华出版社	2003
2	金色降落伞：基于战略的组织设计	中国经济出版社	2004
3	睁开眼睛摸大象：岗位价值评估六步法	中国经济出版社	2004
4	管理咨询35种经典工具	中国经济出版社	2005
5	看好自己的文件夹：企业知识管理的精髓	中国经济出版社	2005
6	绩效指标词典	中国经济出版社	2005
7	培训促进成长	中国经济出版社	2005
8	拿多少，业绩说了算	京华出版社	2005
9	成功向左、失败向右：在企业的十字路口如何正确决策	中国经济出版社	2006
10	激励创造双赢：员工满意度管理8讲	中国经济出版社	2007
11	人力资源管理最重要的5个工具	广东经济出版社	2008
12	人力资源管理体系设计全程辅导	中国经济出版社	2008
13	企业流程优化与再造实例解读	中国经济出版社	2008
14	金牌班组长团队管理	广东经济出版社	2009
15	薪酬的真相	中华工商联合出版社	2011
16	流程优化与再造：实践·实务·实例（第2版）	中国经济出版社	2011
17	管理成熟度评价理论与方法	中国经济出版社	2012
18	流程优化与再造（第3版）	中国经济出版社	2013
19	定工资的学问	立信会计出版社	2014
20	互联网时代业务流程再造（第4版）	中国经济出版社	2015
21	管理就是解决问题	中国纺织出版社	2015
22	年度经营计划管理实务	中国经济出版社	2015
23	学管理用管理会管理	中国经济出版社	2016
24	人力资源就该这样做	广东经济出版社	2016
25	人力资源管理体系设计全程辅导（第2版）	中国纺织出版社	2016
26	互联网＋：电商采购、库存、物流管理实务	中国纺织出版社	2016
27	年度经营计划制订与管理（第2版）	中国经济出版社	2016

序　号	书　名	出 版 社	出版时间
28	班组长基础管理培训教程	化学工业出版社	2016
29	互联网＋：中外电商发展路线图	中国纺织出版社	2017
30	石油与化工安全管理必读	化学工业出版社	2018
31	年度经营计划制订与管理（第3版）	中国经济出版社	2018
32	不懂解决问题，怎么做管理	中国纺织出版社有限公司	2019
33	不懂流程再造，怎么做管理	中国纺织出版社有限公司	2019
34	高绩效工作法	中国纺织出版社有限公司	2019
35	业务流程再造（第5版）	中国经济出版社	2019
36	胜任力模型开发与应用	中国经济出版社	2019
37	年度经营计划制订与管理（第4版）	中国经济出版社	2020
38	不懂激励员工，怎么做管理	中国纺织出版社有限公司	2020
39	不懂带领团队，怎么做管理	中国纺织出版社有限公司	2020
40	不懂组织再造，怎么做管理	中国纺织出版社有限公司	2021
41	不懂任职资格，怎么做管理	中国纺织出版社有限公司	2022
42	人力资源管理体系设计全程辅导（第3版）	中国经济出版社	2022
43	A级选手成长路径	中国纺织出版社有限公司	2023
44	班组长基础管理培训教程（第2版）	化学工业出版社	2023
45	集成供应链业务流程再造	中国铁道出版社有限公司	2023
46	集成研发业务流程再造	中国铁道出版社有限公司	2023